高职高专“十二五”经济管理系列规划教材·财会系列

会计信息化项目教程
——U8（V10.1）

杨　勋◎主　编

满　莉　刘庆民◎副主编

電子工業出版社

Publishing House of Electronics Industry

北京·BEIJING

图书在版编目（CIP）数据

会计信息化项目教程：U8：V10.1 / 杨欵主编. —北京：电子工业出版社，2015.8
高职高专“十二五”经济管理系列规划教材. 财会系列
ISBN 978-7-121-26903-5

Ⅰ. ①会… Ⅱ. ①杨… Ⅲ. ①会计信息－财务管理系统－高等职业教育－教材 Ⅳ. ①F232

中国版本图书馆 CIP 数据核字(2015)第 185874 号

策划编辑：姜淑晶
责任编辑：刘淑敏
印　　刷：北京季蜂印刷有限公司
装　　订：北京季蜂印刷有限公司
出版发行：电子工业出版社
　　　　　北京市海淀区万寿路 173 信箱　邮编 100036
开　　本：787×1092　1/16　印张：15.25　字数：312 千字
版　　次：2015 年 8 月第 1 版
印　　次：2015 年 8 月第 1 次印刷
定　　价：38.00 元

凡所购买电子工业出版社图书有缺损问题，请向购买书店调换。若书店售缺，请与本社发行部联系，联系及邮购电话：（010）88254888。
质量投诉请发邮件至 zlts@phei.com.cn，盗版侵权举报请发邮件至 dbqq@phei.com.cn。
服务热线：（010）88258888。

前　言

会计信息化是信息社会对企业财务信息管理提出的一个新要求，是企业会计顺应信息化浪潮做出的必要举措。它是网络环境下企业领导获取信息的主要渠道，也是增强企业的竞争力、提高会计管理决策能力和企业管理水平的重要工具。为了贯彻财政部发布的《关于全面推进我国会计信息化工作的指导意见》，推进会计信息化人才建设，培养适应企业需求的人才，我们编写了本教材。

本书以用友公司开发的 U8V10.1 软件为平台，从企业实际应用出发，以一个工业企业的实际经济业务为项目载体、以任务为驱动，系统地讲解了财务管理软件的基本工作原理、操作方法和工作流程。全书重点介绍用友软件的财务模块、薪资管理模块、固定资产模块和 UFO 报表，共设置了七个操作项目。从项目分析入手，介绍完成项目所需知识及项目实施过程的具体操作步骤，同时将项目实施过程中的关键点和易错点，通过“操作说明”列示，加深学习者对重点和难点的理解与掌握。

本书可以作为高职高专管理类专业相关课程的教材，也可作为会计人员岗位培训教材，还可以作为财务工作人员和经营管理人员的参考书。

全书参考学时 56 学时，建议采用“理实一体”的教学模式开展教学，参考学时见学时分配表。

学时分配表

项　目	项目内容	学　时
项目一	认识财务软件	4
项目二	建立账套	6
项目三	设置企业应用平台	8
项目四	应用总账系统	14
项目五	应用报表系统	6
项目六	应用薪资管理系统	10
项目七	应用固定资产管理系统	8
合　计		56

本书由长期从事会计信息化教学工作的教师和用友公司培训人员共同编撰，具体分工如下：黑龙江建筑职业技术学院杨觥任主编，编写项目三、项目四；黑龙江建筑职业技术学院满莉任副主编，编写项目二、项目五；唐山科技职业学院刘庆民任副主编，编写项目六；用友新道科技有限公司黑龙江分公司院校顾问王天明编写项目一；唐山科技职业学院高玲编写项目七。在本书的编写过程中得到了用友新道科技有限公司的大力支持，在此表示衷心感谢。

作者的水平有限，书中难免存在疏漏和不当之处，敬请广大读者和老师批评指正，有意见或建议请发送邮件至：yangguang2000516@sohu.com。

目　录

项目一

认识财务软件

知识目标

- 了解财务软件的概念及发展历程。
- 了解财务软件的功能模块。
- 了解财务软件对运行环境的要求。

技能目标

- 能够安装数据库。
- 能够安装财务软件。

项目分析

2015 年 1 月 1 日，天宇公司准备采用财务软件进行日常会计核算、薪资管理及固定资产管理。为此公司组织人员从以下几方面进行了可行性分析。

问题一：财务软件的应用趋势如何？

问题二：国内市场普遍采用的财务软件有哪些？

问题三：本企业应选用哪种财务软件？

问题四：安装软件对硬件、软件有哪些要求？

问题五：如何安装财务软件？

知识储备

一、财务软件的发展历程

财务部门是一个企业的心脏，财务管理的规范化、合理化是企业健康发展的重要条件。现在的企业大多数都在使用财务软件，手工记账已经跟不上中国市场经济的快速发展。财务软件的普遍化见证了中国信息化发展历程。每一次的软件变革，都促进了企业经营模式的改变。

1992年以前，国内的财务管理还是以简单的手工核算为主，工作烦琐，劳动量大。自1992年以来，财务软件的发展可谓蒸蒸日上，百家争鸣。它从简单的单项处理型软件，到现在的财务、进销存业务一体化管理软件，经历了20年的风风雨雨。

国内的财务软件大体经历了5个时代的变迁。

1．第一代财务软件：单项处理型财务软件

单项处理型财务软件是在DOS操作平台运行的，主要以简单的核算为目的，主要解决的是提高记账和报表处理的效率。也就是说，代替手工记账、核算，降低会计的劳动强度，减少工作量，提高会计的工作质量，降低出错率。这个时期的财务软件只是简单满足了会计日常工作的凭证录入、记账和相关的财务报表填报工作。

2．第二代财务软件：核算型财务软件（1993—1997）

20世纪90年代推出了基于LAN局域网的第二代财务软件：核算型财务软件。这个时期会计电算化已经在国内普及并迅速发展。财务软件从简单的核算发展为以管理为目的，通过核算实现财务管理。它是核算型软件向管理软件发展的过渡时期。这个时期的财务软件功能包括财务处理、报表处理、工资核算、固定资产管理、材料核算、成本核算、销售核算、存货核算等模块，提高了企业管理水平与经济效益。

3．第三代财务软件：管理型财务软件也称为决策型软件（1998—2001）

在第二代财务软件普及后的一段时间，国内信息化管理快速发展，为了满足市场需求，财务软件在第二代的基础上增加了科目、项目预算管理和财务分析模块。这大概是在1996年之后也就是20世纪90年代中期，随着Windows操作系统的不断成熟，出现的基于Windows平台的，以"财务管理"为核心，融合了财务预算、财务分析、财务决策、领导查询等决策分析内容的财务软件。该阶段的财务软件采用C/S（客户机/服务器）计算模式，开始涉及企业的管理内容。这个时期的财务软件已基本成型，趋于成熟。财务软件的功能模块包括总账、报表、工资、固定资产、应收账款、应付账款、成本核算、存货核算、现金流量表、预算控制与财务分析、资金管理、采购计划、采购管理、库存管理、销售管理。财务软件从部门级应用向企业级应用发展。由于财务业务一体化管理软件的发展，财务软件在企业管理上实现了事中预警、控制，事前预测的作用，如用友、金蝶、智点财务软件。

4．第四代财务软件：业务整合型财务软件（2002—2005）

随着Internet的日益普及与电子商务的发展，企业对财务管理系统提出了更高的要求，第四代财务软件是基于Internet的B/S（浏览器/服务器）计算模式，采用Web技术、多媒体技术和Internet的管理软件，符合企业经营方式向电子商务发展的战略，是国际财务管理软件技术发展的主流趋势。它实现了财务管理和业务流的整合。

这个时期的财务软件成功融入业务流，实现了业务管理、财务管理并涉及财务外延性的人力资源管理、客户关系管理、OA门户等财务业务协同化管理的整合。对管理规范的企业，第四代财务软件拥有巨大的魅力，效果深远。

5．第五代财务软件：税协同型财务管理软件

随着前四代财务软件的发展和普及，为了适应信息化的管理，很多软件厂商及研发人员在第四代财务软件的基础上，为财务软件增加了税务管理的功能模块。它强调企业财务、业务、税务三者的整合，从而最终达到企业高效管理、提升竞争力的功效。由于各方面的原因，财税合一还在试行阶段，不过财税合一已成趋势，新的时代即将到来。

国内的财务软件从无到有，从小到大，从简单的单项处理到核算型再到管理型，直至今天的财务业务一体化，短短的20年，财务软件迅速发展起来。我们坚信中国的财务及企业管理软件产业将会更加辉煌。

二、用友 ERP-U8 功能介绍

用友 ERP-U8 由基础设置、财务会计、管理会计、供应链、生产制造、人力资源、企业集团应用等系统模块构成，实现了从预算到核算再到报表分析的财务管理的全过程。各模块的功能如下：

(1) 基础设置部分，主要包括基础信息设置、基础档案设置、数据权限设置和单据设置。这部分功能主要用来设置一些相关的信息，为后面的会计核算和财务管理提供基础资料。

(2) 财务会计部分，主要包括总账、应收款管理、应付款管理、薪资管理、固定资产管理、UFO 报表等。这部分功能主要实现了从预算到核算再到报表分析的财务管理全过程，是教学的重点部分。

(3) 管理会计部分，主要包括项目管理、成本管理及专家财务分析等，这部分功能是通过项目管理和成本管理实现各类工业企业对成本的全面掌握和控制，运用专家财务分析，及时掌握本单位的财务状况、销售及利润分布和各项预算的明细情况等，为企业管理决策提供依据。

(4) 供应链部分，主要包括采购管理、销售管理、库存管理和存货核算等，这部分的主要功能是用于增加预算的准确性，减少库存占用，提高物资管理的科学性和计划性。采购管理专门为采购部门使用，对采购业务的全部流程进行管理，提供订货、到货（退货）、入库、开票、采购结算的完整采购流程，提供比价单（同一种原材料，不同的供应商的供货价格不同，系统可优先选择最低价而生成相应的采购订单）。用户可根据实际情况进行采购流程的定制，提供采购订单的到货期提前预警功能，提供供应商价格对比分析等报表。销售管理为销售部门所使用，用来处理客户的基本档案资料，定制销售计划、销售报价，开具销售订单（销售合同）、销售发货（销售退货）、销售开票；在销售订单、发货、开票时可以检查和控制客户的信用额度和最低售价，减少坏账的发生；强大的统计分析功能，可以根据业务数据，生产各类丰富的统计报表，可按存货、地区、业务员、部门等类别分析销售状况和销售业绩，以便及时调整销售策略。库存管理为库管部门使用，处理由采购部门传递过来的采购到货单，进行验收入库；处理销售部门传过来的销售发货单，审核之后销售出库；处理材料领用业务（配比出库、限额领料），半

成品、产成品入库，处理调拨、盘点等工作，查询各种库存账表（如库存台账、出入库流水账、收发存汇总表等），提供最高库存、最低库存、安全库存报警等工作；组装拆卸业务。它们之间既相互控制又相互传递数据，形成一个供应链的整体。这部分是学习的难点。

三、财务软件对运行环境的要求

1．操作系统

用友软件在安装时对操作系统、IE 及 IIS 配置都有严格的要求，其适用的环境如表 1-1 所示。

表 1-1　财务软件适用操作系统一览表

分类	操作系统	IE	IIS	是否推荐
数据服务器加密服务器	Windows XP+SP2 及以上版本补丁			
	Windows 2003 Server+SP2（包括 R2）及以上版本补丁			是
	Windows Server 2003（X64）+SP2 及以上版本补丁			
	Windows Server 2003（IA64）+SP2 及以上版本补丁			
	Windows Vista+SP1 及以上版本补丁			
	Windows Server 2008+SP1 及以上版本补丁			
	Windows 2008 R2+SP1 及以上版本补丁			
	Windows7+SP1 及以上版本补丁			
应用服务器	Windows XP+SP2 及以上版本补丁	IE60+SP1（或 IE7、IE8、IE9）	IIS5.1	
	Windows 2003 Server+SP2（包括 R2）及以上版本补丁		IIS6.0	是
	Windows Server 2003（X64）+SP2 及以上版本补丁			
	Windows Server 2003（IA64）+SP2 及以上版本补丁			
	Windows Vista+SP1 及以上版本补丁	IE7（或 IE8、IE9）	IIS7.0	
	Windows Server 2008+SP1 及以上版本补丁			
	Windows 2008 R2+SP1 及以上版本补丁			
	Windows7+SP1 及以上版本补丁			
客户端	Windows XP+SP2 及以上版本补丁	IE60+SP1（或 IE7、IE8、IE9）		
	Windows 2003 Server+SP2（包括 R2）及以上版本补丁			是
	Windows Server 2003（X64）+SP2 及以上版本补丁			
	Windows Server 2003（IA64）+SP2 及以上版本补丁			
	Windows Vista+SP1 及以上版本补丁	IE7（或 IE8、IE9）		
	Windows Server 2008+SP1 及以上版本补丁			
	Windows 2008 R2+SP1 及以上版本补丁			
	Windows7+SP1 及以上版本补丁			

注意：如果是单机安装，即把数据服务器、应用服务器、客户端安装在一台机器上，需要满足以上几项配置要求。

2. 数据库管理系统

用友 ERP-U8 的运行需要数据库管理系统的支持，U8 V10.1 支持以下 SQL Server 版本的标准版、企业版和数据中心版，包括：

Microsoft SQL Server Desktop Engine2000（MSDE 2000）+SP4

Microsoft SQL Server 2000+SP4

Microsoft SQL Server 2005+SP2（或以上版本补丁）（包括 EXPRESS）

Microsoft SQL Server 2008（SP1 或以上版本补丁）

Microsoft SQL Server 2008 R2

3. 基础环境

安装用友 ERP U8 软件前请确保计算机中安装有 Office 2007、IIS、.net2.0SP1、.net3.5SP1。

任务一 安装 SQL Server 数据库

操作提示

安装 SQL Server 数据库。

操作步骤

1. 插入 SQL Server 2008 安装盘至光驱或 SQL Server 2008 安装镜像文件（.iso）至虚拟光驱；光盘一般会自动运行，如果没有自动运行请打开光驱（或虚拟光驱）单击根目录下图标 “setup.exe” 文件，然后进入 SQL Server 2008，如图 1-1 所示。

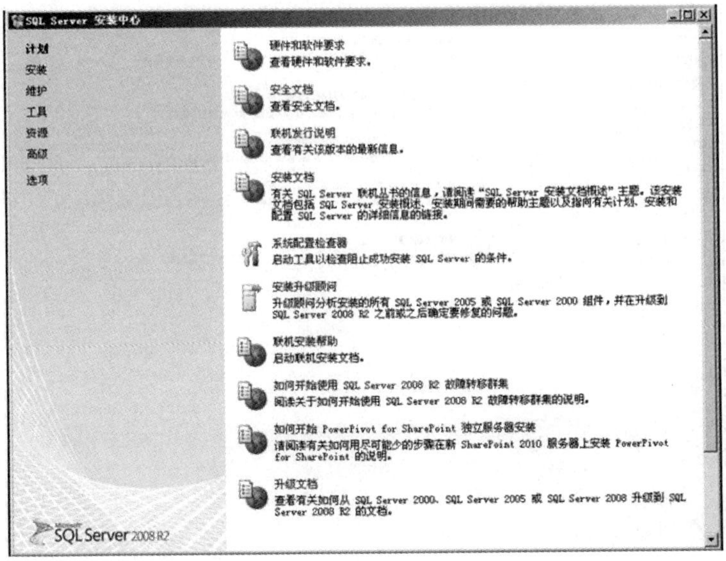

图 1-1 SQL Server 安装中心 1

2．打开功能安装向导，选择.NET，要求安装.NET 所需要的其他角色，如图 1-2 所示。

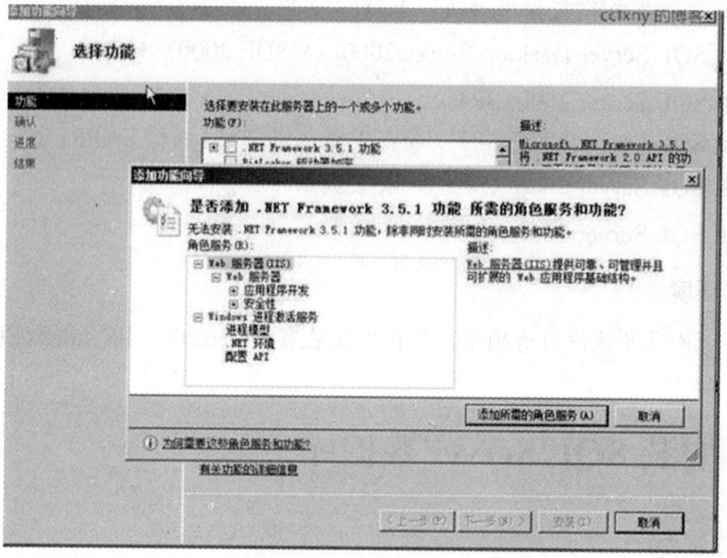

图 1-2　功能安装向导

安装完成后再次启动 SQL Server 2008 安装程序进入主界面，如果没有出现.NET Framework3.5 请跳过这步，直接进去主界面进行选择。

3．进入数据库安装主界面后单击左边第二项“安装→全新 SQL Server 独立安装或向现有安装添加功能” 等待几秒钟进入下一界面，如图 1-3 所示。

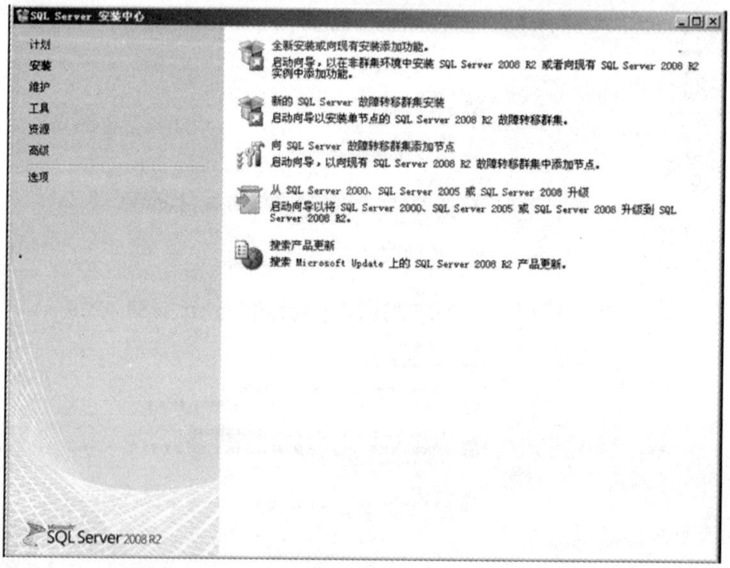

图 1-3　SQL Server 安装中心 2

4．安装向导运行规则检查，要求必须全部通过后单击“确定”进入下一步，进入输入产品密匙操作界面，输入产品密匙后单击“下一步”，如图 1-4 所示。

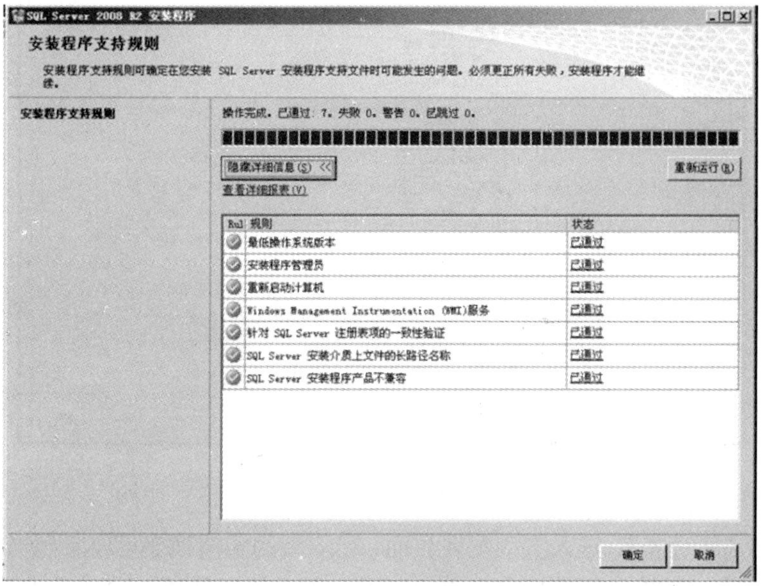

图 1-4　SQL Server 安装程序支持规则

5．接受许可条款单击“下一步”，如图 1-5 所示。

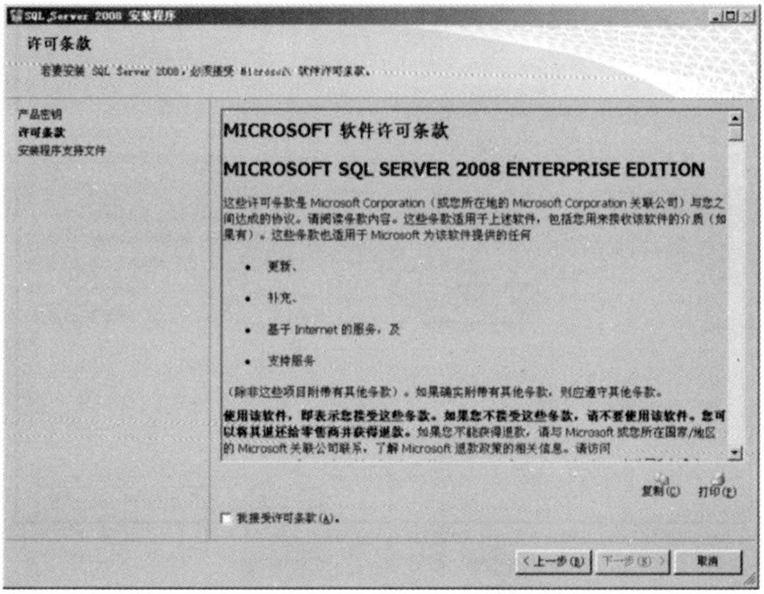

图 1-5　SQL Server 安装许可条款

6．出现如图 1-6 所示的界面，全部选中，共享功能目录，最好默认路径。

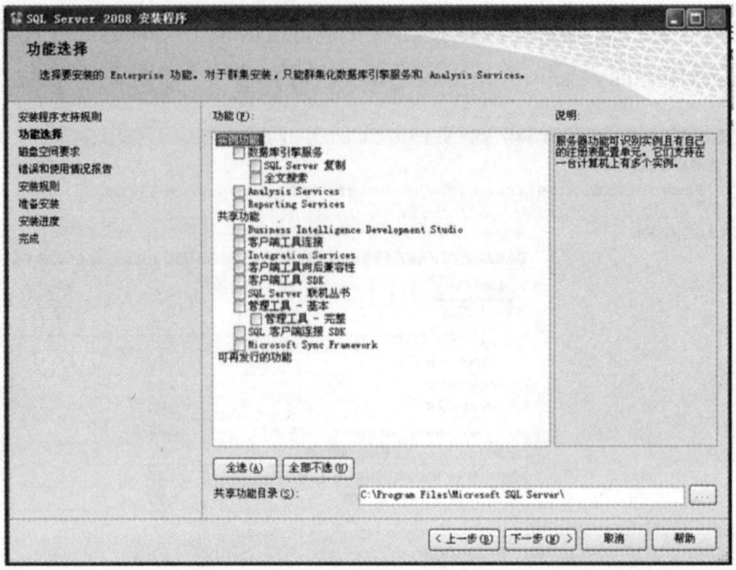

图 1-6　SQL Server 功能选择

7．单击“下一步”，进入实例配置界面，已安装的实例列表可以看到当前是否存在已安装的实例，我们之前没有安装实例所以全部选择默认单击“下一步”。如图 1-7 所示。

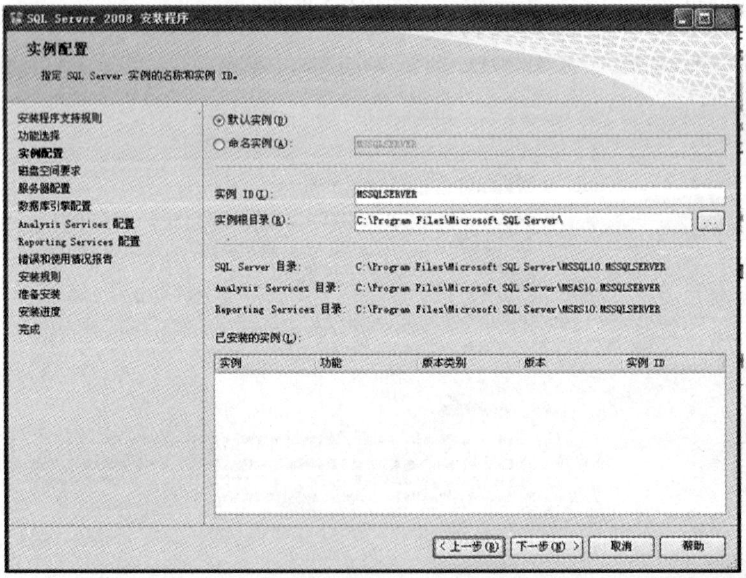

图 1-7　SQL Server 实例配置

📖 说明

实例名不能与之前实例有重复，不能包含空格与特殊字符。

8．单击“下一步”，进入服务器配置界面，单击“对所有 SQL Server 使用相同的账户”，如图 1-8 所示。为所有使用账户输入同一个用户名与密码。单击“确定”。如图 1-9 所示。完毕后单击“下一步”。

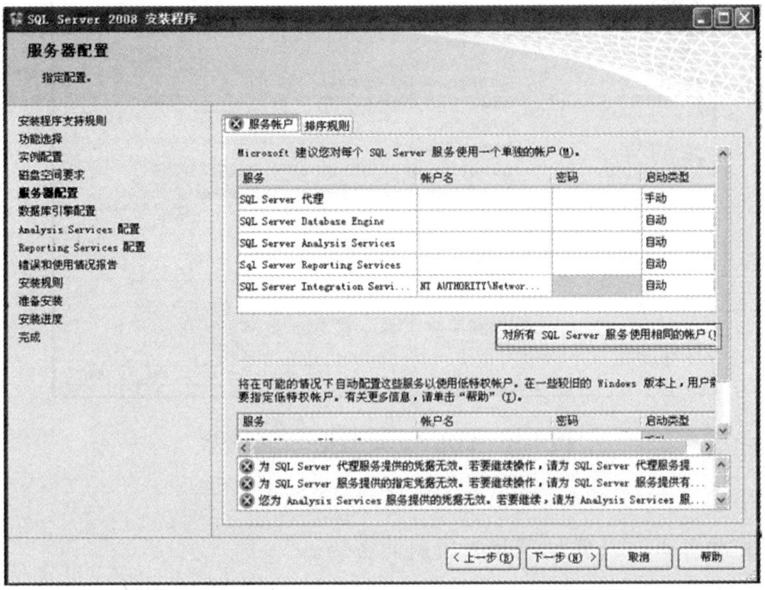

图 1-8　SQL Server 服务器配置 1

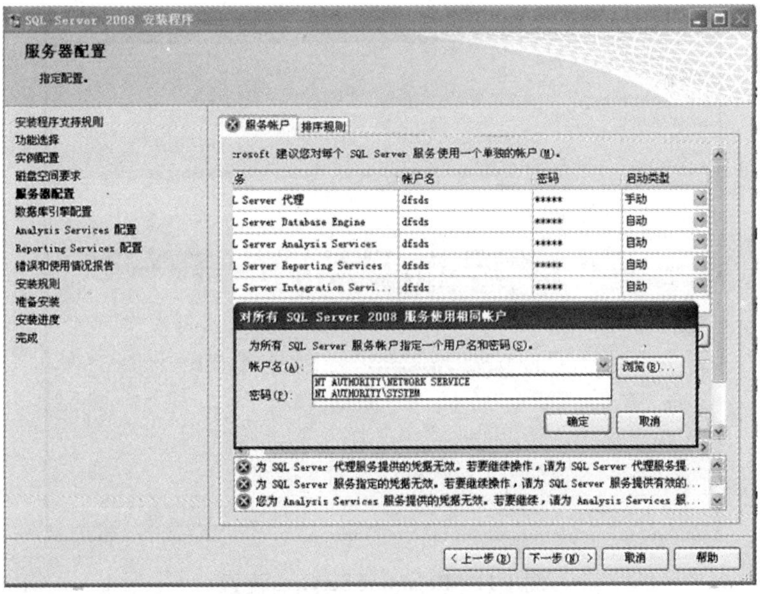

图 1-9　SQL Server 服务器配置 2

9．选择“混合模式（SQL server 身份验证和 Windows 身份验证）”→“输入密码”→单击“添加当前用户”按钮→单击“下一步”。出现 Analysis Sarvices 配置界面后，单击“添加当前用户”，其他选择默认即可，然后单击“下一步”，如图 1-10 所示。

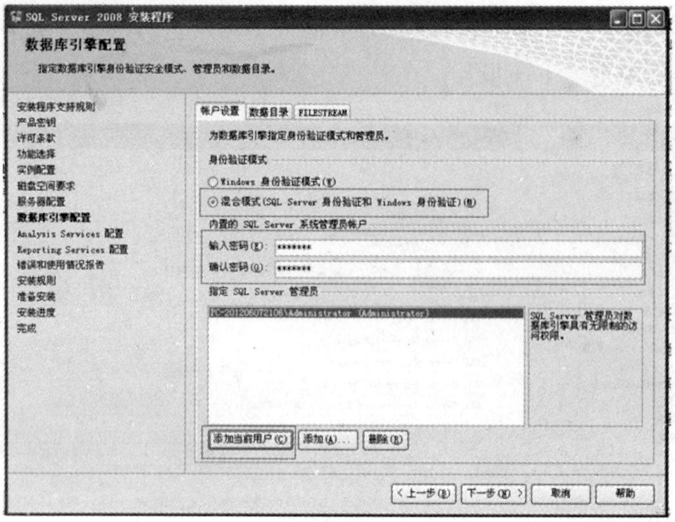

图 1-10　SQL Server 数据库引擎配置

📖 **说明**

记住填写的密码，安装程序时要用到此密码。

10．进入 Reporting Services 配置界面选择“安装本机模式默认配置”选项，单击“下一步”，直至安装完成，如图 1-11 所示。

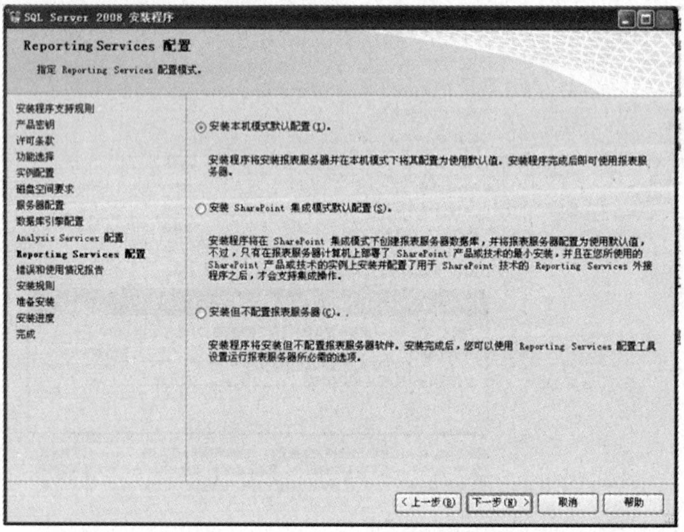

图 1-11　Reporting Services 配置

任务二　安装用友管理软件

1．将用友 U8V10.1 软件安装光盘插入光驱镜像文件至虚拟光驱。

2．执行用友 U8V10.1SETUP 程序。

3．进入安装路径选择界面，可以根据需要来调整安装路径。建议采用系统默认的安装路径，如图 1-12 所示。

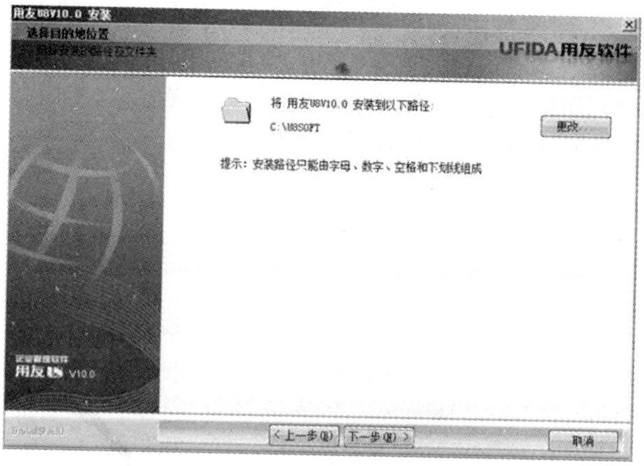

图 1-12　用友 U8V10.1 软件安装

4．选中“全产品”，单击“下一步”。

📖 **说明**

（1）在服务器上安装用友 U8V10.1 时，需要选择“全产品”安装模式（用于后面可能出现的异常问题的解决）。

（2）将“繁体”和“英文”两种语言模式去掉。

5．进入系统环境检测窗口，如图 1-13 所示。

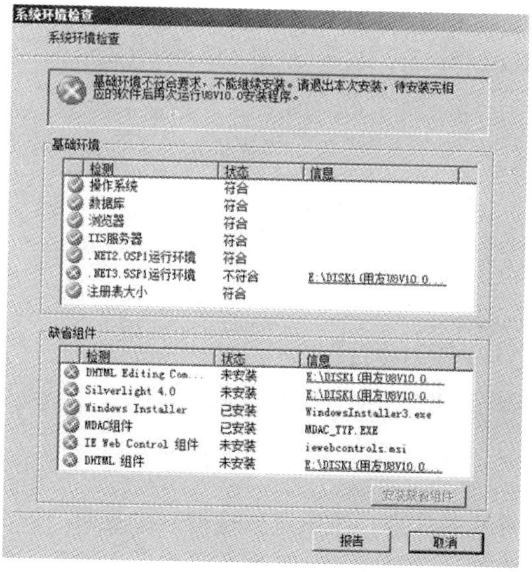

图 1-13　系统环境检测

📖 **说明**

（1）第一次安装 U8V10.1 时，系统会出现环境检测环节，如果环境检测不通过，说明操作系统中缺少几项软件环境。

（2）对于缺少的软件环境和组件可根据安装程序的提示，到用友 U8\V10.1SETUP\3rdProgram 目录下，找到相应的软件安装包，进行安装。

（3）在安装.net3.5SP1 框架文件时，最好先将外网断开，再进行安装。因为在联网状态下，此安装时间会很长，安装程序需要从网上下载数据。安装结束后，系统会提示"重新启动机器"，请重新启动计算机，然后继续，如图 1-14 所示。

图 1-14 .net3.5SP1 安装

（4）在安装 Silverlight 时，需要将"启用 Microsoft Update"勾掉，如图 1-15 所示。

图 1-15 Silverlight 安装

6．需要的基础软件安装结束，重新进行检测，检测通过后，继续安装至结束。

7．安装结束后，重新启动计算机，并进行数据库初始化，如图 1-16 所示。

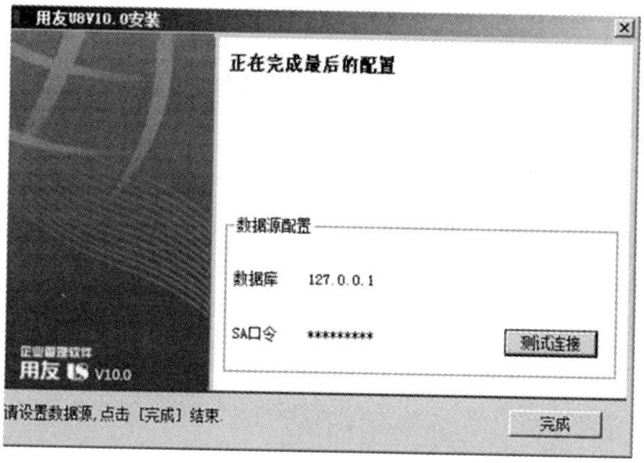

图 1-16　数据源配置

8．数据库初始化完成后，出现登录界面。

说明

“数据库”处要填写 IP 或机器名。

项目二

建立账套

知识目标

- 了解系统管理的操作界面和主要功能。
- 掌握账套的作用及基本操作。
- 了解权限管理的意义。
- 掌握设置权限的方法。

技能目标

- 能够执行增加、修改、删除、注销操作员的操作。
- 能够建立账套。
- 能够修改账套。
- 能够为操作员赋权。
- 能够备份、恢复及删除账套。

项目资料

一、天宇公司财务部人员及分工（见表 2-1）

表 2-1　用户信息及权限

编号	姓名	认证方式	口令	角色	权限
001	张新	用户+口令	空	账套主管	拥有账套主管的所有权限
002	王力	用户+口令	空	普通员工	拥有除出纳权限、出纳签字、主管签字、审核凭证和恢复记账前状态外所有的总账系统的权限，拥有 UFO 报表权及自定义报表权
003	李红	用户+口令	空	普通员工	拥有出纳签字权及所有出纳权限

二、天宇公司基本信息

账套号：777

单位名称：天宇股份有限公司（简称天宇公司）

启用日期：2015 年 01 月 01 日

会计期间设置：01 月 01 日—12 月 31 日

地址：哈尔滨市香坊区规划街 2 号

法定代表人：胡强

邮政编码：150005

联系电话：84660005

传真：84660001

电子邮箱：tygs@163．com

纳税人登记号：865432118999

本币名称：人民币（代码：RMB）

行业性质：2007 年新会计制度科目（建账时按行业性质预置会计科目）

企业类型：工业

账套主管：张新

基本信息：本单位对存货、客户、供应商进行分类管理，进行外币核算

项目分析

天宇公司选用的用友财务软件已安装完成，要想运用财务软件处理企业的各项经济业务就必须建立天宇公司的账套并设置专职的操作人员，因而需要解决如下几个问题。

问题一：如何启动用友财务软件。

问题二：怎样设置软件操作员。

问题三：怎样建立账套。

问题四：怎样为操作员赋权。

问题五：怎样备份、恢复、删除账套。

问题六：怎样修改账套信息。

请在下列任务的执行过程中探索解决问题的方法。

知识储备

一、系统管理

1．系统管理的功能

用友 U8V10.1 软件产品是由若干个模块组成的，这些模块既要有其相对的独立性，又要彼此联系。这就需要一个平台来管理和协调这些模块的功能，从而实现数据共享、

信息共享。系统管理模块就提供了这样一个操作平台，它对 U8V10.1 应用系统的各个模块进行统一的操作管理和数据维护，在这一平台中可以进行账套管理、账套库管理、系统用户操作权限的集中管理，以及安全机制的设立。这样企业的信息化管理人员就能够及时地监控并随时掌握企业的信息系统状态。

2．系统管理的操作流程

对于系统管理的操作，新用户和老用户的操作流程是有所区别的，如图 2-1 和图 2-2 所示。

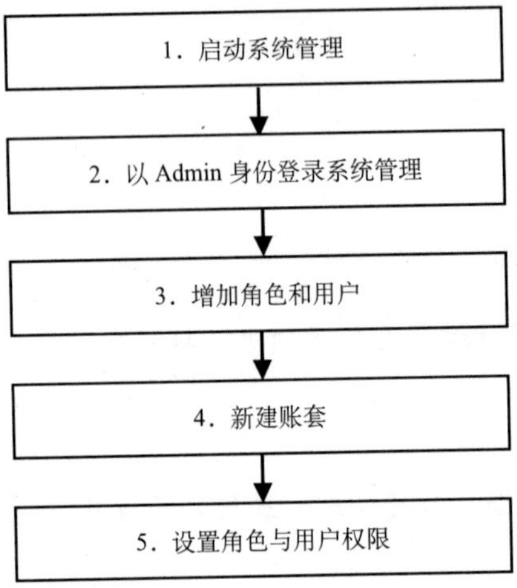

图 2-1　新用户操作流程

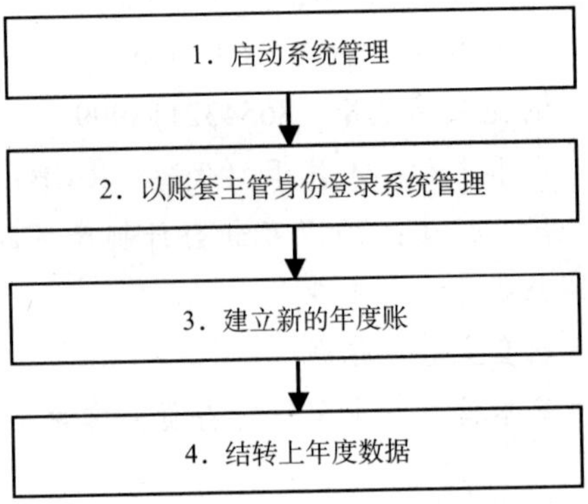

图 2-2　老用户操作流程

3．系统管理的使用对象

系统管理的使用对象为企业的信息管理人员，包括系统管理员 Admin、安全管理员 SAdmin、管理员用户和账套主管。对于系统管理员（Admin）、安全管理员（SAdmin）、管理员用户和账套主管其可操作的权限如表 2-1 所示。

表 2-2　信息管理人员操作权限明细表

主要功能	详细功能 1	详细功能 2	系统管理员（Admin）	安全管理员（SAdmin）	管理员用户	账套主管
账套操作	账套建立	建立新账套	Y	N	N	N
		建立账套库	N	N	N	Y
	账套修改		N	N	N	Y
	数据删除	账套数据删除	Y	N	N	N
		账套库数据删除	N	N	N	Y
	账套备份	账套数据输出	Y	N	N	N
		账套库数据输出	N	N	N	Y

续表

主要功能	详细功能 1	详细功能 2	系统管理员（Admin）	安全管理员（SAdmin）	管理员用户	账套主管
账套操作	设置备份计划	设置账套数据备份计划	Y	N	N	N
		设置账套库数据备份计划	Y	N	Y	Y
		设置账套库增量备份计划	Y	N	Y	Y
	账套数据引入	账套数据引入	Y	N	N	N
		账套库数据引入	N	N	N	Y
	升级SQL Server数据		Y	N	Y	Y
	语言扩展		N	N	N	Y
	清空账套库数据		N	N	N	Y
	账套库初始化		N	N	N	Y
操作员权限	角色	角色操作	Y	N	Y	N
	用户	用户操作	Y	N	Y	N
	权限	设置普通用户、角色权限	Y	N	Y	Y
		设置管理员用户权限	Y	N	N	N
其他操作	安全策略		N	Y	N	N
	数据清除及还原	日志数据清除及还原	N	Y	N	N
		工作流数清除及还原	Y	N	N	N
	清除异常任务		Y	N	Y	N
	清除所有任务		Y	N	Y	N
	清除选定任务		Y	N	Y	N
	清退站点		Y	N	Y	N
	清除单据锁定		Y	N	Y	N
	上机日志		Y	Y	Y	N
	视图	刷新	Y	Y	Y	Y

注：Y 表示具有权限，N 表示不具备权限。

系统管理员 Admin 和安全管理员 SAdmin 是软件开发时已经被设定好的，不可以修改和删除，而账套主管和管理员用户要由系统管理员（Admin）设定。

二、账套管理

账套是用于存放核算单位会计数据的实体，一个账套代表一个核算单位，所以如果企业要使用财务软件进行账务处理，首先要建立一个能存入账务处理数据的账套，而且日后每次进入账务系统都必须先进入指定的账套。对于拥有多个核算单位的企业，可以拥有多个账套。用友财务软件规定最多可以建立 999 套账，账套编号从 001 到 999。

在日常业务处理过程中，由于一些不可预知原因（如地震、火灾、计算机病毒、人为的误操作等）的存在，往往会造成账套数据丢失，因而为了保证账套数据的安全，企业应定期将数据备份到不同的介质中，如U盘、移动硬盘、光盘、网络磁盘等。在数据丢失企业需要对数据进行恢复时，就可将备份数据引入，以最大限度地降低企业的损失。

账套备份按操作员不同可分为系统管理员备份和账套主管备份，按自动化程度分为自动备份和手工备份。以系统管理员的身份登录系统管理进行备份输出的是某一账套的全部数据；以账套主管的身份登录系统管理进行备份输出的只是账套主管本人所主管的某一账套库。

账套是账套库的上一级，账套是由一个或多个账套库组成的，一个账套库含有一年或多年使用数据。一个账套对应一个经营实体或核算单位，账套中的某个账套库对应这个经营实体的某年度区间内的业务数据。例如，某单位建立账套“001 正式账套”后在2014年使用，然后在2015年的期初建2015年账套库后使用，则“001 正式账套”具有两个账套库即“001 正式账套2014年”和“001 正式账套2015年”；如果希望连续使用也可以不建新库，直接录入2015年数据，则“001 正式账套”具有一个账套库即“001 正式账套2014—2015年”。

三、权限管理

权限管理是财务软件中对操作人员使用软件功能的一种约定或限制。只有为某个操作员设置了相应的权限，他才拥有使用这部分功能的权力，这是财务监督的需要，也是保证正常工作程序的需要。在权限管理中有三个概念需要搞清楚，即“角色”、“用户”、“权限”。“角色”是软件为加强企业内部控制而设置的，是指在企业管理中拥有某一类职能的组织，这个角色组织可以是实际的部门，也可以是由拥有同一类职能的人构成的虚拟组织。例如，实际工作中最常见的会计和出纳两个角色（他们可以是一个部门的人员，也可以不是一个部门但工作职能是一样的角色统称）。设置角色后，可以定义角色的权限，如果用户归属此角色，就具有此角色的相应权限。此功能的好处是方便控制操作员权限，可以依据职能统一进行权限的划分。“用户”是使用财务软件的具体人员，用户和角色设置不分先后顺序，用户可以根据自己的需要先后设置。一个角色可以拥有多个用户，一个用户也可以分属多个不同的角色。若角色已经在用户设置中被选择过，系统则会将这些用户名称自动显示在角色设置中的所属用户名称的列表中。“权限”是指赋予操作员对用友ERP-U8V10.1某项功能的使用权。用友ERP-U8V10.1除了提供用户对各模块操作的功能管理权限之外，还提供了金额级权限管理和数据级权限管理，功能权限的分配在系统管理中的权限分配设置，数据权限和金额权限在“企业应用平台”→“系统服务”→“权限”中进行分配。对于数据级权限和金额级权限的设置，必须在系统管理的功能权限分配之后才能进行。不同的组合方式使得权限控制更灵活、更有效。

任务一 建立账套

操作提示

注册登录—增加操作员—建立账套—输出账套—删除账套—引入账套

操作步骤

一、注册登录

1．执行“开始”|“所有程序”|“用友 U8V10.1”|“系统服务”|“系统管理”命令，如图 2-3 所示。

图 2-3 启动系统管理

2．出现“系统管理”窗口，单击菜单栏“系统”|“注册”后出现“登录”窗口，如图 2-4 所示。

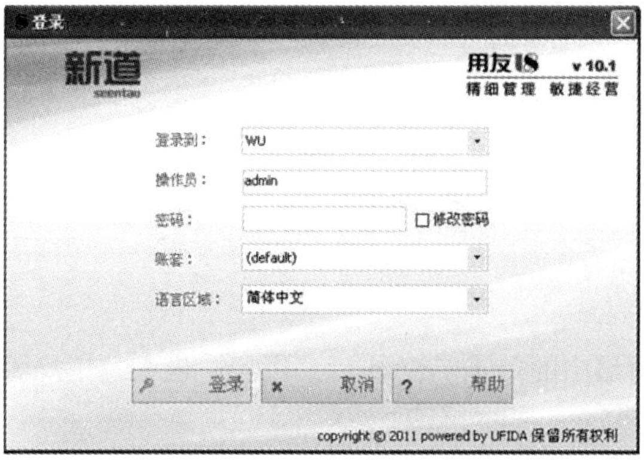

图 2-4 系统登录

3．选择登录服务器。单击“登录到”文本框中的下拉按钮，选择正确的登录服务器名称。如果是单机用户或本身就在服务端，则选择本地服务器；如果是在客户端登录，则选择服务端的服务器名称。

4．输入操作员名称，软件默认的系统管理员为“Admin”，初始时密码为空。单击“账套”文本框的下拉按钮，选择默认账套“default”，单击“确定”，进入系统管理员登录窗口。

5．此时系统管理窗口中的“账套”、“权限”功能被激活，如图 2-5 所示。

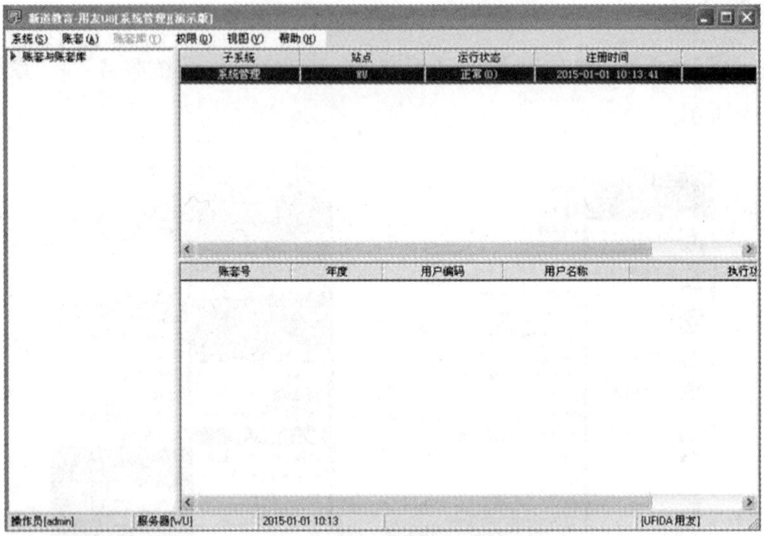

图 2-5 系统管理

说明

首次运行系统时，应以系统管理员“Admin”的身份注册系统管理，建立账套后，账套主管也可以登录系统管理。系统管理员“Admin”是用友 U8V10.1 管理系统中权限最高的操作员，他不能修改也不能删除，在软件出厂时为了方便用户使用没有对他设置口令，在教学中也不提倡为他设置口令，但对一个单位而言，为了保证单位财务数据的安全，就一定要为系统管理员设置口令，即在“系统管理”登录窗口中，输入操作员密码后，单击“改密码”复选框并“确定”就可以按提示设置操作员密码。如果要更换系统管理的操作员，只需要执行“系统”|“注销”命令，退出当前操作员，再执行“系统”|“注册”命令，重新登录系统管理即可。

二、增加操作员

1．在系统管理窗口中的单击“权限”|“用户”进入“用户管理”窗口，如图 2-6 所示。

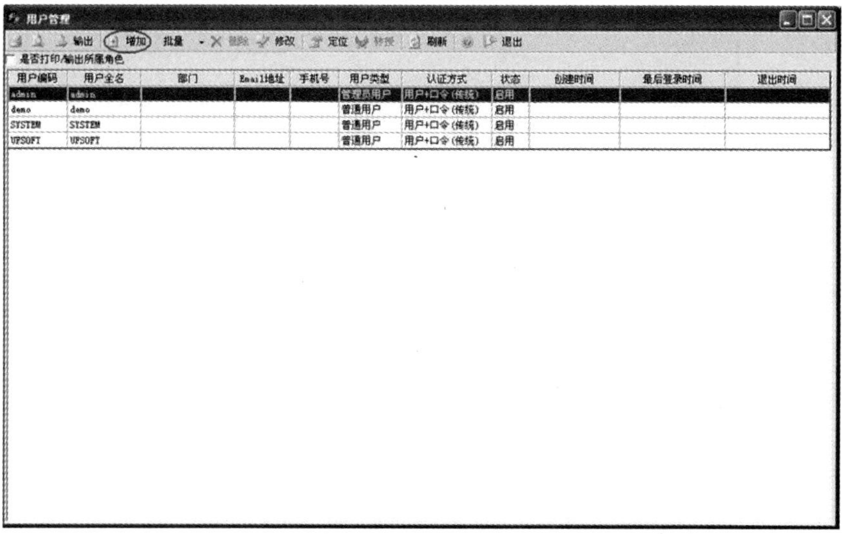

图 2-6 用户管理 1

2．单击“增加”按钮，出现操作员详细情况录入窗口，录入相关人员的信息，如图 2-7 所示。

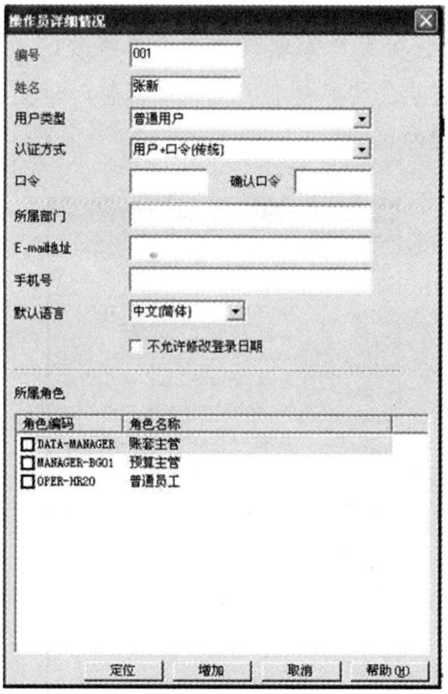

图 2-7 操作员详细情况

3．单击“增加”按钮，保存新增设置。

4．依次录入用户王力、李红的相关信息，关闭操作员详细情况窗口，返回用户管理窗口，如图 2-8 所示。

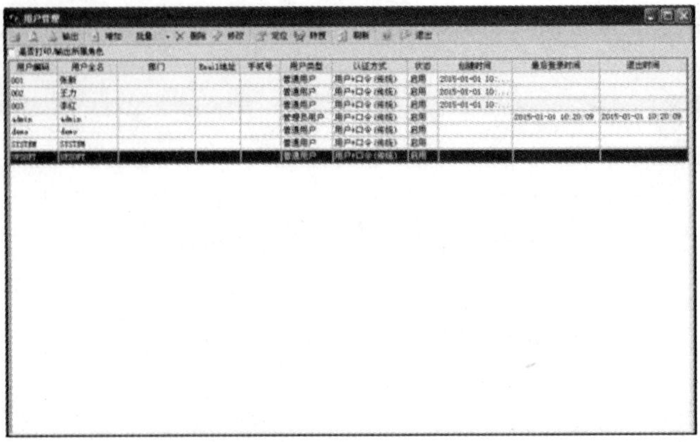

图 2-8　用户管理 2

说明

1．用户编号必须输入，最长不能超过 20 位，不能输入数字、字母、汉字之外的非法字符，不能与系统内已存在编号重复。

2．用户姓名必须输入，最长不能超过 20 位，不能输入数字、字母、汉字之外的非法字符。

3．口令：可以为空，最长不能超过 20 位，输入时以隐含符号“*”代替输入信息。

4．若要修改用户信息，在用户管理窗口选中要修改的用户，再单击“修改”命令，可进入修改状态，修改除编号外的其他信息。如果需暂时停止使用该用户，可以单击“注销当前用户”按钮，如图 2-9 所示。

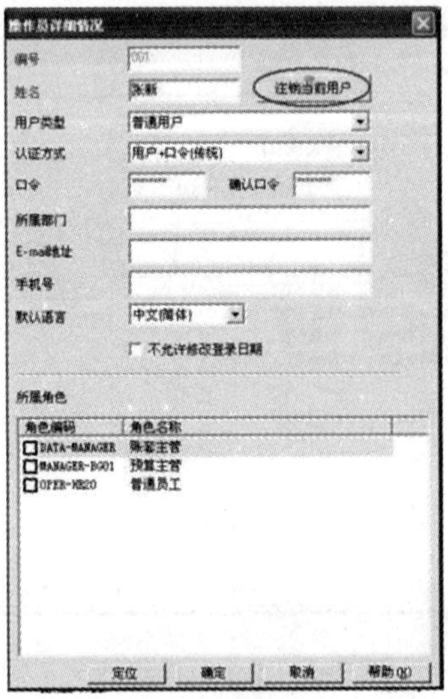

图 2-9　注销用户

5．在用户尚未使用前可单击用户管理窗口中的“删除”命令，删除用户，但用户（操作员）一旦在某个账套中使用就不能删除。如果一定要删除，则必须先删除相关账套，取消相应角色或权限后，方可删除。

三、建立账套

1．在“系统管理”窗口中，单击“建立”，出现“创建账套——建账方式”窗口，如图 2-10 所示。

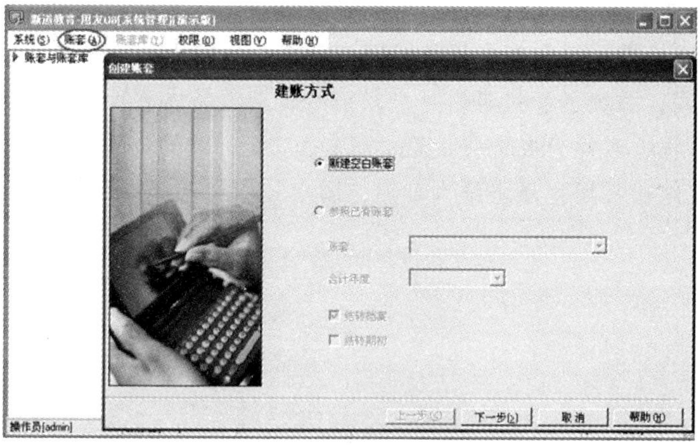

图 2-10 建账方式

说明

1．如果是新用户，或者老用户需要建立一个与已有账套没有关联的账套，可以选择“新建空白账套”方式建账。

2．如果是老用户，由于扩展分支机构等其他原因，需要建立一个与已有账套相似的账套，包含相同的基础档案和某些期初数据，可以选择“参照已有账套”方式建账。

2．单击“下一步”进入“创建账套——账套信息”窗口，录入账套号“777”及账套名称“天宇股份有限公司”，启用会计期“2015 年 1 月”，如图 2-11 所示。

图 2-11 账套信息

📖 **说明**

1．已存账套：系统中已存在的账套，用户可通过下拉列表框的方式查看。

2．账套号：设定范围在001～999，且不能与已存在的账套号重复。

3．账套名称：根据实际情况确定账套名称，且必须输入。

4．账套路径：可采用系统默认路径（为了避免在操作系统毁坏时丢失数据，最好不要把软件安装在C盘），可以利用 ... 按钮更改路径。

5．账套启用日期：新账套启用的时间，用户必须输入。

6．会计期间：系统自动将启用月份以前的日期设置成不可修改的部分，而启用日期之后的日期可根据实际需要进行设置，即单击“会计期间设置”按钮设定启用年度和月度，如要调整结账日期可双击结束日期，调出日历进行调整，如图2-12所示。

图 2-12 会计期间修改

3．单击“下一步”，进入“创建账套——单位信息”窗口，输入单位信息，如图2-13所示。

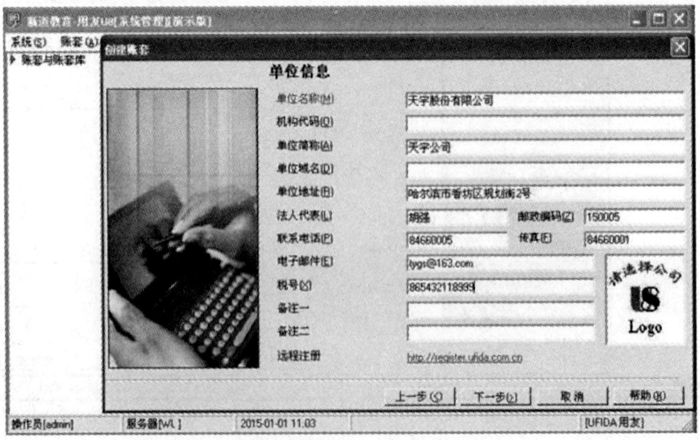

图 2-13 单位信息窗口

4. 单击“下一步”，进入“创建账套——核算类型”窗口，录入核算信息，如图 2-14 所示。

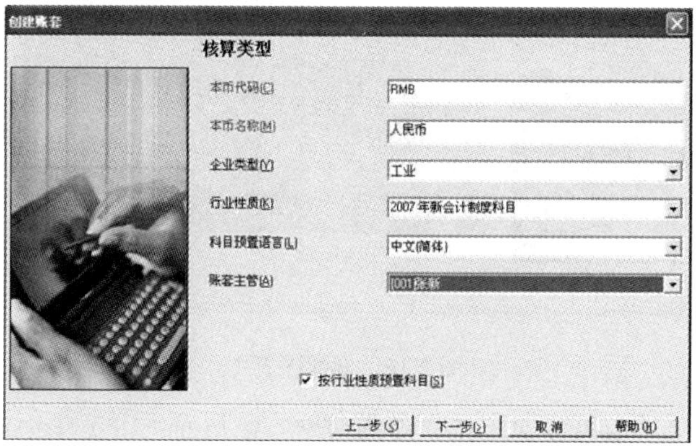

图 2-14　核算类型

🕮 说明

1. 企业类型、行业性质、科目预置语言及账套主管可利用下拉按钮来选择输入，如账套主管一项，通过下拉按钮选择输入“张新”，如果建账前没有增加用户，账套主管暂时可由“demo”来担任，待以后增加完用户后再进行调整。这正是我们在建账套之前先增加用户的理由。

2. 如果勾选按行业性质预置科目复选框，那么会计科目将由系统设置，否则，在定义基础档案时要由用户设置。

5. 单击“下一步”进入“创建账套——基础信息”窗口。勾选相关信息，如图 2-15 所示。

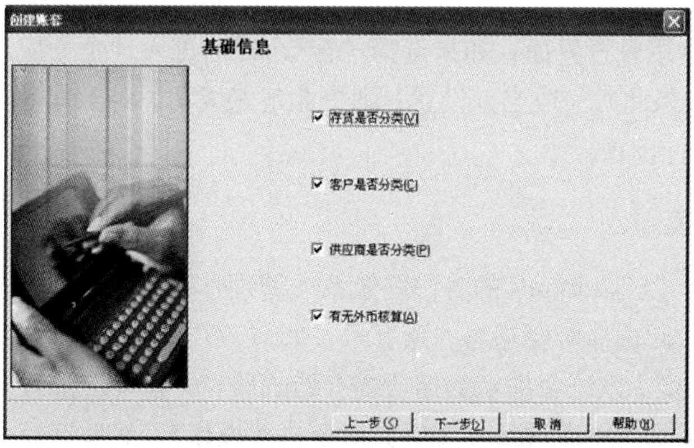

图 2-15　基础信息

6. 单击“下一步”，进入“开始创建账套”窗口，单击“完成”，系统提示“可以创建账套了么？”，单击“是”，系统将开始创建账套，如图 2-16 所示。

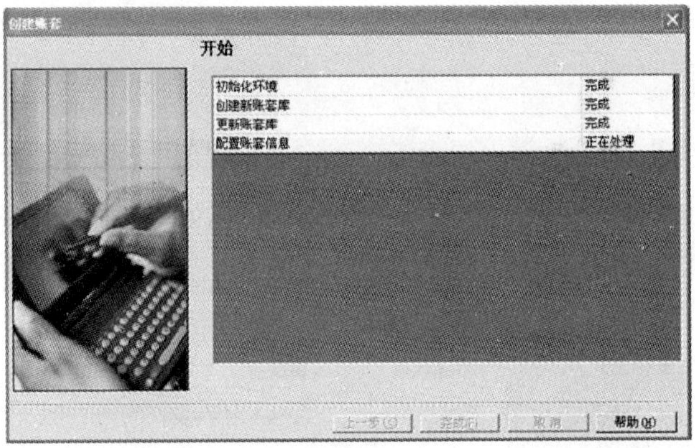

图 2-16 创建账套 1

7．当系统弹出“编码方案”及“数据精度”窗口时，可关闭窗口，直接进入，如图 2-17 所示窗口。

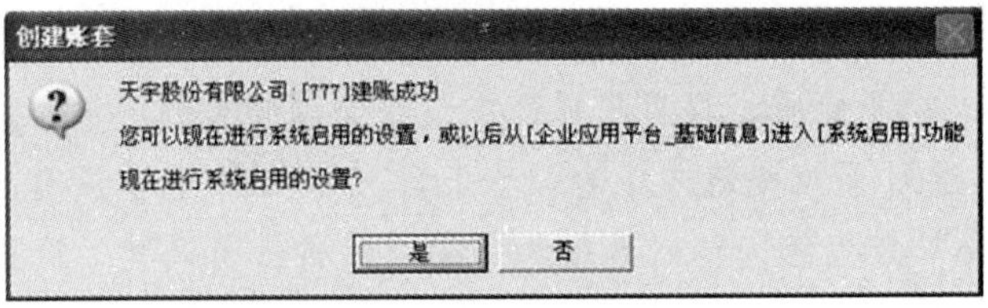

图 2-17 创建账套 2

说明

编码方案及数据精度可在建账环节进行设置，也可以在企业应用平台中进行设置。

8．系统提示：“777 建账成功”，你可以进行系统启用设置，或以后从“企业应用平台——基础信息”进入“系统启用”功能，“现在进行系统启用的设置？”如果选择“是”，进入系统启用设置界面；如果选择“否”，以后进入“企业应用平台——基础信息”进行设置。如果此时完成当前设置，则企业建账成功。对于其他相关参数，可以在“企业门户”中进行设置。

四、输出账套

1．手动备份。以“Admin”的身份登录系统管理，单击“账套”|“输出”，出现“账套输出”窗口，在此选择所要输出的账套号，如“777 天宇股份有限公司”，单击输出文件位置后的“…”，系统将提示数据所要存储的路径。在备份前最好事先在相应的磁盘上建一个文件夹（也可通过新建文件夹命令执行操作），然后选择并打开该文件夹后单击“确定”，数据存储路径出现在“输出文件位置”时，单击“确认”按钮，即可输出该套账的全部数据。输出完成后会提示备份成功，如图 2-18 所示。

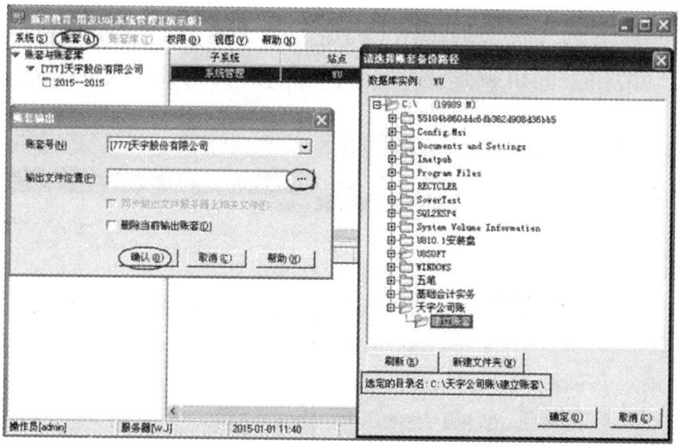

图 2-18　手动输出账套

📖 说明

输出成功后，可在指定文件夹中看到 UFDATA.BAKT 和 UfErpAct.Lst 两个文件。

2．自动备份。以“Admin”的身份登录系统管理，单击“系统”|“设置备份计划”命令，进入“备份计划设置”窗口，单击“增加”按钮，打开“备份计划详细情况”窗口，如图 2-19 所示。在此可设置多个备份计划，用来备份不同的账套。在备份类型中要选择是备份账套还是要备份年度账，并设置保留天数等信息，单击“增加”设置备份路径，然后选择所要备份的账套和年度后，单击“增加”，此次计划设置完毕，系统就会按时自动备份了。

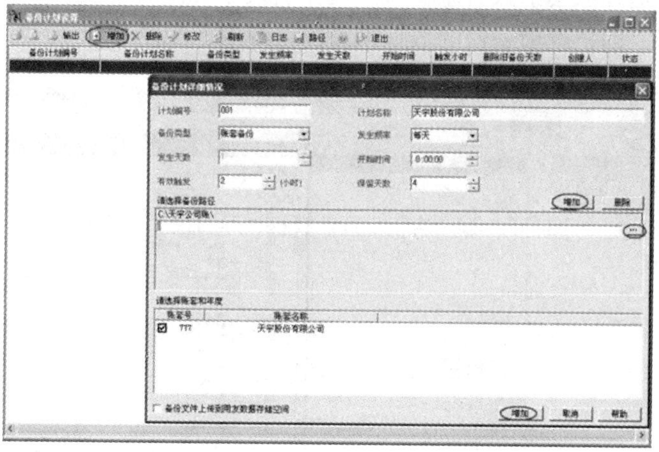

图 2-19　备份计划设置

五、删除账套

以“Admin”的身份登录系统管理，单击“账套”|“输出”，出现“账套输出”窗口，在此选择所要删除的账套号，如“777 天宇股份有限公司”，同时勾选“删除当前输出账套”复选框，并单击输出文件位置后的“…”，系统将提示数据所要存储的路径，

选择并打开要存储账套的文件夹后单击“确定”，数据存储路径出现在“输出文件位置”时，单击“确认”按钮，即可删除该套账的全部数据，如图 2-20 所示。

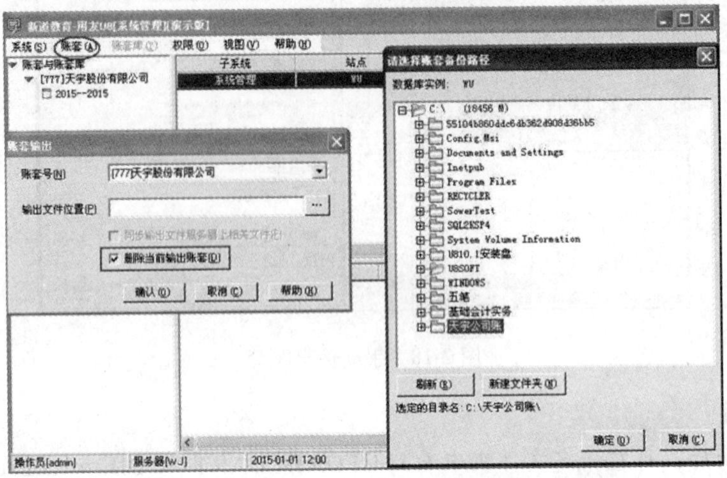

图 2-20　删除账套

六、引入账套

1．以“Admin”的身份登录系统管理，在“系统管理”窗口，单击“账套”|“引入”进入账套的引入功能。

2．在“选择账套备份文件”窗口找到备份文件夹中的文件“ufErpAct.Lst”，单击“确定”，然后在选择账套引入目录窗口中选择引入账套存放路径，单击“确定”，提示“账套引入成功”，即把以前备份的数据恢复到系统中，如图 2-21 和图 2-22 所示。

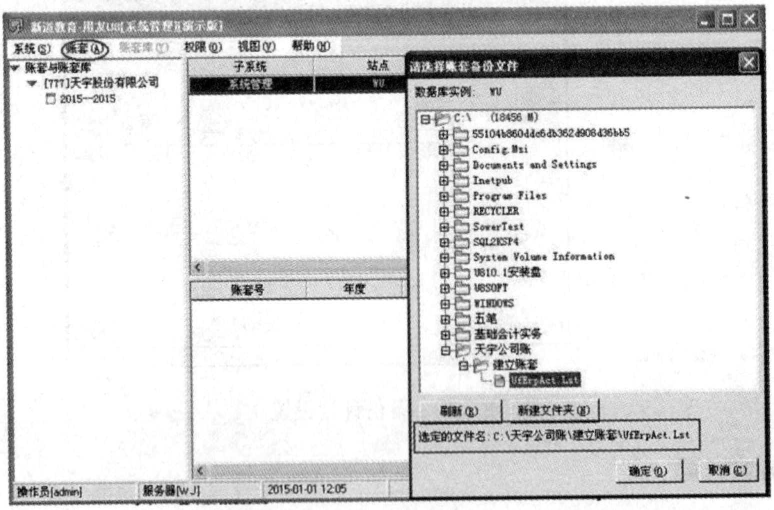

图 2-21　选择账套备份文件

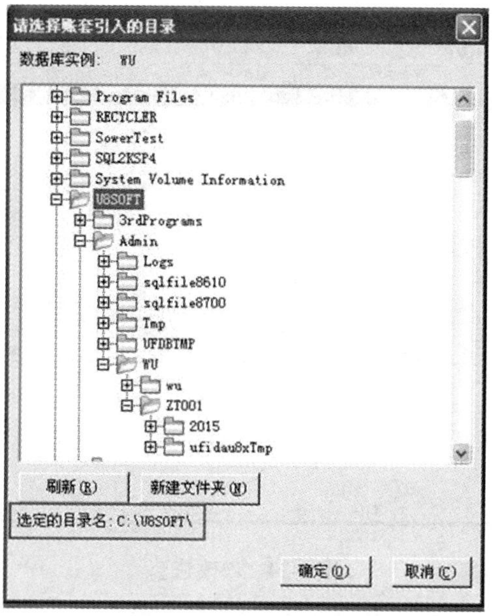

图 2-22 选择账套引入目录

说明

1．引入数据时最好先关闭杀毒软件。

2．如果要引入的账套在系统中已存在，则引入时系统会提示“此项操作将覆盖***账套的所有信息，继续吗？”单击“是”则会继续引入，否则将放弃引入账套的操作。

七、修改账套

1．以账套主管身份登录系统管理，如图 2-23 所示。

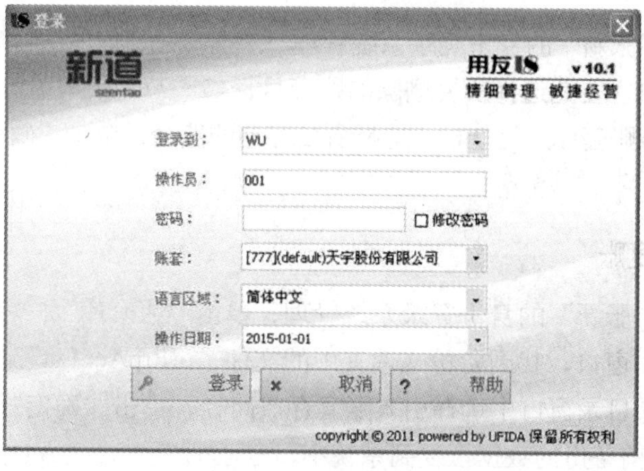

图 2-23 账套主管登录

2．单击“账套”|“修改”命令，即可执行账套修改，如图 2-24 所示。

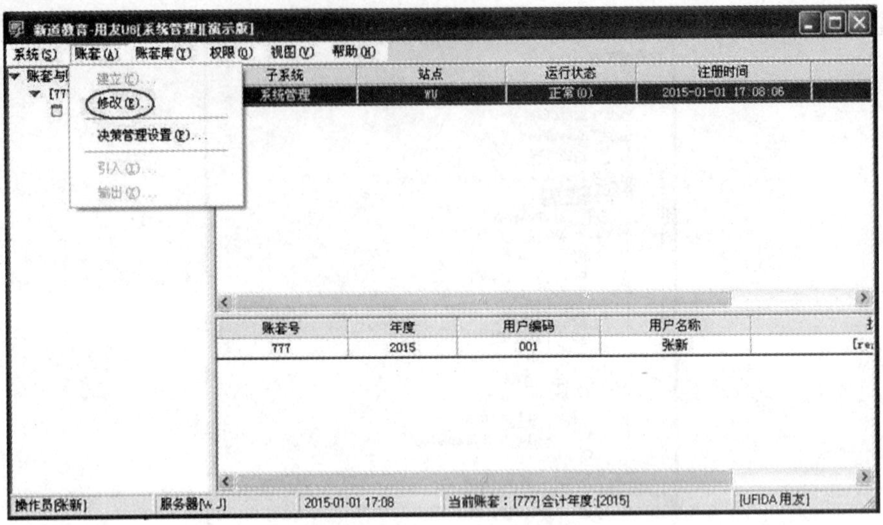

图 2-24 修改账套

📖 **说明**

1．只有账套主管可以修改其具有权限的年度账套中的信息，系统管理员无权修改。

2．账套号、账套路径、会计年度、企业类型、账套主管等信息为不可修改项。

八、输出账套库

以账套主管“张新”的身份登录系统管理，单击“账套库”|“输出”，出现“输出账套库数据”窗口，在此选择所要输出的账套库，如“2015-2015”，此时输出的是777账套的2015年数据。选择数据所要存储的路径单击“确认”按钮，完成操作。

九、删除账套库

以账套主管“张新”的身份登录系统管理，单击“账套库”|“输出”，出现“输出账套库数据”窗口，在此选择所要删除的账套号，如“777 天宇股份有限公司”，并勾选“删除当前输出账套库”复选框，选择所要存储的路径，单击“确认”按钮后，完成操作。

十、引入年度账

以账套主管“张新”的身份登录系统管理，单击“账套库”|“引入”，出现“选择账套备份文件”窗口，找到备份文件夹中的文件“ufErpAct.Lst”，单击“确定”，然后在选择账套引入目录窗口中选择引入账套存放路径，单击“确定”，提示“账套库引入成功”，即把以前备份的数据恢复到系统中。

📖 **说明**

1．装有还原卡的机器只能以系统管理员的身份做备份，因为系统被还原后，账套主管就不复存在，因此他输出的数据也就无法引入。

2．账套库管理只能由账套主管执行操作，只有第一个年度最后一个期间结账后，才能建立新的账套库或执行账套库初始的操作。

任务二 设置用户权限

操作提示

设置账套主管权限—设置普通操作员权限

操作步骤

一、设置账套主管权限

以系统管理员 Admin 的身份进入“系统管理”主界面，选择“权限”|“权限”，进入“操作员权限”设置窗口，在窗口左侧选择要设置账套主管权限的操作员“张新”，单击窗口右上方账套名称的下拉按钮，选择要为“张新”设置操作权的账套，“[777] 天宇股份有限公司”，再勾选“账套主管”前面的复选框，出现“设置：[777] 账套主管权权限吗？”的提示，单击“是”，即将“张新”设为 [777] 账套的账套主管，如图 2-25 所示。

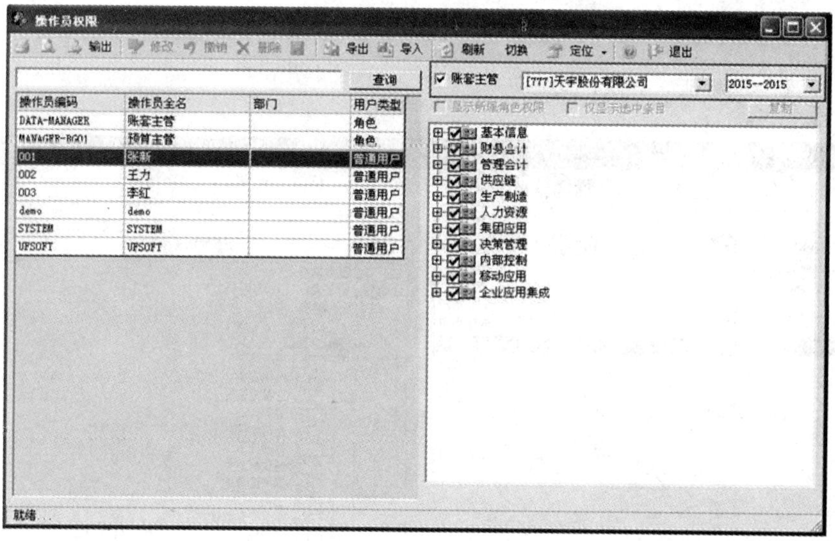

图 2-25 设置账套主管权限

说明

如建账时已赋予张新账套主管权限，则此处不需要进行设置。

二、设置普通操作员权限

1．设置总账会计权限。以系统管理员 Admin 的身份进入“系统管理”主界面，单

击“权限”|“权限”命令，在操作员权限对话窗口的右上方选择所要操作的账套“[777]天宇股份有限公司”，再选择操作员“王力”，然后单击工具栏中的“修改”按钮，在“总账”中勾选总账会计的所有权限，并单击“保存”按钮，如图 2-26 所示。

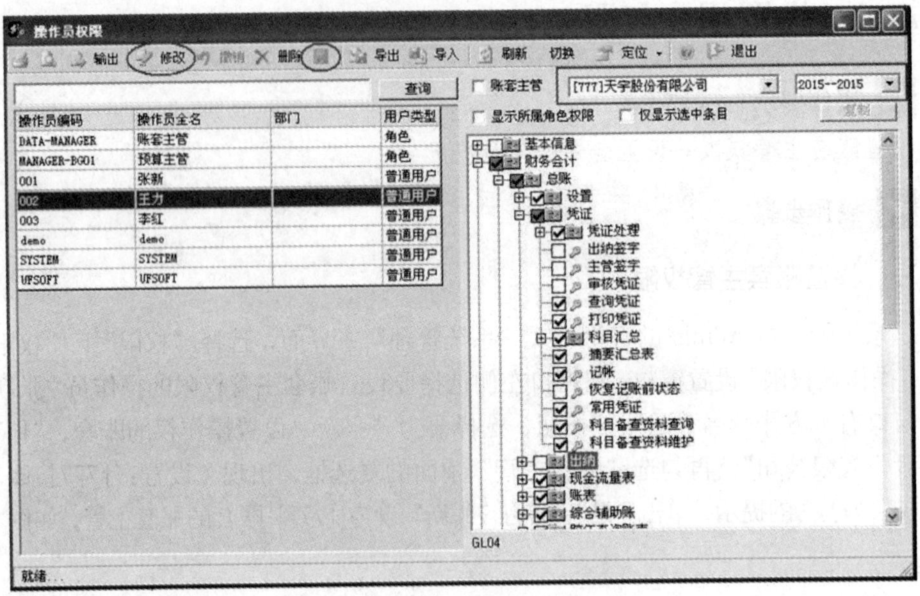

图 2-26　设置总账会计权限

2．设置出纳权限，如图 2-27 所示。

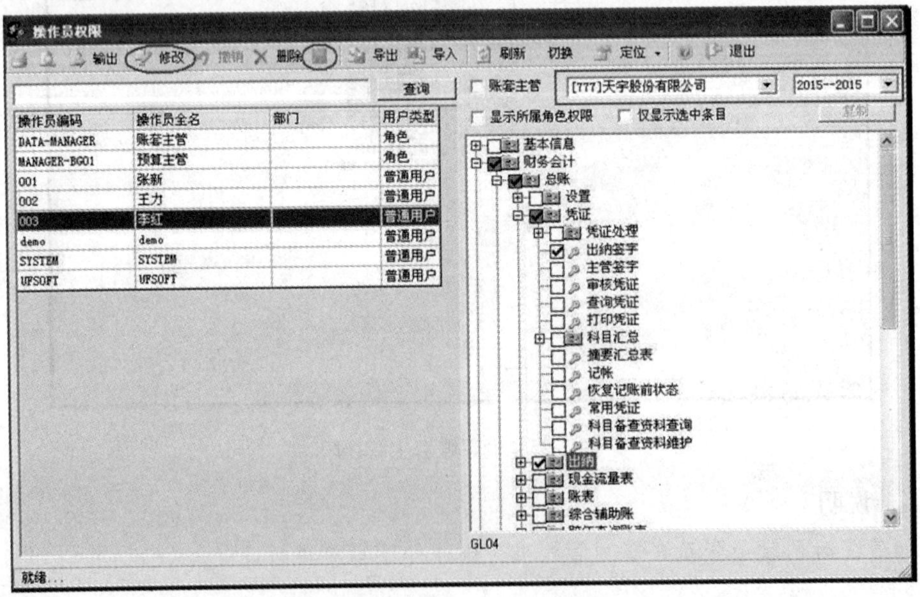

图 2-27　设置出纳权限

📖 **说明**

系统管理员可以为账套主管及普通操作员设置权限，而账套主管只能为本人以外的其他操作员设置权限。

📖 项目总结

用友 U8V10.1 软件产品，通过系统管理模块实现对企业财务电算化管理的统一设置与协调，完全实现了财务业务一体化的管理，为企业资金流、物流、信息流的统一管理提供了有效的方法和工具。

一、系统管理模块主要能够实现如下功能

1. 对账套的统一管理，包括建立、修改、输出和引入（备份和恢复）。

2. 对操作员及其功能权限实行统一管理，设立统一的安全机制，包括用户、角色和权限设置。

3. 允许设置自动备份计划，系统根据这些设置定期进行自动备份处理，实现账套的自动备份。

4. 对账套库的管理，包括建立、引入、输出年账套库，结转上年数据，清空年度数据。

二、系统管理的使用者

系统管理的使用者为企业的信息管理人员，主要有系统管理员 Admin、安全管理员(SAdmin)、管理员用户和账套主管。

三、操作流程

1. 新用户操作流程：启动系统管理→以系统管理员 Admin 身份登录→新建账套 →增加角色、用户→设置角色、用户权限 →启用各相关系统。

2. 老用户操作流程：启动系统管理→以账套主管注册登录→建立下一年账套库→结转上年数据→启用各相关系统→进行新年度操作。

项目三

设置企业应用平台

知识目标

- 了解基础设置在财务软件使用过程中的重要性。
- 掌握设置基本信息的方法。
- 掌握录入基础档案的方法。
- 理解数据权限与功能权限的差异。

技能目标

- 能够执行启动企业应用平台及启用系统的操作。
- 能够设置编码方案及数据精度。
- 能够执行录入基础档案、修改基础档案及删除基础档案的操作。
- 能够设置数据权限。

项目资料

一、天宇公司使用总账系统进行账务处理，编码方案及数据精度资料如下

科目编码级次：4222；
部门编码级次：12；
供应商分类编码级次：22；
客户分类编码级次：22；
结算方式编码级次：12；
存货分类编码级次：12；
其他分类为默认值；
所有数据精度均为小数点后两位。

二、基础信息（见表 3-1 至表 3-17）

表 3-1　部门档案

编　号	名　称	成立日期
1	行政事务中心	2015-01-01
101	办公室	2015-01-01
102	人力资源部	2015-01-01
103	财务部	2015-01-01
2	产品制造中心	2015-01-01
201	一车间	2015-01-01
202	二车间	2015-01-01
3	营销中心	2015-01-01
301	采购部	2015-01-01
302	销售部	2015-01-01
303	售后部	2015-01-01
4	离退休事务部	2015-01-01

表 3-2　人员类别表

类别编号	类别名称
101	正式工
10101	在职人员
1010101	管理人员
1010102	营销人员
1010103	工人
10102	离休人员
10103	退休人员
102	合同工
103	实习生

表 3-3　人员档案

编号	姓名	性别	所属部门	人员类别	雇佣状态	是否业务员	业务及费用部门
101001	姜成	男	办公室	管理人员	在职	是	办公室
101002	王志	男	办公室	管理人员	在职	是	办公室
102001	肖剑	男	人力资源部	管理人员	在职	是	人力资源部
103001	张新	男	财务部	管理人员	在职	是	财务部
103002	王力	女	财务部	管理人员	在职	是	财务部

续表

编号	姓名	性别	所属部门	人员类别	雇佣状态	是否业务员	业务及费用部门
103003	李红	女	财务部	管理人员	在职	是	财务部
201001	赵斌	男	一车间	工人	在职	是	一车间
202001	孙浩	男	二车间	工人	在职	是	二车间
301001	吴萍	女	采购部	营销人员	在职	是	采购部
302001	周爽	女	销售部	营销人员	在职	是	销售部
303001	郑忠	男	售后部	营销人员	在职	是	售后部
400001	陈明	男	离退休事务部	离休人员	离休	是	离退休事务部
400002	李刚	男	离退休事务部	退休人员	退休	是	离退休事务部
400003	陈静	女	离退休事务部	退休人员	退休	是	离退休事务部
400004	沈海	女	离退休事务部	退休人员	退休	是	离退休事务部

表 3-4 地区分类表

地区分类编码	地区分类名称
01	本地
02	外地

表 3-5 供应商分类表

供应商分类编码	供应商分类名称
01	长期伙伴
0101	本地
0102	外地
02	短期伙伴
03	临时伙伴

表 3-6 供应商档案表

编 号	名 称	简 称	分 类	税 号	地 址
001	大发厂	大发厂	0101	123949458	利民区时代大街 1 号
002	大庆电缆厂	大庆电缆	0102	849383939	松浦区长江路 5 号
003	宝峰有限公司	宝峰	02	948240348	丰台区长寿路 10 号
004	黎明实业有限公司	黎明	03	849303854	金州区光芒街 8 号

表 3-7　客户分类表

客户分类编码	客户分类名称
01	长期伙伴
0101	本地
0102	外地
02	短期伙伴
03	临时伙伴

表 3-8　客户级别

客户级别分类	客户级别名称
01	重要客户
02	普通客户
03	潜在客户

表 3-9　客户档案表

客户编号	客户名称	简　称	所属分类	客户级别	税　号	地址
001	利康有限公司	利康	0101	重要客户	152552368	凌江路 5 号
002	兴隆有限公司	兴隆	0102	重要客户	682695381	北新西路 10 号
003	天达公司	天达	02	普通客户	716266574	工程大街 874 号
004	红星公司	红星	03	普通客户	274678654	达道街 45 号

表 3-10　存货分类表

存货分类编码	存货分类名称
1	原材料
101	原料及主要材料
102	辅助材料
103	外购半成品
2	包装物
3	库存商品
301	1#产品
302	2#产品
4	委托加工物资

表 3-11 计量单位组分类

计量单位组编码	计量单位组名称	计量单位组类别
01	重量	固定换算计量单位组
02	数量	无换算计量单位组

表 3-12 计量单位分类

计量编码	计量名称	所属计量单位组	计量单位组类别
0101	千克	重量	固定换算计量单位组
0102	克	重量	固定换算计量单位组
0201	台	数量	无换算计量单位组
0202	个	数量	无换算计量单位组

表 3-13 存货档案表

存货编号	所属分类	存货名称	主计量单位	存货属性	税率（%）
001	101	氧化锌	克	外购、生产耗用	17
002	101	电机	台	外购、生产耗用	17
003	101	电磁线	克	外购、生产耗用	17
004	101	电缆线	克	外购、生产耗用	17
005	301	1#产品	台	自制	17
006	302	2#产品	台	自制	17

外币："美元"。币符："$"。汇率："1：6.20000"

表 3-14 会计科目表

科目名称	方 向	辅助账类型	账页格式
库存现金（1001）	借	日记账	金额式
银行存款（1002）	借		金额式
工行存款（100201）	借	银行账、日记账	金额式
中行存款（100202）	借	银行账、日记账、外币核算（美元）	金额式
应收票据（1121）	借		金额式
银行承兑汇票（利康）（112101）	借	客户往来	金额式
应收账款（1122）	借		金额式
利康有限公司（112201）	借	客户往来	金额式
兴隆有限公司（112202）	借	客户往来	金额式
其他应收款（1221）	借		金额式
王明（122101）	借	个人往来	金额式
张同（122102）	借	个人往来	金额式

续表

科目名称	方　向	辅助账类型	账页格式
在途物资（1402）	借		金额式
主要材料（140201）	借		金额式
氧化锌（14020101）	借	数量核算（千克）	数量金额式
电　机（14020102）	借	数量核算（台）	数量金额式
电磁线（14020103）	借	数量核算（千克）	数量金额式
电缆线（14020104）	贷	数量核算（千克）	数量金额式
原材料（1403）	借		金额式
主要材料（140301）	借		金额式
氧化锌（14030101）	借	数量核算（千克）	数量金额式
电　机（14030102）	借	数量核算（台）	数量金额式
电磁线（14030103）	借	数量核算（千克）	数量金额式
电缆线（14030104）	借	数量核算（千克）	数量金额式
库存商品（1405）	借		数量金额式
1#产品（140501）	借	数量核算（台）	数量金额式
2#产品（140502）	贷	数量核算（台）	数量金额式
固定资产（1601）	借		金额式
累计折旧（1601）	贷		金额式
短期借款（2001）	贷		金额式
应付票据（2201）	贷		金额式
商业承兑汇票（220101）	贷	供应商往来	金额式
应付账款（2202）	贷		金额式
大发厂（220201）	贷	供应商往来	金额式
大庆电缆厂（220202）	贷	供应商往来	金额式
宝峰有限公司（220203）	贷	供应商往来	金额式
黎明实业有限公司（220204）	贷	供应商往来	金额式
应付职工薪酬（2211）	贷		金额式
应付工资（221101）	贷		金额式
应付福利费（221102）	贷		金额式
应交税费（2221）	贷		金额式
应交增值税（222101）	贷		金额式
进项税额（22210101）	贷		金额式
销项税额（22210102）	贷		金额式
未交增值税（222102）	贷		金额式
应交营业税（222103）	贷		金额式

续表

科目名称	方向	辅助账类型	账页格式
应交所得税（222104）	贷		金额式
应交个人所得税（222105）	贷		金额式
应交城市维护建设税（222106）	贷		金额式
应交教育费附加（222107）	贷		金额式
实收资本（4001）	贷		金额式
新新公司（400101）	贷		金额式
瑞丰公司（400102）	贷		金额式
盈余公积（4101）	贷		金额式
利润分配（4104）	贷		金额式
未分配利润（410401）	贷		金额式
生产成本（5001）	借		金额式
直接材料（500101）	借	项目核算	金额式
直接人工（500102）	借	项目核算	金额式
其他（500103）	借	项目核算	金额式
制造费用（5101）	借		金额式
折旧（510101）	借	部门核算	金额式
工资（510102）	借	部门核算	金额式
其他费用（510103）	借	部门核算	金额式
主营业务收入（6001）	贷		数量金额式
1#产品（600101）	贷	数量核算（台）	数量金额式
2#产品（600102）	贷	数量核算（台）	数量金额式
其他业务收入（6051）	贷		金额式
材料销售（605101）	贷		金额式
其他（605102）	贷		金额式
投资收益（6111）	贷		金额式
营业外收入（6301）	贷		金额式
主营业务成本（6401）	贷		数量金额式
1#产品（640101）	贷	数量核算（台）	数量金额式
2#产品（640102）	贷	数量核算（台）	数量金额式
营业税金及附加（6403）	借		金额式
销售费用（6601）	借		金额式
管理费用（6602）	借		金额式
折旧费（660201）	借	部门核算	金额式
办公费（660202）	借	部门核算	金额式

续表

科目名称	方　向	辅助账类型	账页格式
工　资（660203）	借	部门核算	金额式
差旅费（660204）	借	部门核算	金额式
福利费（660205）	借	部门核算	金额式
招待费（660206）	借	部门核算	金额式
维修费（660207）	借	部门核算	金额式
财务费用（6603）	借		金额式
营业外支出（6711）	借		金额式
所得税费用（6801）	借		金额式

表 3-15　凭证类别表

类　型	限制类型	限制科目
收款凭证	借方必有	1001，1002
付款凭证	贷方必有	1001，1002
转账凭证	凭证必无	1001，1002

表 3-16　项目大类表

项目大类	指定核算科目	项目分类	项目目录
生产成本	直接材料 直接人工 其他	1 自制产品	101　1#产品 102　2#产品
		2 委托加工产品	

表 3-17　结算方式表

编　码	结算方式	票据管理标志
1	现金结算	
2	支票结算	是
201	现金支票	是
202	转账支票	是
3	商业汇票	
301	商业承兑汇票	
302	银行承兑汇票	
4	汇兑	
401	信汇	
402	电汇	
5	其他	

三、数据权限

1．003 李红拥有“1001 库存现金”和“100201 工行存款”的制单权和查账权。

2．002 王力拥有所有科目的制单权和查账权。

3．002 王力拥有所有部门的查询权与录入权。

4．金额权限分配：002 王力拥有的库存现金和银行存款权限为六级、出纳员李红拥有的库存现金和银行存款权限为二级（见表 3-18）。

表 3-18　科目金额级别表　　单位：元

科　目	一级	二级	三级	四级	五级	六级
库存现金	500	1 000	1 500	2 000	不限	不限
银行存款	1000	5 000	10 000	50 000	100 000	500 000

项目分析

企业在账务处理过程中随时要运用部门信息、人员信息、存货信息、客商信息等企业内部和外部的数据资料，为保证数据的连贯性、一致性，就要事先设置一个统一的信息平台，用友 U8V10.1 软件就提供了这样一个平台——企业应用平台，它可以帮助企业员工、用户和合作伙伴从单一的渠道访问其所需的个性化信息，定义自己的业务工作，并设计自己的工作流程。那么，如何运用这个平台呢？

请在下列任务的执行过程中探索解决如下问题的方法。

问题一：如何启动企业应用平台。

问题二：如何启用系统。

问题三：如何设置编码方案及数据精度。

问题四：如何设置基础档案。

问题五：如何设置数据权限。

知识储备

一、企业应用平台

企业应用平台是用友 U8V10.1 软件的集成应用平台，由多个视图组成，U8 预置视图有业务导航视图、系统消息、待办任务、消息显示、我的工作、监控列表、工作日历、许可管理视图、企业流程图、助手视图、审批进程图、审批进程表、审批视图、监控视图、UAP 定制的门户视图。其中最常用的是业务导航视图，主要由系统服务、基础设置、业务工作等多个业务导航区组成。它可以使用户快速进入具有权限的各相关模块，避免了重复登录，节省了操作时间。同时它还为企业员工、用户和合作伙伴访问其所需的各种个性化信息提供了单一的渠道。通过企业应用平台，员工不仅可以访问企业的各种信息，还可以定义自己的业务工作，设计自己的工作流程，从而有效地实现信息的实时沟通和资源的有效利用。因而，利用好企业应用平台，不仅可以帮助企业员工提高工作效率，还可以帮助企业提高业务处理能力。

二、编码方案

编码方案是为了便于对经济业务数据进行核算与管理而设定的，它规定各种编码的级次和各级的长度，是用户进行分级核算、统计与管理的基础。如果将会计科目编码级次设置为 4222，那么账套中会计科目最多可设四级，即一级科目用 4 位数表示、二、三、四级科目用两位数，如“银行存款”科目编码为 1002，它的二级科目的编码就应是一个两位数，即“银行存款——工行存款”用编码 100201 表示。为了便于企业今后业务扩展需要，科目编码在设定时要留有余地。录入完成编码级次后，在后面各级档案录入时会有编码规则标注，表示设置好的编码级次，如“编码规则： * ** **”表示编码规则为 122。

三、基础档案

企业应用平台可以为各子系统提供共享的基础信息，这些基础信息是系统运行的基石，因而在建账之初，企业应根据实际情况，设置好基础档案，这些资料可以在“基础设置”业务导航区的“基础档案”中录入。

企业基础数据存在着前后的承接关系，如必须在设置存货分类后才能设置存货档案，因此在设置基础档案时要遵循一定的顺序，如图 3-1 所示。

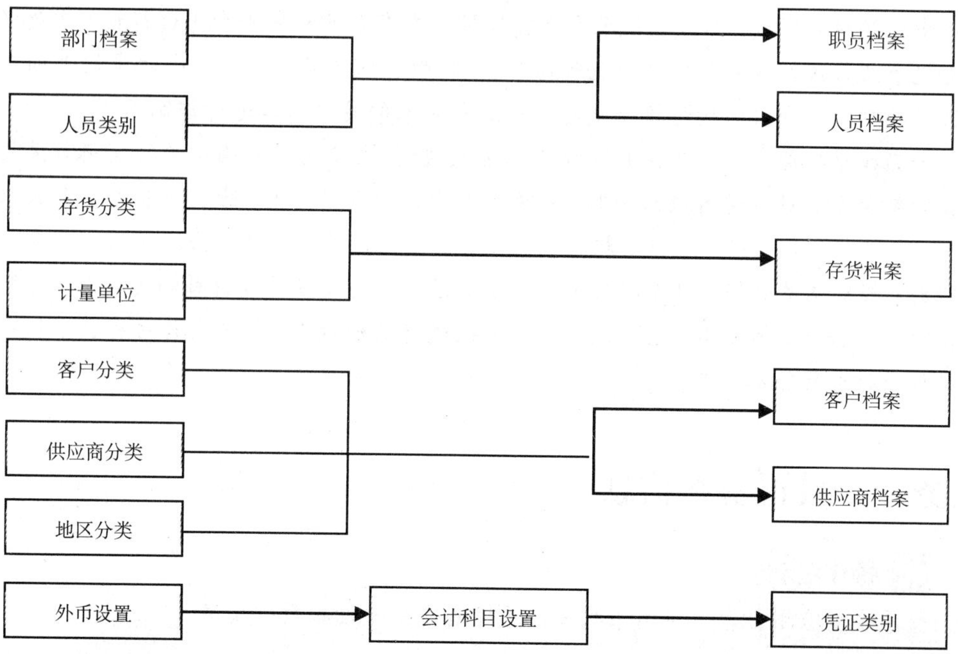

图 3-1　设置基础档案的顺序

四、指定会计科目

指定会计科目是指定出纳的专管科目，指定科目后才能执行出纳签字、查询现金、银行日记账，银行对账，以及在制单中进行支票控制和资金赤字控制，从而实现现金、银行存款管理的保密性。一般情况下，现金科目要设为日记账，银行存款科目要设为银行账和日记账。指定的现金流量科目供UFO编制现金流量表时取数使用，所以在输入凭证时，对指定的现金流量科目系统自动弹出窗口要求指定当前输入分录的现金流量项目。

五、项目档案

一个单位项目核算的种类可能多种多样，比如，在建工程、产品成本、对外投资等，为了进一步对成本费用及收入进行管理，在手动方式下，一般通过按具体的项目开设明细账进行核算，这样必然增加明细科目的级次，同时也给会计核算和管理资料的提供带来了极大的困难。

为了解决这一问题，用友ERP-U8提供了项目核算与管理模块，它可以定义多个种类的项目核算，将具有相同特性的一类项目定义成一个项目大类，一个项目大类可以核算多个项目，这就为企业的核算与统计提供了较大的便利。

六、数据权限与金额权限

用友软件中的权限分为功能权限、数据权限和金额权限三种。其中功能权限在系统管理中已经设置完成，而数据权限和金额权限需要在企业应用平台上进行设置。数据权限分记录级数据权限和字段级数据权限，记录级数据权限是对某一业务对象的查询与录入进行控制；而字段级数据权限是对某一业务对象的具体内容进行控制。

金额权限功能用于设置用户可使用的金额级别，主要是对采购订单的金额审核额度、科目的制单金额额度进行权限控制，以免个别用户的权限过大。账套主管不受金额权限控制，由他来为其他用户进行授权控制设置。在设置金额权限之前必须先设定对应的金额级别，级别总共六级。对于科目来说，可以根据需要设置对应科目的金额级别，可以直接对上级科目设置级别，也可以明细到末级进行级别设置，但不允许对有上下级关系的科目同时进行级别设置。

任务一　设置基本信息

操作提示

登录企业应用平台—启用系统—设置编码方案—设置数据精度

操作步骤

一、登录企业应用平台

1．以账套主管身份登录企业应用平台。执行“开始”|“所有程序”|“用友U8V10.1”|“企业应用平台”命令，打开企业应用平台登录界面，输入操作员编码为

“001”，密码为空，选择账套为“[777]天宇股份有限公司”，操作日期为“2015-01-01”，如图 3-2 所示。

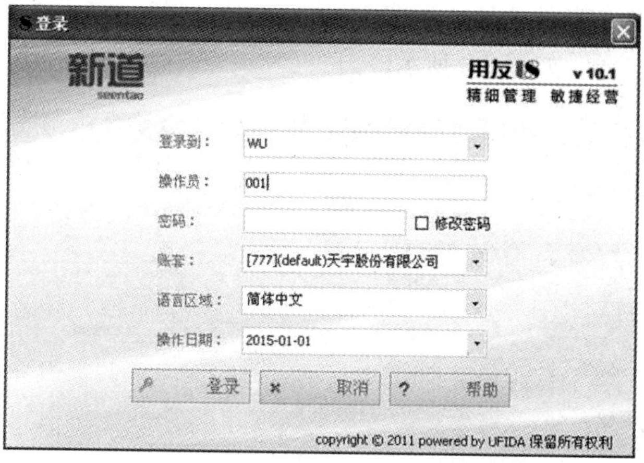

图 3-2　登录企业应用平台

2．输入登录信息后，单击“确定”，即进入企业应用平台窗口，窗口显示登录信息及三个业务导航按钮，即“业务工作”、“基础设置”和“系统服务”，如图 3-3 所示。

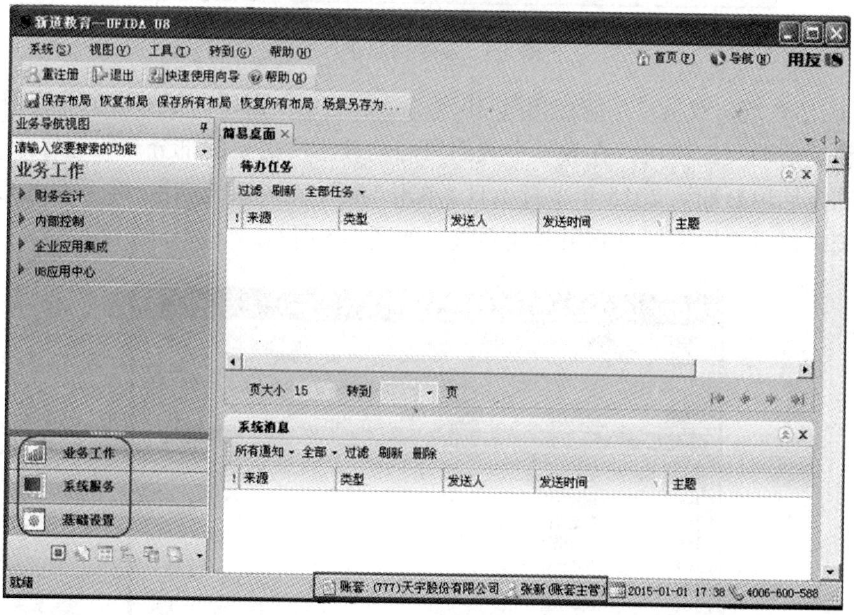

图 3-3　企业应用平台

说明

1．只有账套主管及账套操作员才能够登录企业应用平台。

2．登录企业应用平台的时间必须大于等于建账日期。

二、启用系统

1．单击“基础设置”导航按钮，其上方便出现与之相对应的所有功能。单击“基本信息”，进入基本信息录入窗口，该窗口有“会计期间”、“系统启用”、“编码方案”、“数据精度”四个子项，如图 3-4 所示。

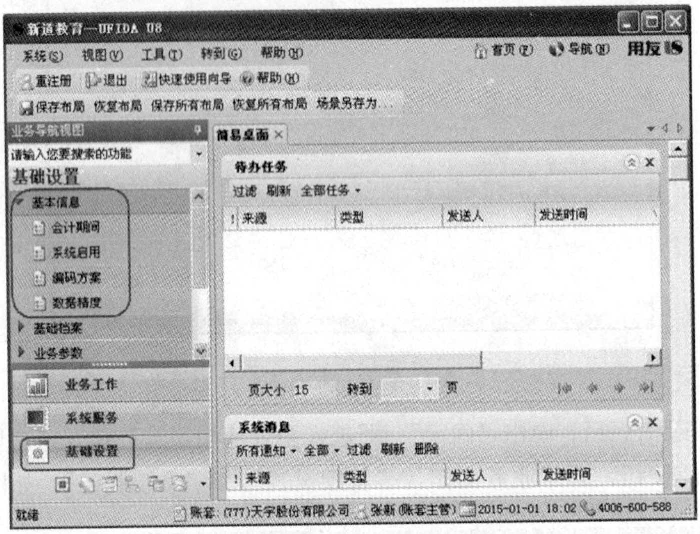

图 3-4　基本信息录入

2．启用系统。双击“系统启用”，出现“系统启用”窗口，如果是企业应用，则启动的应该是所购买的模块，在教学中我们只启动教学所需要的部分。勾选总账（GL）系统并确定启用日期为 2015 年 1 月 1 日，单击“是”，完成系统启用。本项目先启用“总账”系统，以后根据需要再启用其他系统，如图 3-5 所示。

图 3-5　系统启用

📖 说明

1．只有系统管理员和账套主管才有权启用系统。

2．各系统的启用会计期间必须大于等于账套的启用日期。

三、设置编码方案

双击“编码方案”，进入编码方案录入窗口，根据资料设置编码方案，单击“确定”，再单击“取消”，退出编码方案设置窗口，如图 3-6 所示。

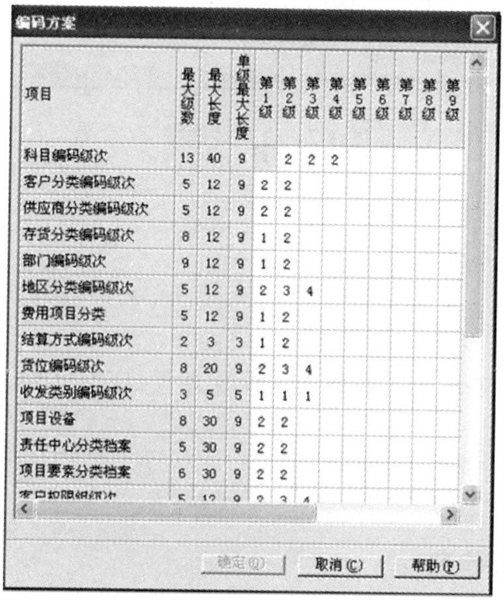

项目	最大级数	最大长度	单级最大长度	第1级	第2级	第3级	第4级	第5级	第6级	第7级	第8级	第9级
科目编码级次	13	40	9		2	2	2					
客户分类编码级次	5	12	9	2	2							
供应商分类编码级次	5	12	9	2	2							
存货分类编码级次	8	12	9	1	2							
部门编码级次	9	12	9	1	2							
地区分类编码级次	5	12	9	2	3	4						
费用项目分类	5	12	9	1	2							
结算方式编码级次	2	3	3	1	2							
货位编码级次	8	20	9	2	3	4						
收发类别编码级次	3	5	5	1	1	1						
项目设备	8	30	9	2	2							
责任中心分类档案	5	30	9	2	2							
项目要素分类档案	6	30	9	2	2							

图 3-6　设置编码方案

📖 说明

1．编码尚未使用前可以在此处进行修改，编码方案一旦使用，就不得修改。科目编码第 1 级为灰色，说明系统已经按行业预置了一级会计科目。因而科目编码第 1 级是不可修改的。

2．若在建立账套时存货、客户、供应商没有要求分类，则在此不能设置存货、客户、供应商的编码方案。

3．设置的编码方案级次只能小于等于最大级数。如科目编码最多可以设 9 级。

4．设置的编码方案长度只能小于等于最大长度，如科目编码各级长度之和只能≤15。

5．若要删除级长，必须从最末开始逐级向上删除。

四、设置数据精度

双击“数据精度”进入数据精度设置窗口，按小数点后两位数据精度的要求完成设置并单击“确定”，如图 3-7 所示。

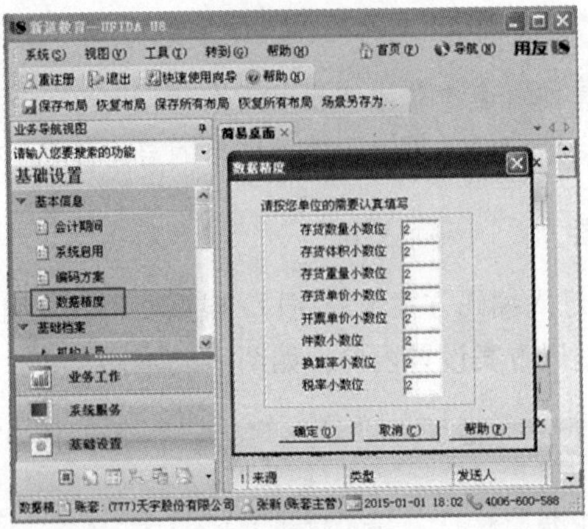

图 3-7　设置数据精度

任务二　录入基础档案

操作提示

设置机构人员信息—设置客商信息—设置存货信息—设置财务信息—设置收付结算方式

操作步骤

一、设置机构人员信息

选择“企业应用平台”|“基础设置”|“基础档案”｜“机构人员”，此处用来录入“本单位信息”、“部门档案”、“人员档案”、“人员类别”、“职务档案”、“岗位档案”等信息，如图 3-8 所示。

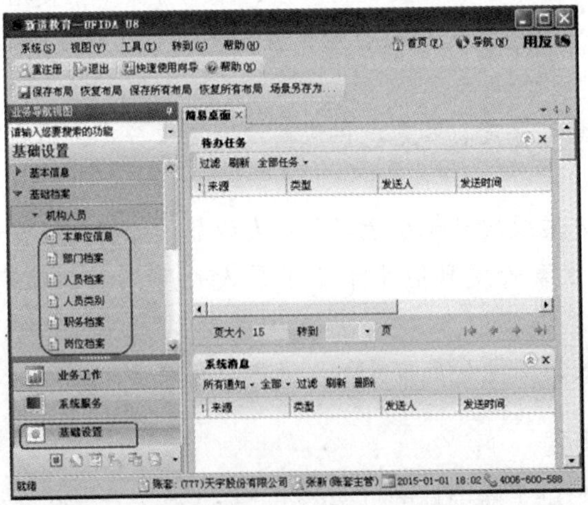

图 3-8　机构人员设置

1．设置本单位信息

建账时已录入完成，如有修改可在此进行。

2．录入部门档案

选择“企业应用平台”|“基础设置”|“基础档案”|“机构人员”|“部门档案”，双击进入部门档案的录入窗口，单击“”增加按钮，根据项目资料依次录入“部门编码”、“部门名称”及“成立日期”。单击“”按钮完成操作，如图 3-9 所示。

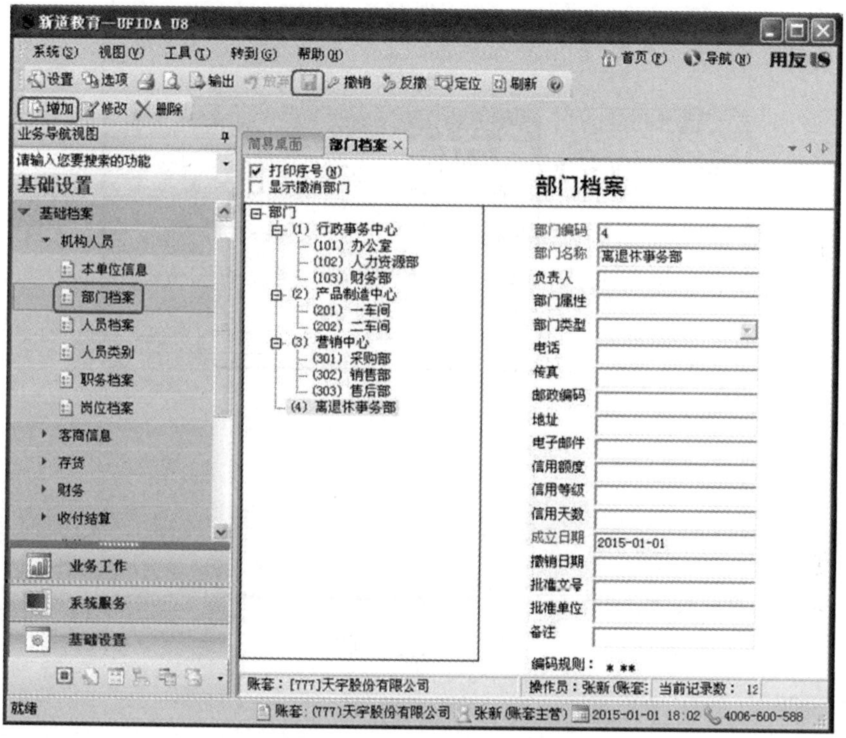

图 3-9　部门档案录入窗口

说明

1．部门档案录入窗口下方的“编码规则‘***’”表示为 12，即一级部门编码为一位数、二级编码为两位数，这是在前面编码方案中设置好的，如不符合编码规则，部门档案则无法保存。

2．修改：选中要修改的部门，单击“修改”按钮，即可进入修改状态，除部门编码外，其他信息均可修改。

3．删除：选中要删除的部门，单击“删除”按钮，即可删除此部门，但已被使用的部门不能被删除。

4．撤销：选中要撤销的部门，单击“撤销”按钮，输入撤销日期，即可撤销此部门。执行撤销操作必须从末级部门依次向上进行。另外，已安排人员的部门不可撤销，只能替换部门。

5．反撤销：选中要反撤销的部门，单击“反撤”按钮，即可反撤销此部门。

3．增加人员类别

选择“企业应用平台”|“基础设置”|“基础档案”|“机构人员” | “人员类别”，进入“人员类别”管理界面，选中“正式工”，单击“增加”按钮，根据项目资料在“增加档案项”对话窗口中增加相关内容后，单击“确定”按钮，如图 3-10 所示。

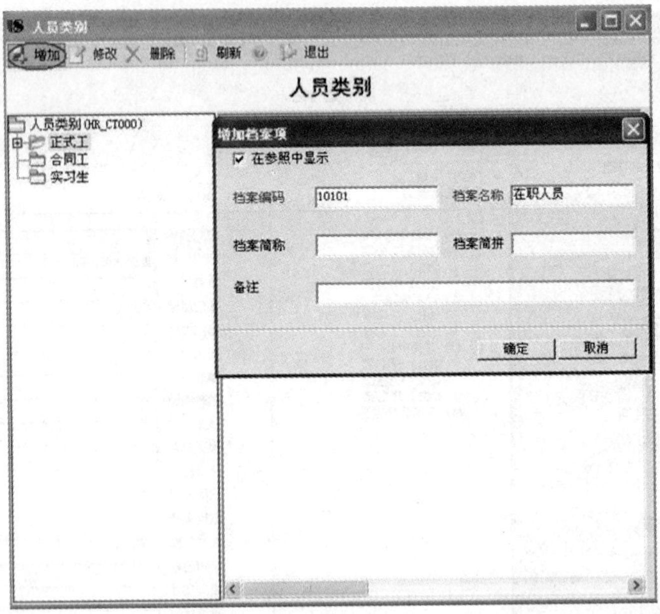

图 3-10　人员类别增加

说明

1．已增加的人员类别其档案编码不可修改。

2．已使用的人员类别不可删除。

3．执行新增操作时，一定要选中“正式工”或其他顶级人员类别，才能增加二级档案，如果选中的是“人员类别”，则无法完成新增操作。

4．录入人员档案

(1) 选择“企业应用平台”|“基础设置”|“基础档案”|“机构人员”|“人员档案”，进入人员档案管理界面，单击“增加”按钮，输入相应的人员信息，单击“保存”按钮完成设置，如图 3-11 所示。

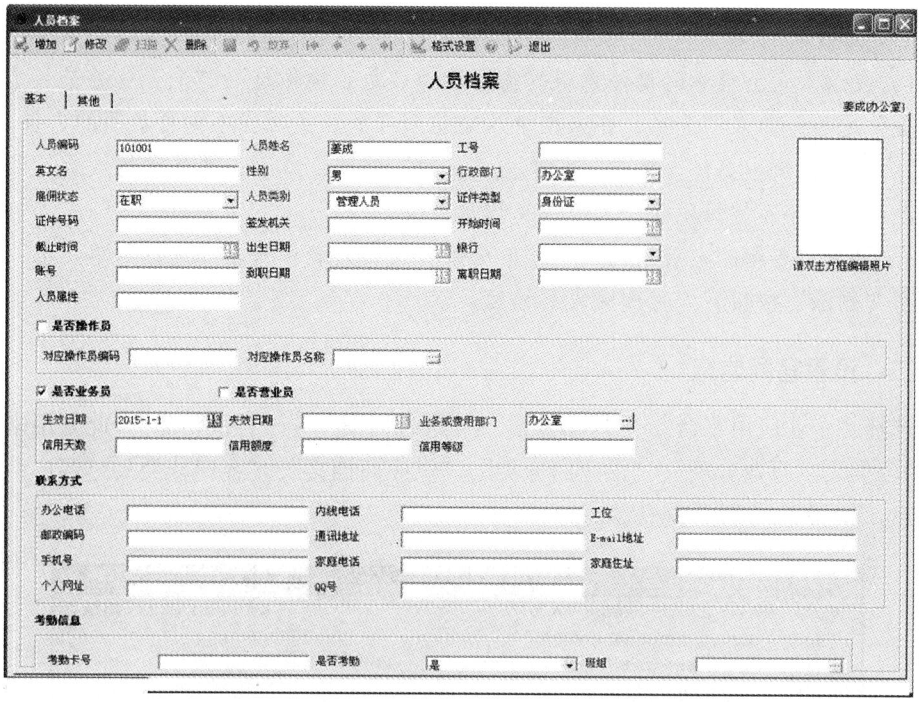

图 3-11　人员信息录入

（2）依次录入所有职员档案后，如图 3-12 所示，如要查看不同类别人员可在人员类别下拉框中进行选择，也可按部门、按雇佣状态选择。

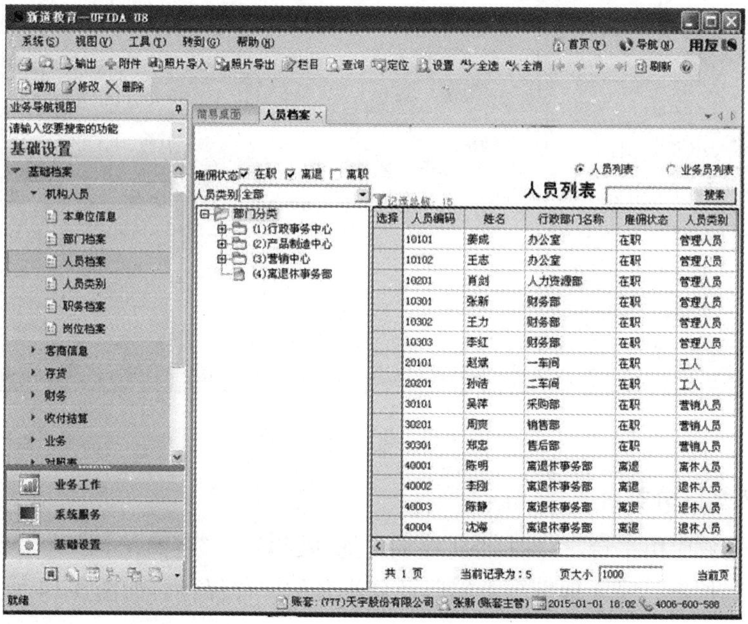

图 3-12　人员档案显示

📖 说明

1．在录入人员信息时要注意根据需要选择“是否操作员”、“是否业务员”、“是否营业员”选项，如果不选择，将来在录入期初余额等业务时找不到可参照的人员。

2．修改：选中要修改的部门，单击“修改”按钮，或双击要修改的人员，即可进行修改状态，除人员编码外，其他信息均可修改。

3．删除：要删除未启用的人员档案必须在人员列表中双击“选择”单元格，然后再单击“删除”按钮，方可删除人员档案。

二、设置客商信息

选择“企业应用平台”|“基础设置”|“基础档案”｜“客商信息”，此处用来录入“地区分类”、“行业分类”、“供应商分类”、“供应商档案”、“客户分类”、“客户档案”等信息，如图 3-13 所示。

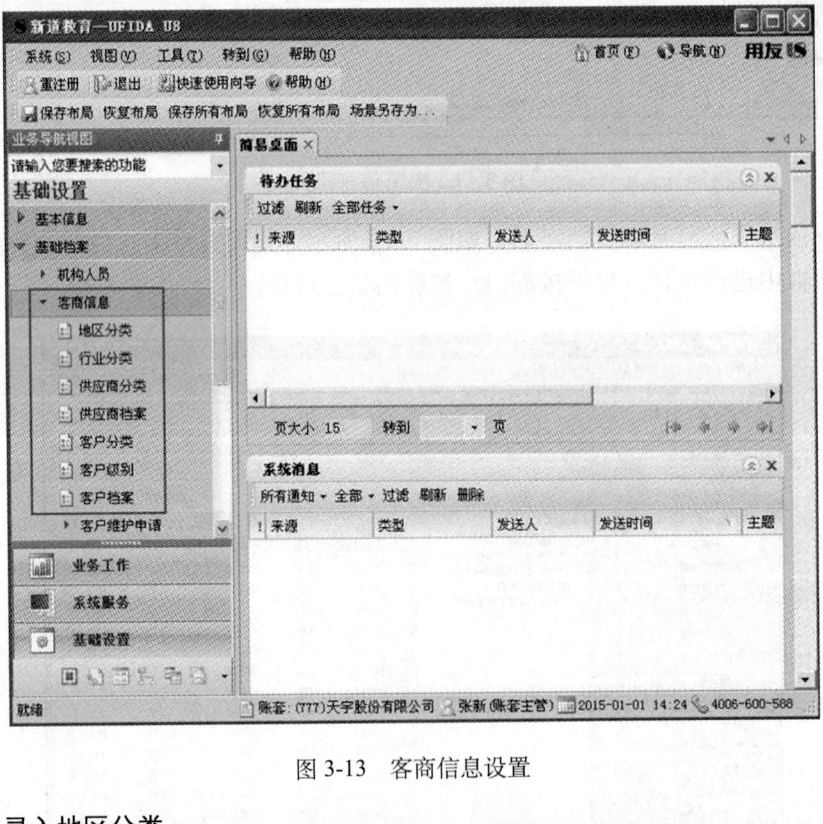

图 3-13 客商信息设置

1. 录入地区分类

选择“企业应用平台”|“基础设置”|“基础档案”|“客商信息”｜“地区分类”，单击“增加”按钮，录入地区分类编码及分类名称，并保存，如图 3-14 所示。

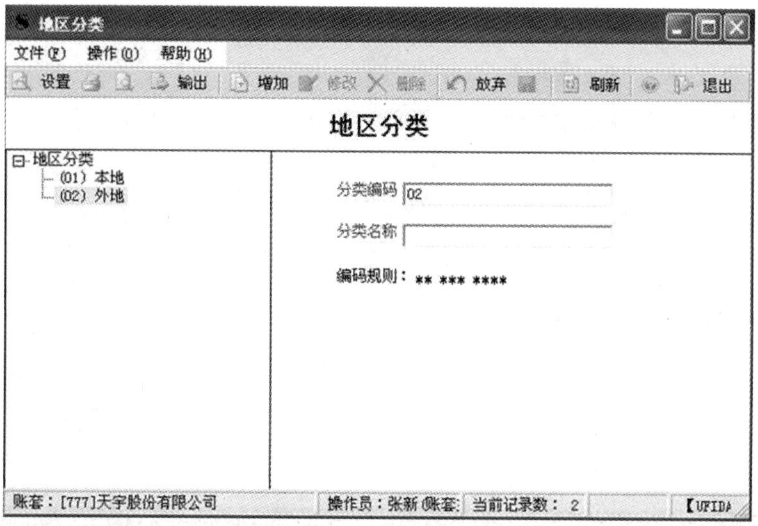

图 3-14　地区分类录入

2．录入供应商分类

选择“企业应用平台”|“基础设置”|“基础档案”|“客商信息” | “供应商分类”，单击“增加”按钮，录入客商分类信息并保存，如图 3-15 所示。

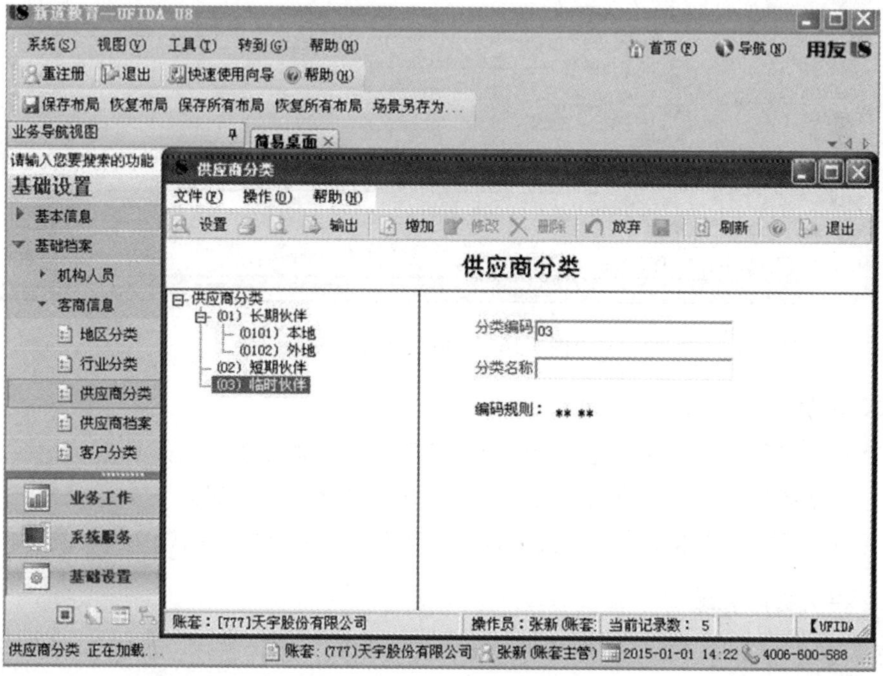

图 3-15　供应商分类录入

📖 **说明**

1．供应商分类必须逐级增加。
2．新增的供应商分类编码必须与编码规则中设定的编码级次相符。
3．已使用或非末级供应商分类不能删除。
4．已增加的供应商分类编码不可修改。
5．以设置供应商档案信息的供应商分类要想删除必须先删除供应商档案。

3．录入供应商档案

选择“企业应用平台”|“基础设置”|“基础档案”|“客商信息”|“供应商档案”，单击“增加”按钮，进入增加供应商档案窗口，录入供应商档案信息并保存，如图3-16所示。

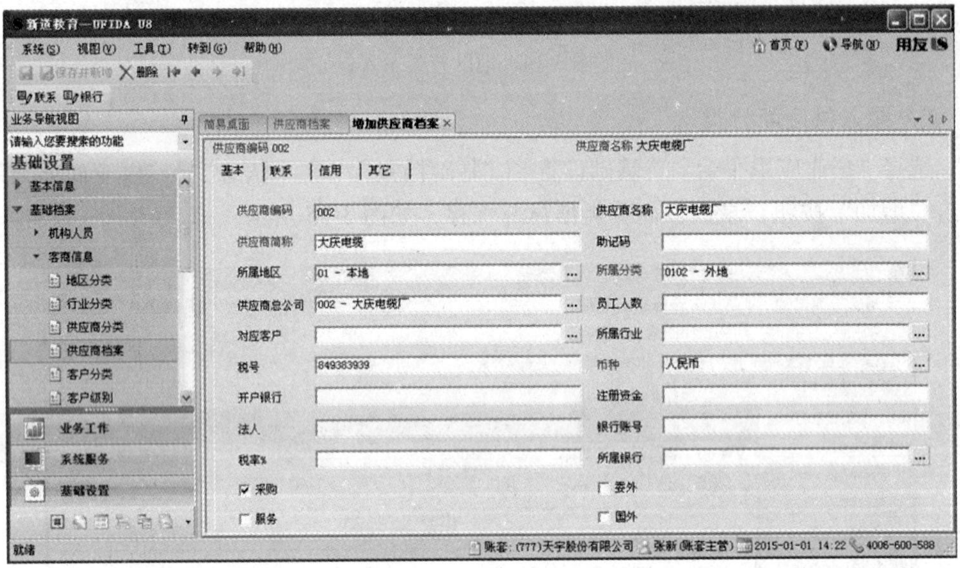

图3-16 供应商档案录入

📖 **说明**

1．已使用供应商属性不能删除修改，但可增加其他选项。
2．如果要连续录入供应商档案可单击“保存并新增”按钮。
3．如果建账时要求供应商分类，那么不设置供应商分类，就无法录入供应商档案。

4．录入客户分类

录入客户分类与录入供应商分类的操作步骤相同，不再赘述，如图3-17所示。

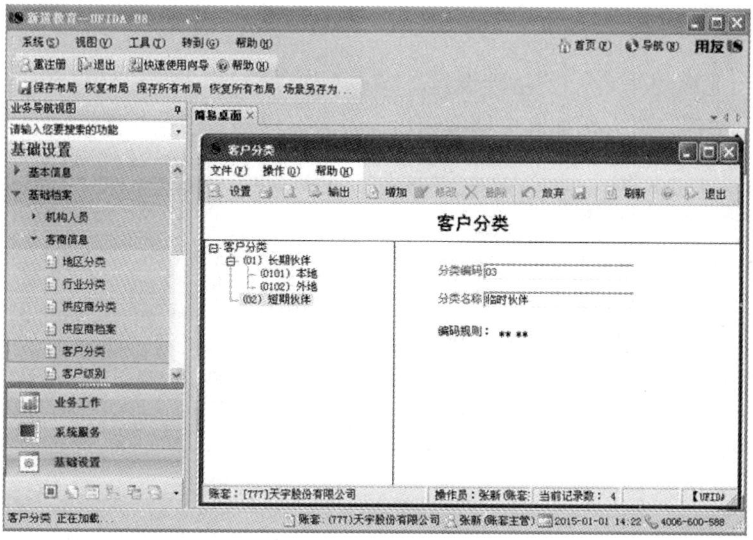

图 3-17　客户分类录入

5. 设置客户级别分类

选择“企业应用平台”|“基础设置”|“基础档案”|“客商信息”|“客户级别”，单击“增加”按钮，进入客户级别分类，窗口录入客户级别信息，如图 3-18 所示。

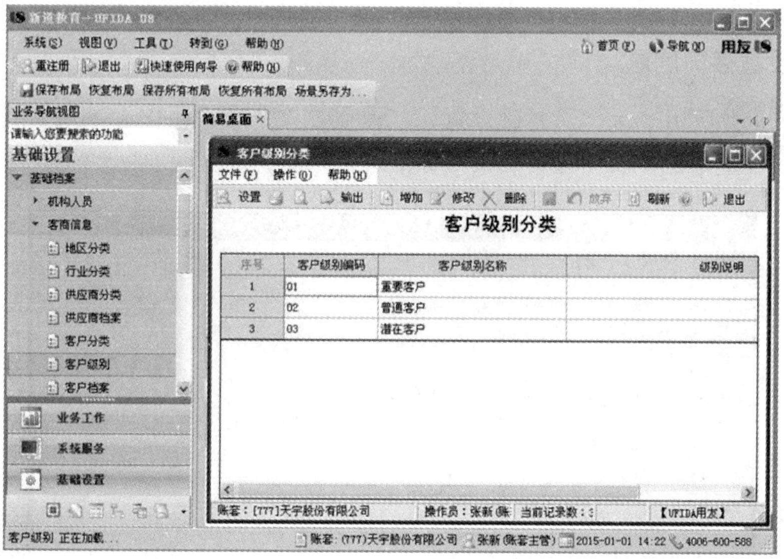

图 3-18　客户级别录入

📖 说明

客户级别是客户细分的一种方法，企业可以根据自身管理需要，进行客户级别的分类。例如，某销售公司按照客户给企业带来的销售收入，将客户细分为重要客户、普通客户和潜在客户。客户级别设置以后，将在客户档案和统计分析节点中使用。

6．录入客户档案

选择“企业应用平台”|“基础设置”|“基础档案”|“客商信息”|“客户档案”，单击“增加”按钮，进入增加客户档案窗口，录入客户档案信息并保存，如图 3-19 所示。

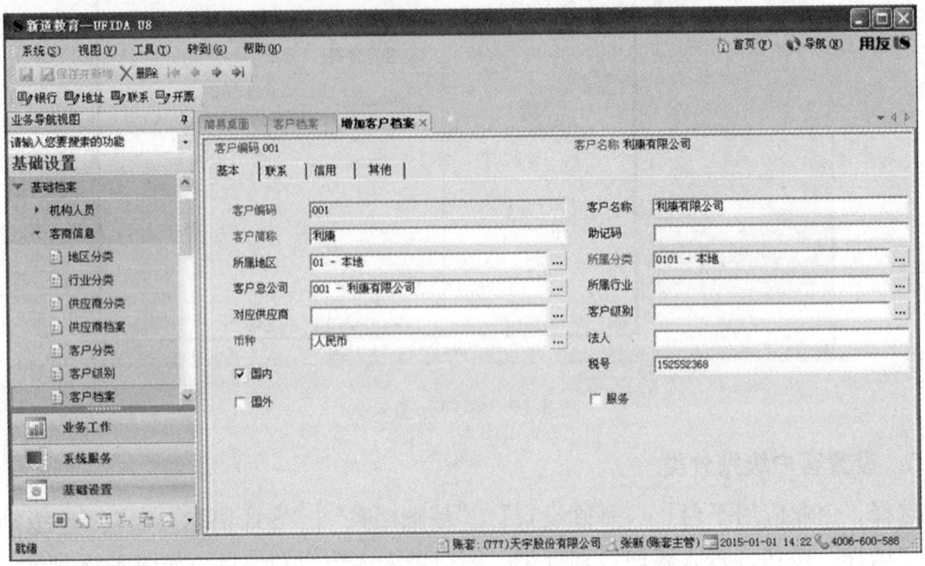

图 3-19　客户档案录入

三、设置存货信息

选择“企业应用平台”|“基础设置”|“基础档案”|“存货”，此处用来录入“存货分类”、“计量单位”及“存货档案”等信息，如图 3-20 所示。

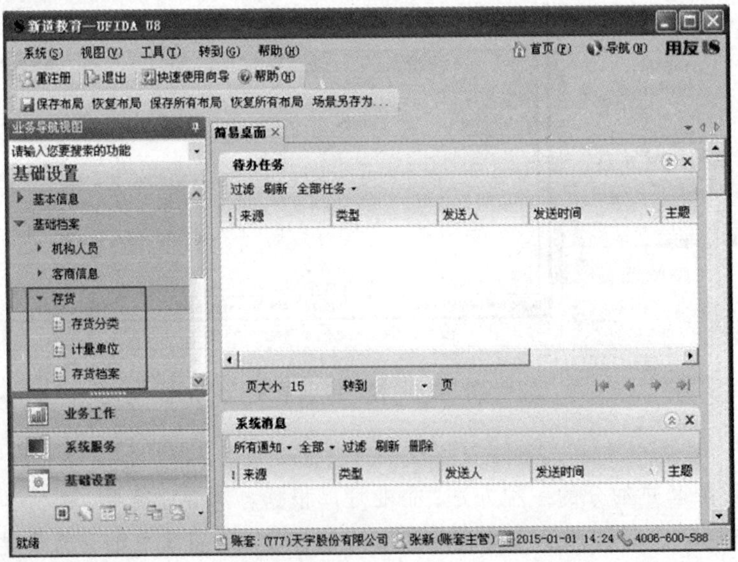

图 3-20　存货信息设置

1. 录入存货分类

选择“企业应用平台”|“基础设置”|“基础档案”|“存货”|“存货分类”，进入存货分类录入窗口，单击“增加”按钮后，依次录入各存货分类，如图 3-21 所示。

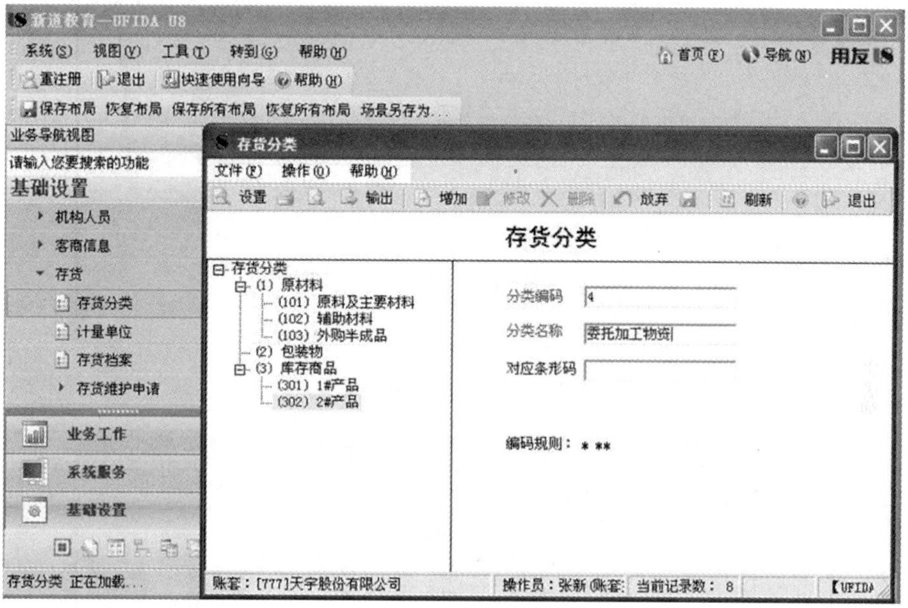

图 3-21　存货分类录入

说明

1. 修改：选中要修改的存货分类，单击“修改”按钮，可对存货分类信息进行修改，但分类编码不可修改。

2. 删除：删除存货分类必须从末级分类开始依次向上删除，且已使用存货分类不能删除。

2. 录入计量单位

(1) 录入计量单位组

选择“企业应用平台”|“基础设置”|“基础档案”|“存货”|“计量单位”，单击“分组”按钮进入计量单位组录入窗口，单击“增加”按钮，录入相应信息，并保存。如图 3-22 所示。所有信息设置完成后，单击“退出”按钮。

(2) 录入计量单位

组别录入完成后，再录入每组下的计量单位，单击要录入计量单位所属的计量单位组，再单击“单位”按钮，进入计量单位录入窗口，单击“增加”按钮后，录入该组下的计量单位，设定完成后，单击“保存”按钮，如图 3-23 所示。

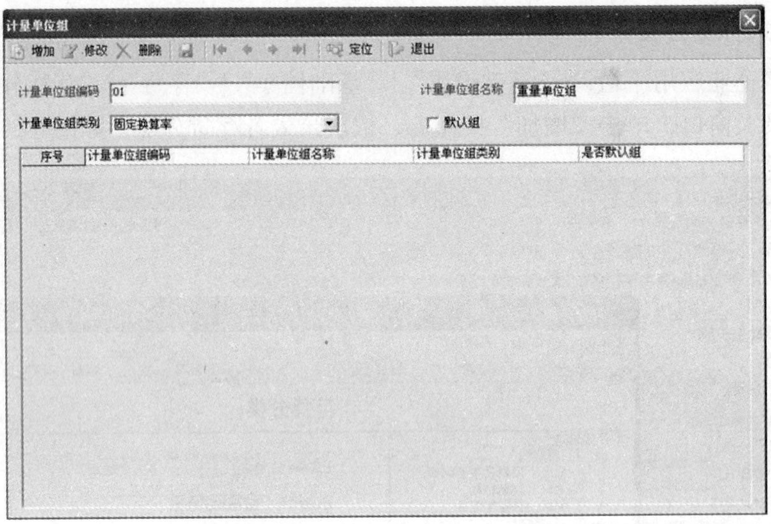

图 3-22　计量单位分组录入

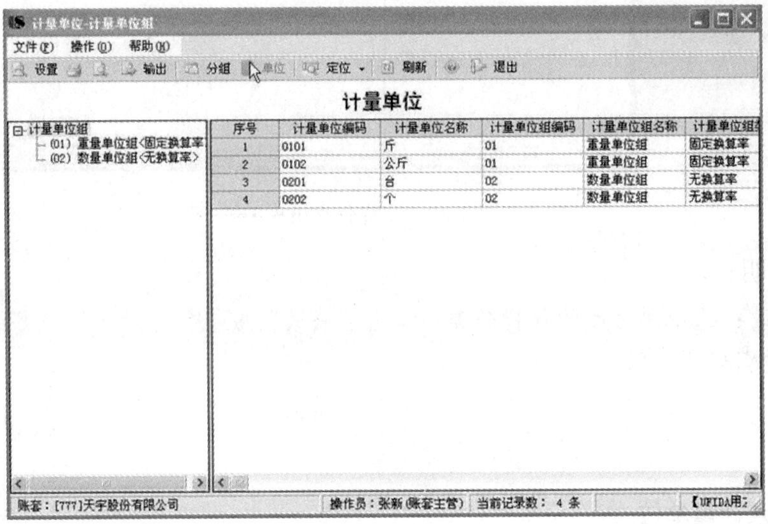

图 3-23　计量单位录入

说明

1．删除计量单位组则默认为删除该计量单位组下的全部计量单位。

2．计量单位组类别在无换算、固定换算和浮动换算三个类别择其一。

（1）无换算计量单位组：该组下的计量单位都以单独形式存在，即相互之间不需要输入换算率，而且全部缺省为主计量单位。

（2）固定换算计量单位组：包括多个计量单位，一个主计量单位、多个辅计量单位。通常情况下要选择较小的计量单位为主计量单位。如："克"和"千克"两个固定换算的计量单位，就要将"克"作为主计量单位。

（3）浮动换算计量单位组：只包括两个计量单位，一个主计量单位、一个辅计量单位。

3. 录入存货档案

(1) 选择"企业应用平台" | "基础设置" | "基础档案" | "存货" | "存货档案"，进入存货档案窗口单击"增加"按钮，出现增加存货档案窗口后，录入存货信息，如图3-24所示。

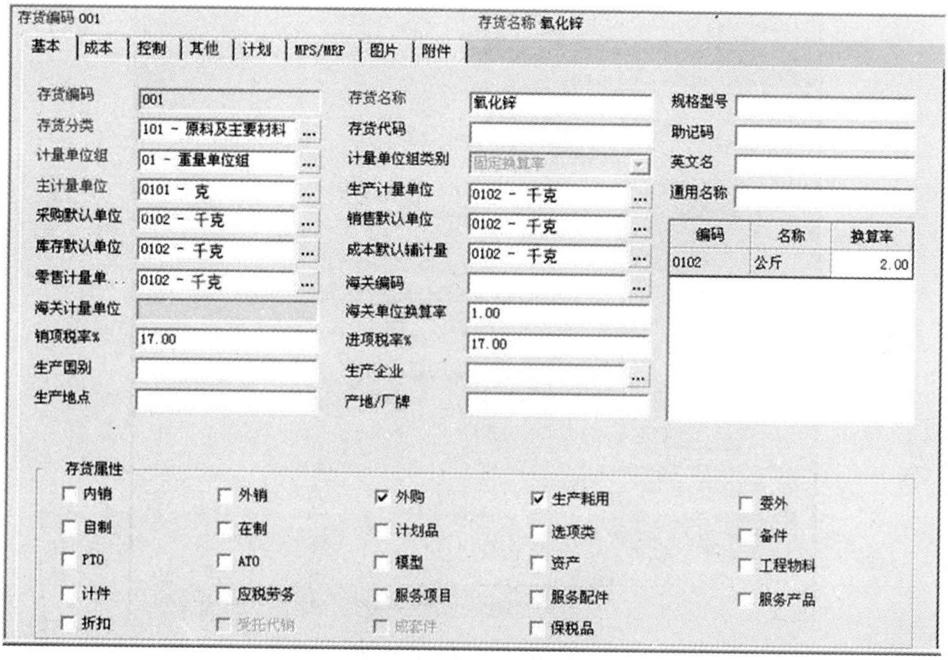

图 3-24　增加存货档案

(2) 单击"保存并新增"后，录入下一条存货信息，全部存货录入完成，如图 3-25 所示。

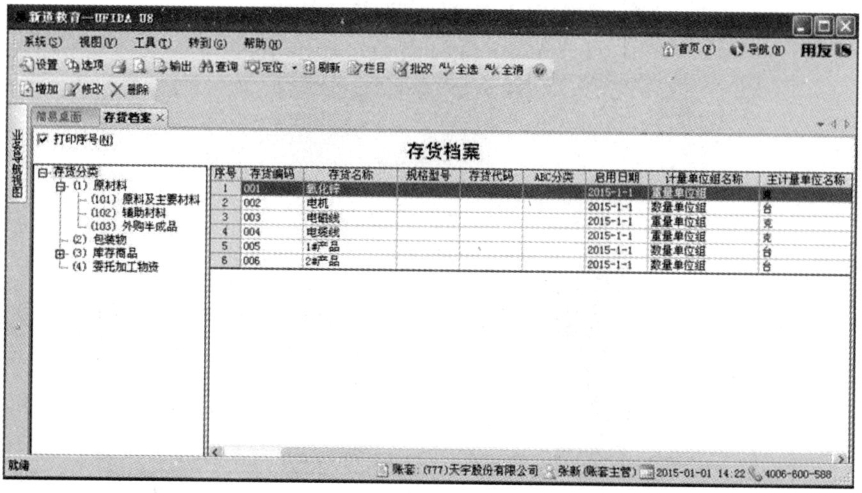

图 3-25　存货档案显示

四、设置财务信息

选择“企业应用平台”|“基础设置”|“基础档案”|“财务”，此处用来录入“会计科目”、“凭证类别”、“外币设置”、“项目目录”等信息，如图3-26所示。

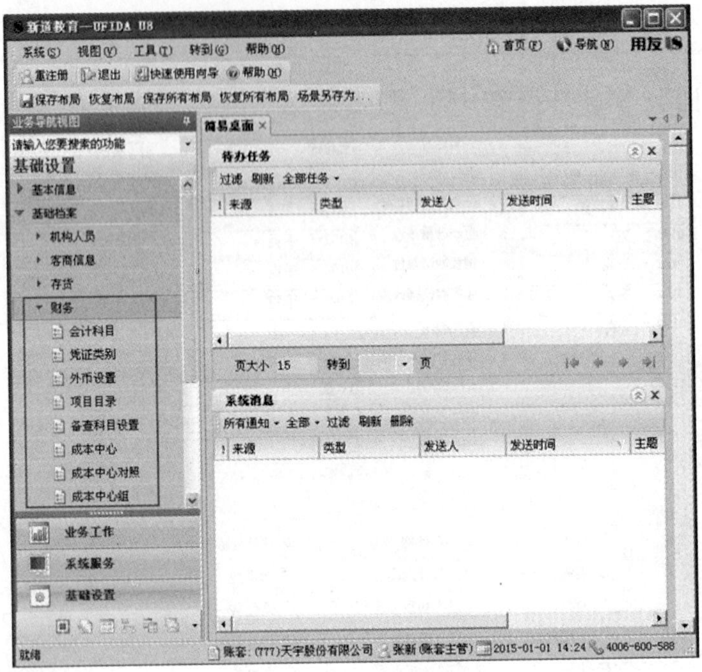

图3-26 财务信息设置

1．设置外币

(1) 选择“企业应用平台”|“基础设置”|“基础档案”|“财务”|“外币设置”，打开外币设置窗口，单击“增加”按钮，选择“固定汇率”，在“币符”处输入“$”，在“币名”处输入“美元”，单击“确认”按钮。如图3-27所示。

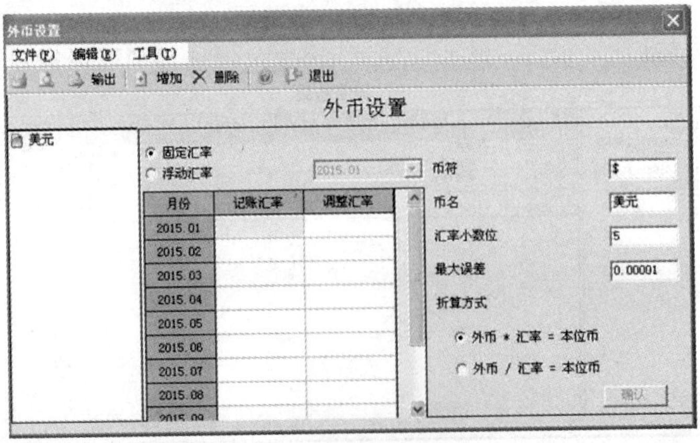

图3-27 外币设置（一）

（2）选择“美元”，在“201501 记账汇率”处输入“6.2”，回车完成外币设置，如图 3-28 所示。

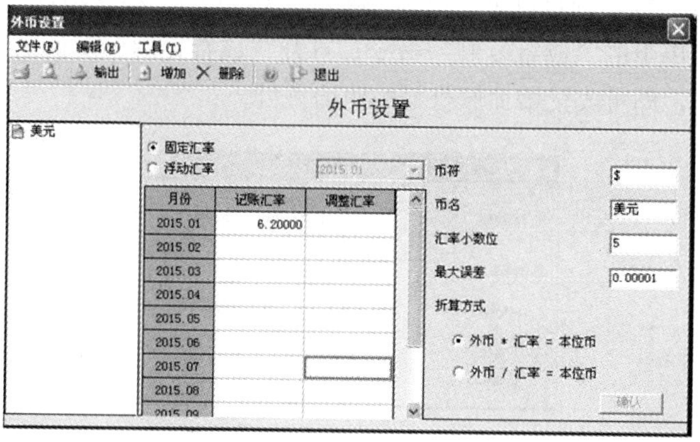

图 3-28　外币设置（二）

2．设置会计科目

设置会计科目的操作主要包括：增加不存在的会计科目；修改已有的会计科目；可删除不使用的科目。

（1）增加会计科目

选择“企业应用平台”|“基础设置”|“基础档案” | “财务” | “会计科目”，进入会计科目编辑窗口，如要增加“银行存款”下明细科目“工行存款”，则单击“增加”按钮，录入会计科目编码“100201”及会计科目名称“工行存款”，再单击“确定”按钮，如图 3-29 所示。

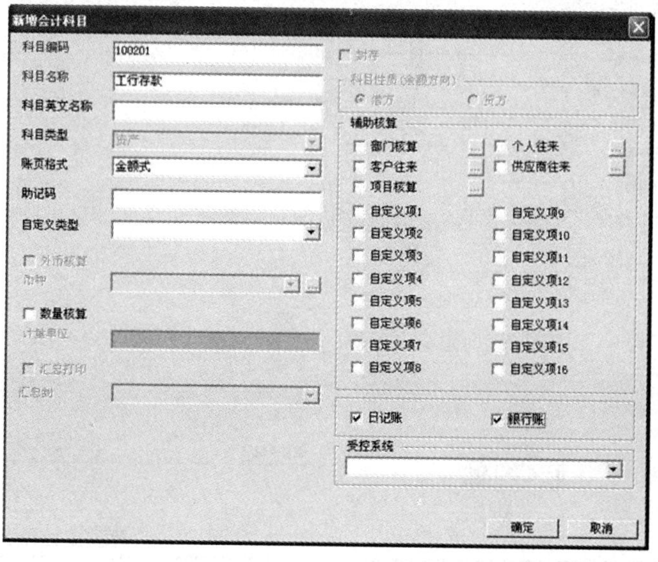

图 3-29　增加会计科目

(2) 成批增加会计科目

若两个账户的明细科目一致还可以采用成批复制的方式来增加明细科目，如“在途物资”和“原材料”的明细科目是一致的，则可以在增加完“在途物资”的明细科目后，单击“编辑”菜单下的“成批复制”命令，打开“成批复制”对话窗口后，执行如图3-30所示的操作，即可成批增加原材料的明细科目。

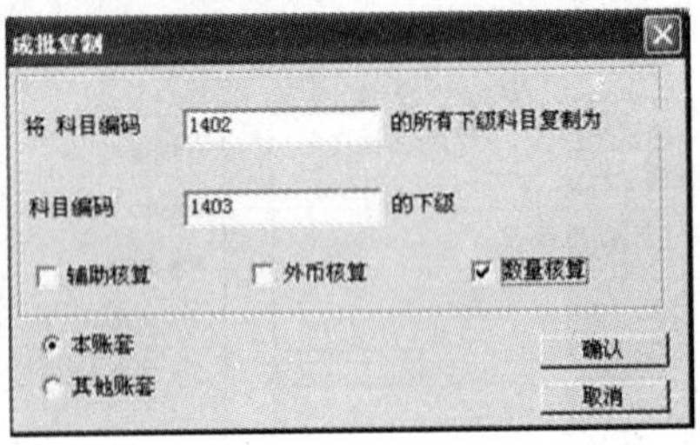

图 3-30　成批复制会计科目

📖 **说明**

1. 会计科目编码必须逐级增加，且编码必须唯一。

2. 建账过程中我们采用了“按行业性质预置会计科目”，因此我们在打开“基础设置”中的“会计科目”时就有设置好的一级会计科目，否则需要操作者逐一增加。

(3) 修改会计科目

在会计科目窗口，选中要修改的科目单击“修改”按钮(或双击要修改的会计科目)，出现会计科目__修改窗口，再单击“修改”按钮，即可对该科目进行修改。修改完成后“确定”保存修改数据，再单击“返回”按钮，关闭“修改”窗口，如图3-31所示。

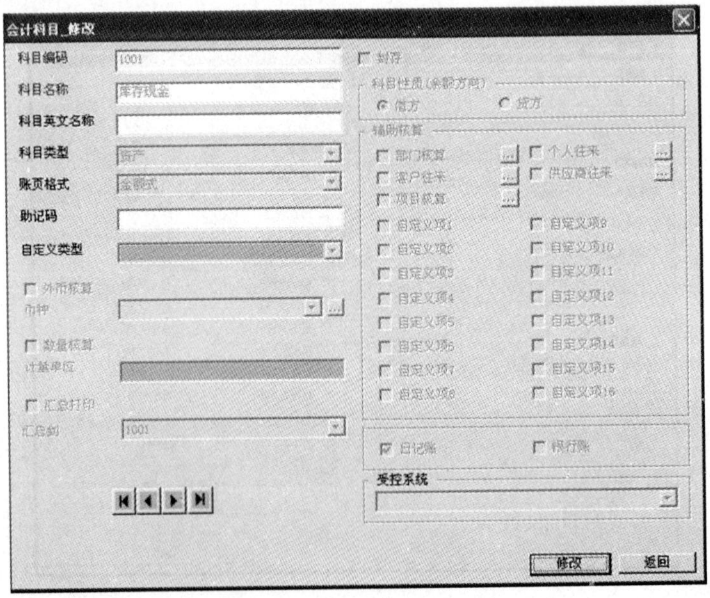

图 3-31　会计科目__修改

📖 **说明**

1．科目编码一旦使用将不能修改，科目名称可以随时修改。

2．可以在修改界面下设置辅助核算、外币核算、数量核算等。

（4）删除会计科目

多余的会计科目，如要删除，可在“会计科目”窗口中选中要删除的会计科目，单击工具栏的“删除”按钮，系统出现如图 3-32 所示的提示，单击“确定”按钮，即可完成操作。

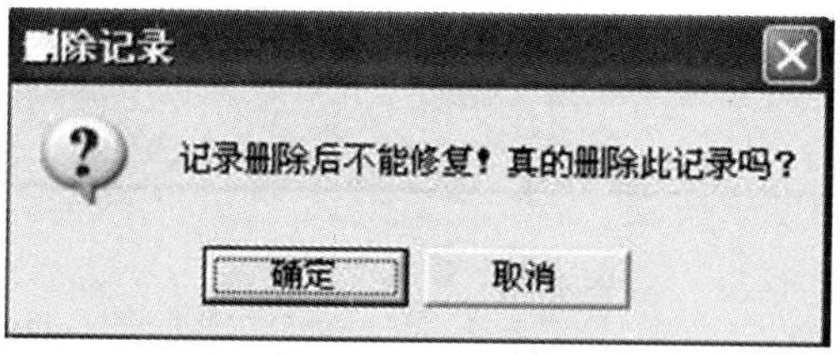

图 3-32　删除会计科目

📖 **说明**

1．删除会计科目必须从末级开始。

2．已使用的科目不能删除。

3．已使用的科目如以后不再使用，可通过“封存”实现停用。

（5）指定会计科目

1）在会计科目窗口，选择“编辑”|“指定科目”，如图 3-33 所示。

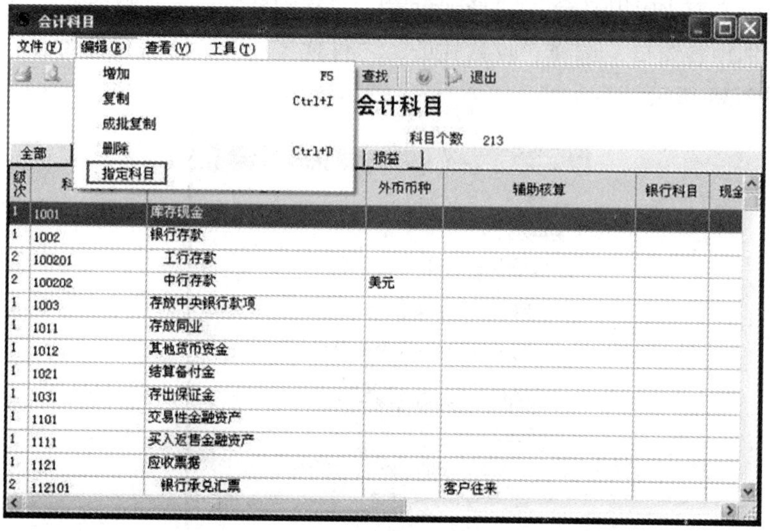

图 3-33　选择指定科目

2）出现指定科目窗口，选择左侧的“现金科目”，然后把“1001 库存现金”科目从待选科目区移至已选科目区，如图 3-34 所示。

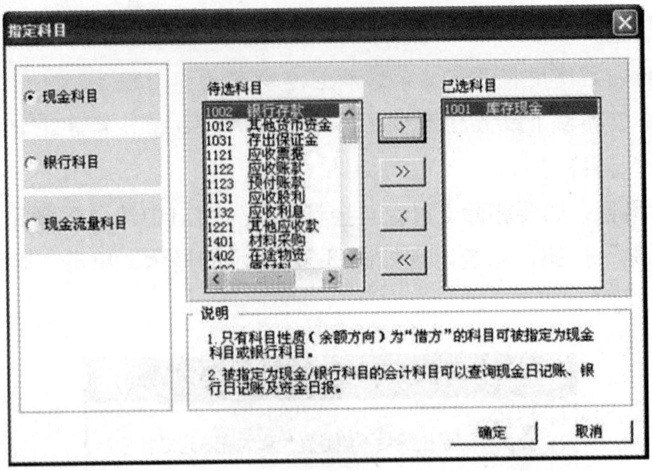

图 3-34　指定现金科目

3）再选择左侧的“银行科目”，然后把“1002 银行存款”科目从待选科目区移至已选科目区。

4）单击“确定”按钮保存指定科目的操作。

说明

指定会计科目就是指定出纳的专管科目，只有指定了现金及银行科目后，才能执行出纳签字、查询现金日记账银行存款日记账和现金日报。

3．设置凭证类别

(1) 选择“企业应用平台”|“基础设置”|“基础档案” | “财务”|“凭证类别”，出现凭证类别预置窗口，选择“收款凭证”、“付款凭证”、“转账凭证”，单击“确定”按钮，如图 3-35 所示。

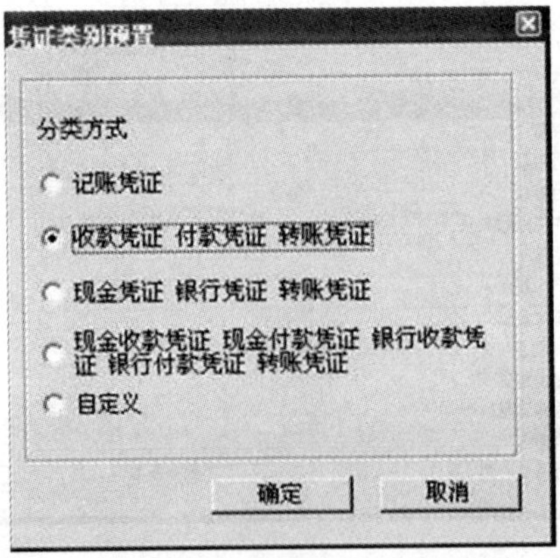

图 3-35　凭证类别预置

(2) 进入凭证类别设定窗口，单击“修改”按钮，再双击收款凭证的限制类型，选择“借方必有”，在限制科目中输入或参照录入“1001，1002”。依次录入付款凭证和转账凭证的限制类型及限制科目，如图 3-36 所示。

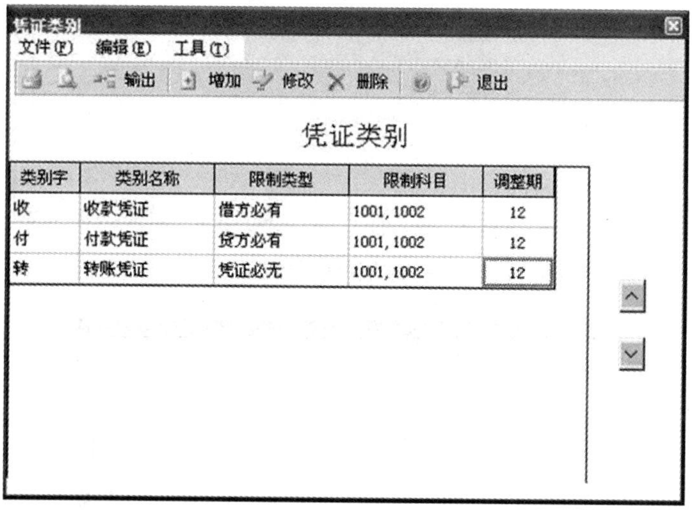

图 3-36　设置凭证类别

说明

1．若选择科目限制，则至少要输入一个限制科目，若限制类型选“无限制”，则不能输入限制科目。

2．若限制科目为非末级科目，则在制单时，其所有下级科目都将受到同样的限制。

3．已使用的凭证类别不能删除，也不能修改类别字。

4．输入多个限制科目时，科目之间必须用半角逗号隔开，否则会出现错误信息。

4．设置项目档案

设置项目核算分四个步骤：(1) 定义项目大类；(2) 指定核算科目；(3) 定义项目分类；(4) 定义项目目录。

(1) 定义项目大类

1）选择“企业应用平台”|“基础设置”｜“基础档案”|“财务”|“项目目录”，打开“项目档案”窗口。

2）在“项目档案”窗口中，单击“增加”按钮，打开“项目大类定义——增加”窗口。在“新项目大类名称”处输入“生产成本”，并选择新增项目大类的属性为普通项目，如图 3-37 所示。

3）单击“下一步”按钮，选择项目级次：1 级，单击“下一步”按钮。

4）打开定义项目栏目，取系统默认值，单击“完成”按钮保存设置，如图 3-38 所示。

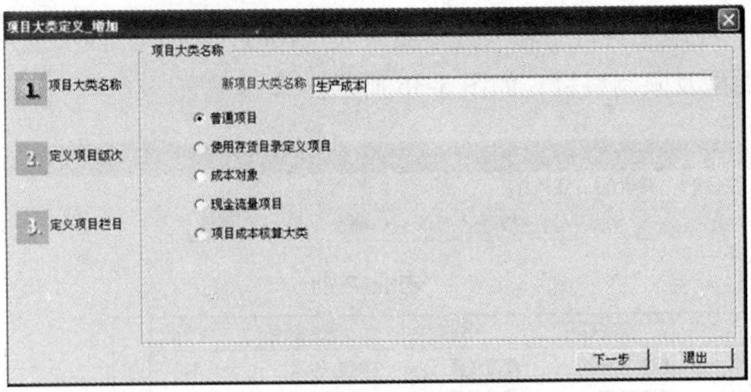

图 3-37　增加项目大类（一）

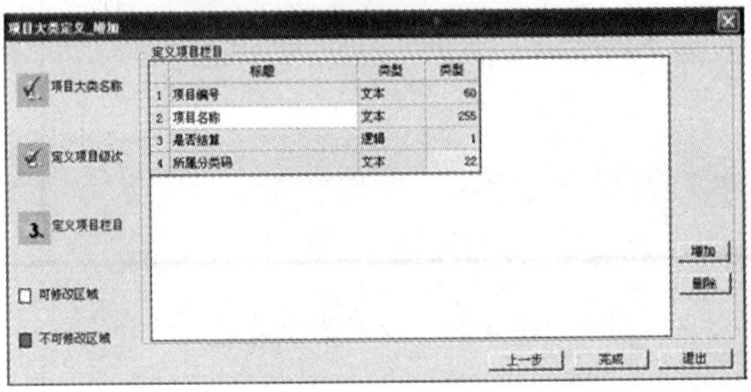

图 3-38　增加项目大类（二）

📖 **说明**

如果要修改项目大类名称、分类级次等信息，可选择要修改的项目大类，再单击“修改”按钮，进入项目大类修改向导，进行修改。

（2）指定核算科目

1）在“项目档案”窗口中，单击项目大类下拉按钮选择“生产成本”，如图 3-39 所示。

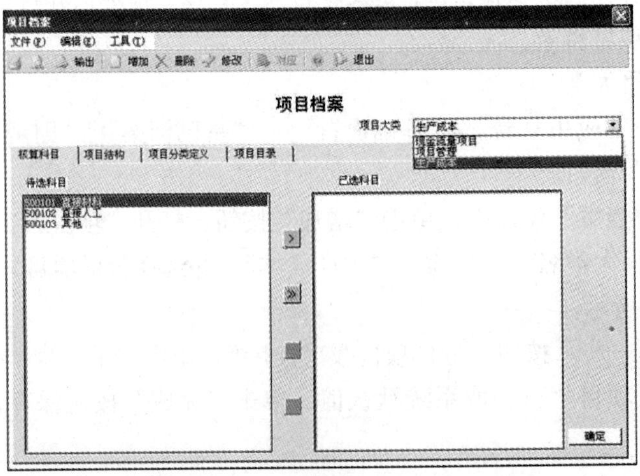

图 3-39　指定核算科目（一）

2）单击“核算科目”页签，从待选科目中依次选择“直接材料”、“直接人工”及“其他”，单击“〉”按钮，将其添加到“已选科目”中，如图 3-40 所示。

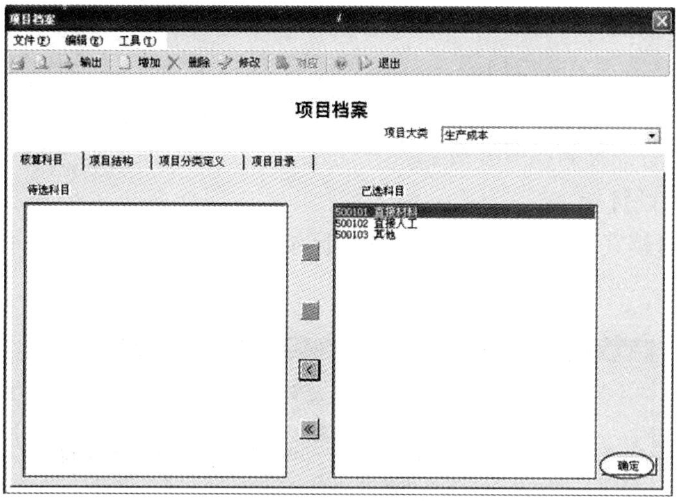

图 3-40　指定核算科目（二）

3）单击“确定”按钮保存设置。

说明

一个项目大类可指定多个科目，一个科目只能指定一个项目大类。

(3) 定义项目分类

1）在“项目档案”窗口中，选择“项目分类定义”页签。

2）输入分类编码“1”；分类名称“自制产品”。

3）单击“确定”保存设置，如图 3-41 所示。

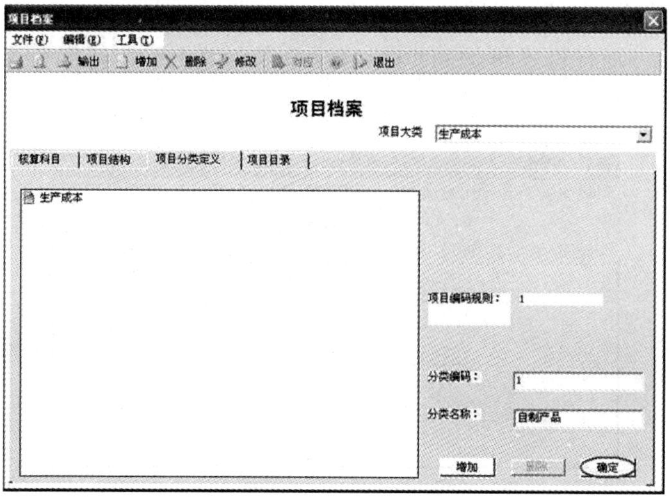

图 3-41　项目分类定义

4）“委托加工产品”项目分类同步骤 2）~3）。

说明

1．分类编码要符合定义的项目编码规则。

2．不能隔级录入分类编码。

3．某项目分类下已定义项目，则不能删除，也不能定义下级分类，若要删除，必须先删除项目，再删除该项目分类。

（4）定义项目目录

1）在“项目档案”窗口中，选择“项目目录”页签，单击“维护”按钮，如图 3-42 所示。

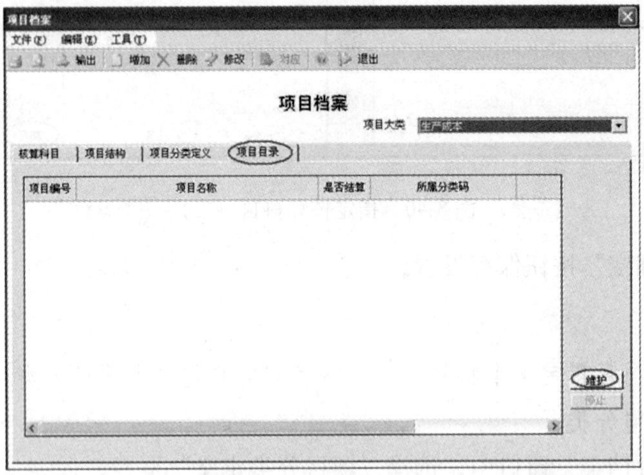

图 3-42　定义项目目录

2）打开“项目目录维护”窗口，单击“增加”按钮，输入项目编号“101”；项目名称“1#产品”；输入或参照所属分类码“1”。

3）“2#产品”项目目录维护同步骤 2），单击“退出”按钮保存设置，如图 3-43 所示。

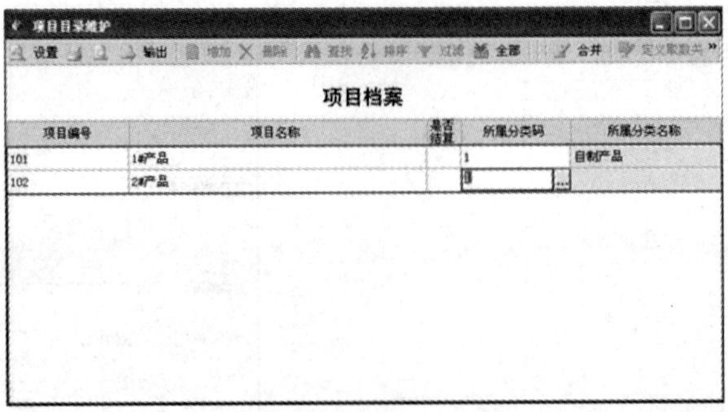

图 3-43　维护项目档案

📖 说明

标识结算后的项目将不能再进行项目核算。

五、设置结算方式

选择“企业应用平台”|“基础设置”|“基础档案”|“财务”|“结算方式”，单击“增加”按钮，按项目资料依次增加结算方式，并保存设置，如图3-44所示。

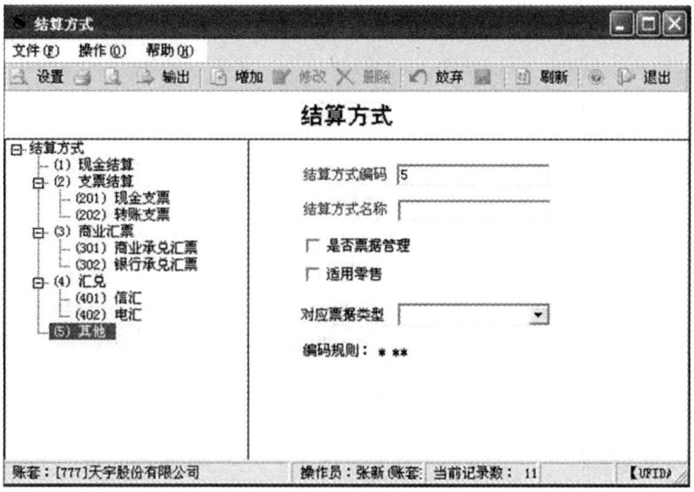

图3-44　设置结算方式

📖 说明

1．结算方式是为了便于管理和提高银行对账效率而提供的一项功能，因而与财务结算方式要一致。

2．票据管理要与总账选项中的支票控制配合使用，启用票据管理的结算方式将参与支票控制。

3．对应票据类型不用填写。

任务三　设置权限

☛ 操作提示

数据权限控制设置—数据权限分配—金额权限分配

☛ 操作步骤

一、数据权限控制设置

1．选择“企业应用平台”|“系统服务”|“权限”|“数据权限控制设置”，进入“数据权限设置窗口”。

2．勾选“部门”和“科目”两个业务对象前面的复选框，表明“部门”和“科目”，可以由不同的操作员来控制管理。没有权限的操作员不能进行“部门”和“科目”的使用与管理，如图 3-45 所示。

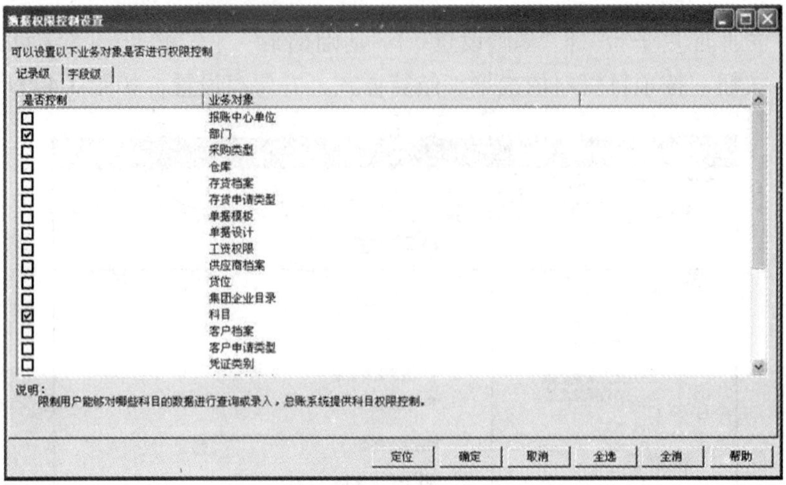

图 3-45　数据权限控制设置

二、分配数据权限

1．选择“企业应用平台”|“系统服务”|“权限”|“数据权限分配”，进入“数据权限分配窗口”，如图 3-46 所示。

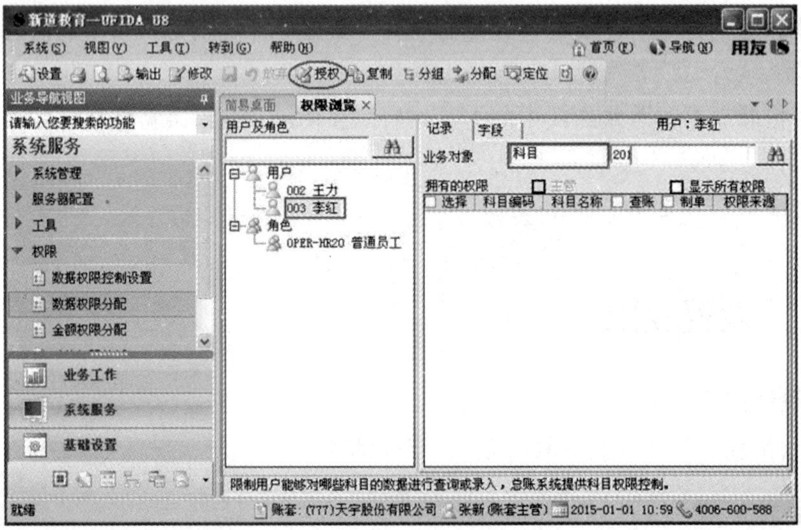

图 3-46　数据权限分配

2．选择用户为“003 李红”，业务对象为“科目”，后单击“授权”按钮，打开记录权限设置窗口。

3．选中“查账”和“制单”权限，将“库存现金”和“工行存款”科目从禁用区移至可用区。单击“保存”按钮，系统提示“保存成功，重新登录门户，此配置才能生效”，单击“确定”按钮。关闭提示后退出窗口，如图3-47所示。

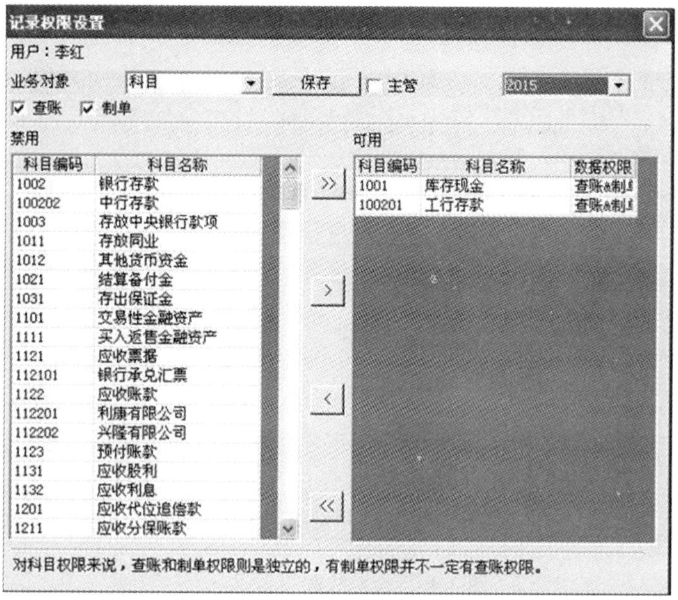

图3-47　记录权限设置（一）

4．同样方法设置“002 王力”对所有科目的查询权与制单权。

5．同样方法设置“002 王力”对所有部门的查询权与录入权，如图3-48所示。

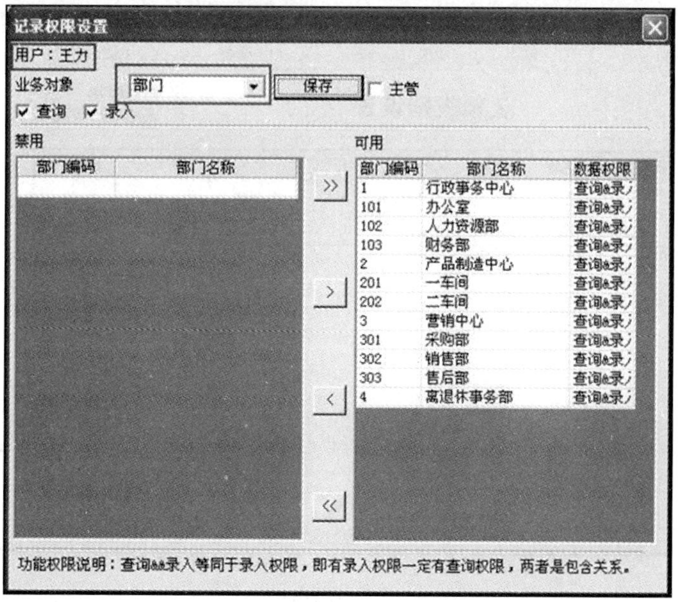

图3-48　记录权限设置（二）

三、设置金额权限

1. 设置金额级别

（1）选择“企业应用平台”|“系统服务”|“权限”|“金额权限分配”，进入金额权限设置窗口，如图 3-49 所示。

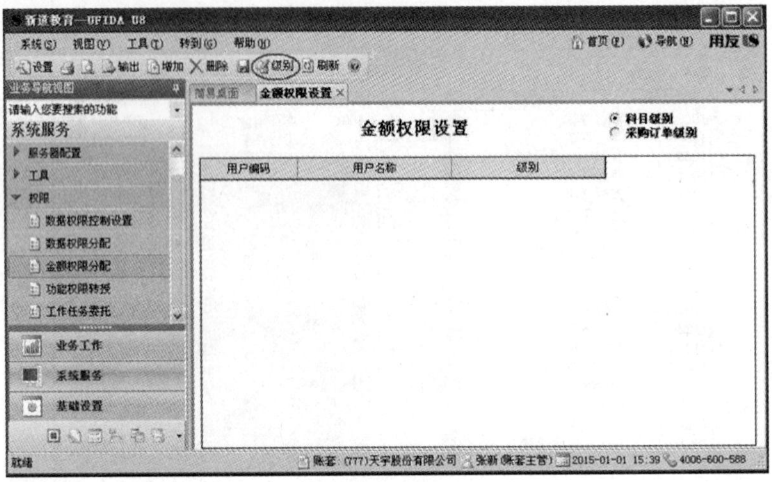

图 3-49　金额权限设置（一）

（2）单击“级别”按钮，打开金额级别设置窗口，单击“增加”按钮，依次录入科目“1001 库存现金”和“1002 银行存款”，以及级别金额，“保存”后退出，如图 3-50 所示。

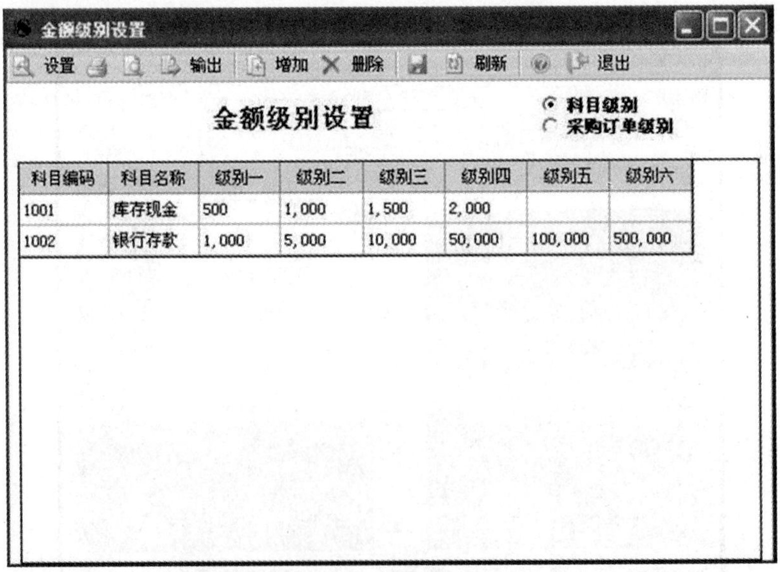

图 3-50　金额级别设置

2．设置金额权限

按资料要求设置“003 李红”的金额权限。在金额权限设置窗口选择“科目级别”，单击工具栏上的“增加”命令，在用户编码栏中双击，选择“003 李红”，在级别栏中选择“二级”，如图 3-51 所示。

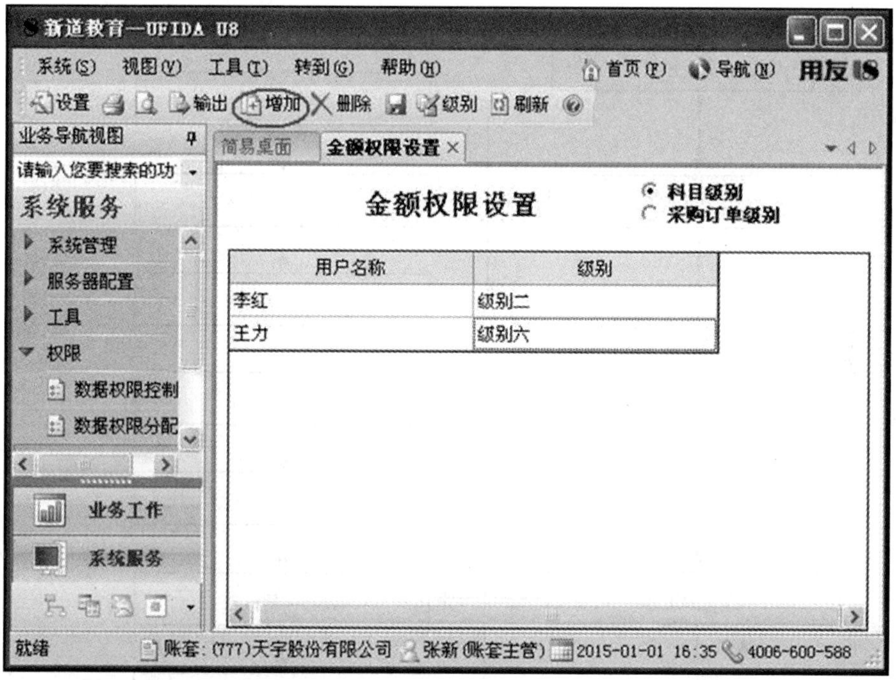

图 3-51　金额权限设置（二）

说明

1．设置金额级别时从级别一到级别六，金额必须逐级递增，不允许中间有空金额的情况存在，但允许最后有不设置的级别存在。

2．若对一个用户授权的级别没有对应的金额，但是该级的前面级别有金额，则对于该用户来说表示其拥有无穷大权限。

3．在需要进行金额权限控制时，若申请权限的用户还没有金额权限记录，则作为没有任何金额权限处理。

4．金额权限控制中有三种情况不受控制：

（1）调用常用凭证生成的凭证。

（2）期末转账结转生成的凭证。

（3）在外部系统生成的凭证，如果超出金额权限，保存凭证时不受限制。

5．金额权限控制必须配合总账中的设置才能起作用。

项目总结

本项目是财务软件应用的基础，也是工作量较大的部分，它关系到财务软件的应用效果和今后各项工作的准确性和快捷性，因此这部分工作一定要做好。本项目主要讲述了基础设置的步骤和方法，其中包括基础档案、数据权限等。简易操作流程如图 3-52 所示。

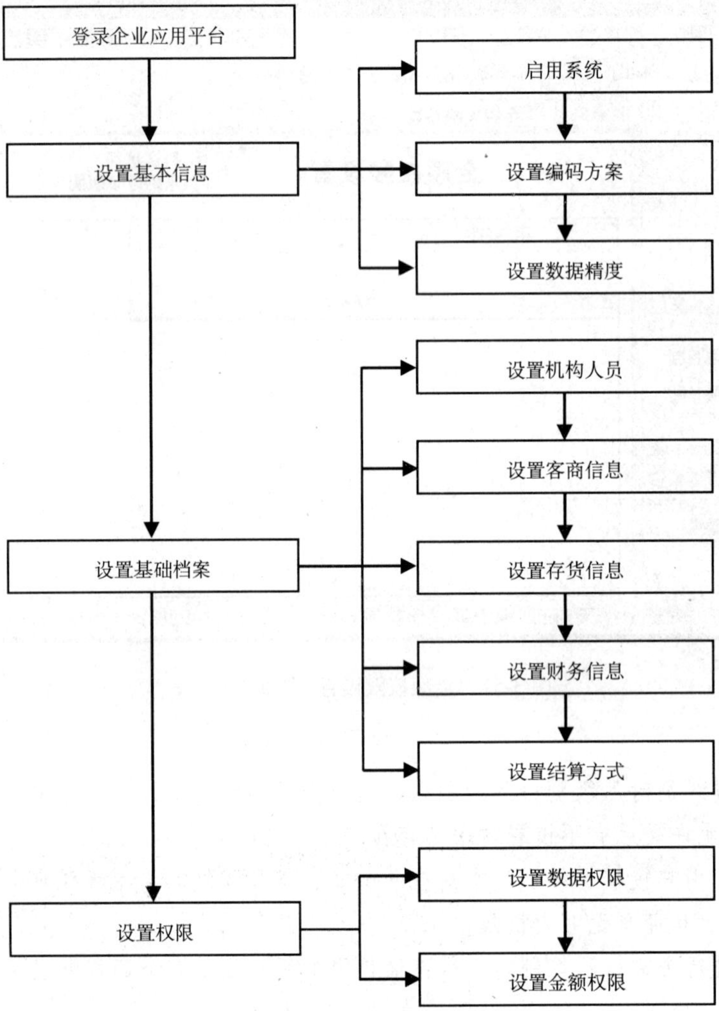

图 3-52　企业应用平台操作流程

项目四

应用总账系统

知识目标

- 熟悉总账系统的功能与操作流程。
- 掌握总账系统初始设置的方法。
- 掌握记账凭证的处理方法。
- 掌握更正错账的方法。
- 掌握出纳业务的管理方法。
- 掌握期末处理的流程及方法。
- 掌握账证查询的方法。

技能目标

- 能正确录入期初余额。
- 能运用总账核算系统进行日常业务处理。
- 能运用总账系统进行期末处理。
- 能运用总账系统执行出纳业务管理。
- 能查询账证。

项目资料

一、总账系统参数

凭证制单时，采用序时控制；进行支票控制与资金及往来赤字控制；可使用应收、应付及存货系统受控科目；自动补充凭证断号；制单权限控制到科目；不可修改他人填制的凭证；凭证审核时控制到操作员；出纳凭证必须经出纳签字；凭证必须经由主管签字；打印凭证的制单、出纳、审核、记账等人员姓名。账簿打印位数、每页打印行数按软件的标准设定，明细账打印按年排页。

二、天宇公司 2015 年 1 月期初余额资料（见表 4-1～表 4-7）。

表 4-1　期初余额表

科目名称	期初余额（元）		辅助账类型
	借方	贷方	
库存现金（1001）	550.00		现金日记账
银行存款（1002）	152 650.00		银行存款日记账
工行存款（100201）	140 250.00		银行存款日记账
中行存款（100202）	12 400.00		银行存款日记账
美元	2 000.00		
应收票据（1121）	58 500.00		
银行承兑汇票（112101）	58 500.00		客户往来
应收账款（1122）	163 800.00		客户往来
其他应收款（1221）	550.00		个人往来
在途物资（1402）			
主要材料（140201）			
氧化锌（14020101）			数量核算（千克）
电　机（14020102）			数量核算（台）
电磁线（14020103）			数量核算（千克）
电缆线（14020104）			数量核算（千克）
原材料（1403）	69 930.00		
主要材料（140301）	69 930.00		
氧化锌（14030101）	7 800.00		数量核算
		260	数量（千克）
电　机（14030102）	36 750.00		数量核算
		15	数量（台）
电磁线（14030103）	2 380.00		数量核算
		340	数量（千克）
电缆线（14030104）	23 000.00		数量核算
		230	数量（千克）
库存商品（1405）	253 000.00		
1#产品（140501）	105 000.00		数量核算
		30	数量（台）
2#产品（140502）	148 000.00		数量核算
		40	数量（台）
固定资产（1601）	370 000.00		

续表

科目名称	期初余额（元）		辅助账类型
	借方	贷方	
累计折旧 （1601）		38 060.00	
短期借款 （2001）		100 000.00	
应付票据 （2201）			
商业承兑汇票（220101）			供应商往来
应付账款 （2202）		30 950.00	供应商往来
应付职工薪酬 （2211）			
应付工资 （221101）			
应付福利费 （221102）			
应交税费（2221）		7 951.00	
应交增值税（222101）			
进项税额（22210101）			
销项税额（22210102）			
未交增值税 （222102）		5 566.00	
应交营业税（222103）		2 385.00	
应交所得税（222104）			
应交个人所得税（222105）			
应交城市维护建设（222106）			
应交教育费附加（222107）			
实收资本 （4001）		650 000.00	
新新公司（400101）		300 000.00	
瑞丰公司（400102）		350 000.00	
盈余公积 （4101）		174 000.00	
利润分配 （4104）		68 019.00	
未分配利润（410401）		68 019.00	
	1068980.00	1068 980.00	

表 4-2 原材料明细账

原料名称	单 位	单价（元）	数 量	金额（元）
氧化锌	千克	30.00	260	7 800.00
电机	台	2 450.00	15	36 750.00
电磁线	千克	7.00	340	2 380.00
电缆线	千克	100.00	230	23 000.00
合 计				69 930.00

表 4-3　库存商品明细账

产品名称	单价（元）	数　量	金额（元）
1	3 500.00	30	105 000.00
2	3 700.00	40	148 000.00
合　计			253 000.00

表 4-4　应收银行承兑汇票期初明细

日　期	业务员	客　户	摘　要	方 向	金　额
2014.12.31	周爽	利康公司	应收销货款	借	58 500

表 4-5　应收账款期初明细

日　期	业务员	客　户	摘　要	方 向	金　额
2014.12.31	周爽	利康公司	应收销货款	借	105 300
2014.12.31	周爽	兴隆公司	应收销货款	借	58 500

表 4-6　其他应收款期初明细

日　期	凭证号	部　门	人　员	摘　要	方 向	金　额
2014.12.31		采购部	吴萍	个人借款	借	350
2014.12.31		售后部	郑忠	个人借款	借	200

表 4-7　应付账款期初明细

日　期	业务员	供应商	摘　要	方 向	金　额
2014.12.31	吴萍	大发厂	应付购货款	贷	700
2014.12.31	吴萍	大庆电缆厂	应付购货款	贷	15 000
2014.12.31	吴萍	宝峰公司	应付购货款	贷	12 250
2014.12.31	吴萍	黎明公司	应付购货款	贷	3 000

三、2015 年 1 月有关经济业务如下

1. 2015 年 1 月 1 日，天宇公司以现金支付捐款 500 元。（附原始凭证 1 张）

借：营业外支出　　500

　贷：库存现金　　500

2. 2015 年 1 月 2 日，天宇公司收到新新公司电汇的投资 100 000 美元，存入中行存款账户。（附原始凭证 2 张，票号 D7892）

借：银行存款——中行存款　　620 000

　贷：实收资本——新新公司　　620 000

3．2015 年 1 月 3 日，从银行提取备用金 3 000 元，相关原始凭证如 NO.044 所示。（附原始凭证 1 张，现金支票票号 060421，领用人：李红）

借：库存现金　　3 000

　贷：银行存款——工行存款　　3 000

4．2015 年 1 月 6 日，业务员吴萍从黎明实业有限公司购入氧化锌 800 千克，每千克 30 元，贷款尚未支付，材料已验收入库。（附原始凭证 1 张）

借：原材料——主要材料——氧化锌　　24 000

　　应交税费——应交增值税——进项税额　　4 080

　贷：应付账款——黎明实业有限公司　　28 080

5．2015 年 1 月 11 日，业务员周爽向利康有限公司出售 2#产品 10 台，单价 6 000 元，产品已发出，贷款尚未收到。（附原始凭证 1 张）

借：应收账款——利康公司　　70 200

　贷：主营业务收入——2#产品　　60 000

　　　应交税费——应交增值税——销项税额　　10 200

6．2015 年 1 月 15 日，生产车间领用用于生产 1#产品的氧化锌 500 千克，单价 42.75 元，共计 21 375 元，用于生产 2#产品的电机 10 台，单价 2 450 元，共计 24 500 元。（附原始凭证 2 张）

借：生产成本——1#产品　　21 375

　　生产成本——2#产品　　24 500

　贷：原材料——主要材料——氧化锌　　45 875

7．2015 年 1 月 21 日，办公室以现金 700 元购入打印纸。（附原始凭证 2 张）

借：管理费用——办公费（办公室）　　700

　贷：库存现金　　700

8．2015 年 1 月 22 日，业务员吴萍出差预借差旅费 1 000 元（附原始凭证 1 张）

借：其他应收款——吴萍　　1 000

　贷：库存现金　　1 000

9．2015 年 1 月 22 日，向利康有限公司出售 1#产品 10 台，单价 5 000 元，款项已收到并存入工行存款账户。（附原始凭证 2 张，电汇票号 5468）

借：银行存款——工行存款　　58 500

　贷：主营业务收入——1#产品　　50 000

　　　应交税费——应交增值税——销项税额　　8 500

10．2015 年 1 月 23 日，销售部周爽领用转账支票支付广告费 6 000 元。（附原始凭证 2 张，转账支票号 7532）

借：销售费用　　6 000

　贷：银行存款——工行存款　　6 000

11．2015 年 1 月 25 日通过工行存款户交纳上月应纳营业税 2 385 元，增值税 5 566 元。（附原始凭证 3 张，电汇票号 7887）

借：应交税费——未交增值税　　5 566
　　应税税费——应交营业税　　2 385
　贷：银行存款　　7 951

12．修改第 8 笔业务凭证，第 8 笔业务应为业务员周爽出差预借差旅费 1 200 元。

13．删除第 10 笔业务的凭证

项目分析

前面的操作中我们为天宇公司建立了账套、设置了用户、分配了权限；同时还在企业应用平台上设置了天宇公司的基础信息资料，接下去要研究的是如何运用总账系统来处理日常的经济业务。也就是要解决如下几个问题：

问题一：运用总账系统要进行哪些初始设置。

问题二：日常账务处理工作有哪些。

问题三：怎样执行日常账务处理。

问题四：期末账务处理工作有哪些。

问题五：怎样执行期末账务处理。

请在下列任务的执行过程中探索解决问题的方法。

知识储备

一、总账系统的主要功能

总账系统的主要功能包括了总账系统初始化、凭证管理、出纳管理、账表管理、辅助核算管理以及月末处理。

1．总账初始化

总账初始化是应用总账系统的第一步，其实质是用户根据行业特性和管理需求，将通用的总账管理系统设置为适合企业自身特点的专用系统。总账初始化主要包括系统选项设置和期初数据录入两项内容。

2．凭证管理

手工核算中凭证是记录经济业务、明确经济责任的书面证明，在用友 U8 管理软件中凭证已成为管理总账系统的一项核心功能，主要包括填制凭证、出纳签字、主管签字、审核凭证、记账、查询打印凭证等。

3．出纳管理

资金收付的核算与管理是企业的重要日常工作，也是出纳的一项重要工作内容。总账系统中为出纳人员提供了一个集成办公环境——出纳管理，主要可以完成现金日记账、银行存款日记账的查询和打印，资金日报表的填报，以及银行对账等工作。

4．账簿管理

总账系统提供的账表查询功能。可以查询打印总账、明细账、日记账、发生额余额表、辅助账、往来账等。不仅可以查询已记账凭证的数据，还可以查询包含未记账凭证的数据。同时还提供了凭证联查功能。

5．辅助核算管理

辅助类型主要包括以下几种：客户往来核算、供应商往来核算、项目核算、部门核算和个人往来核算。利用辅助核算功能，可以简化会计科目体系，使查询专项信息更为便捷。

6．月末处理

总账系统月末处理主要包括期末转账、对账和结账等内容。

二、总账系统与其他系统的关系

总账系统是 ERP 财务管理系统的核心子系统，它既可以独立运行，也可以同其他系统协同使用。总账系统与其他系统之间的数据关系如图 4-1 所示。

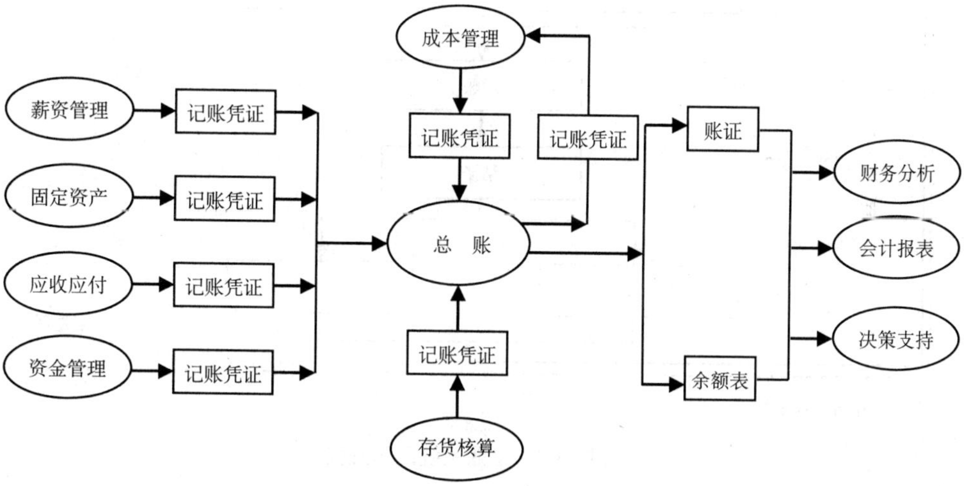

图 4-1 总账子系统与其他子系统之间的数据关系

三、总账系统的工作流程

总账系统的工作流程大体可以划分为三个阶段：系统初始化、日常业务处理和月末处理，其工作流程如图 4-2 所示。

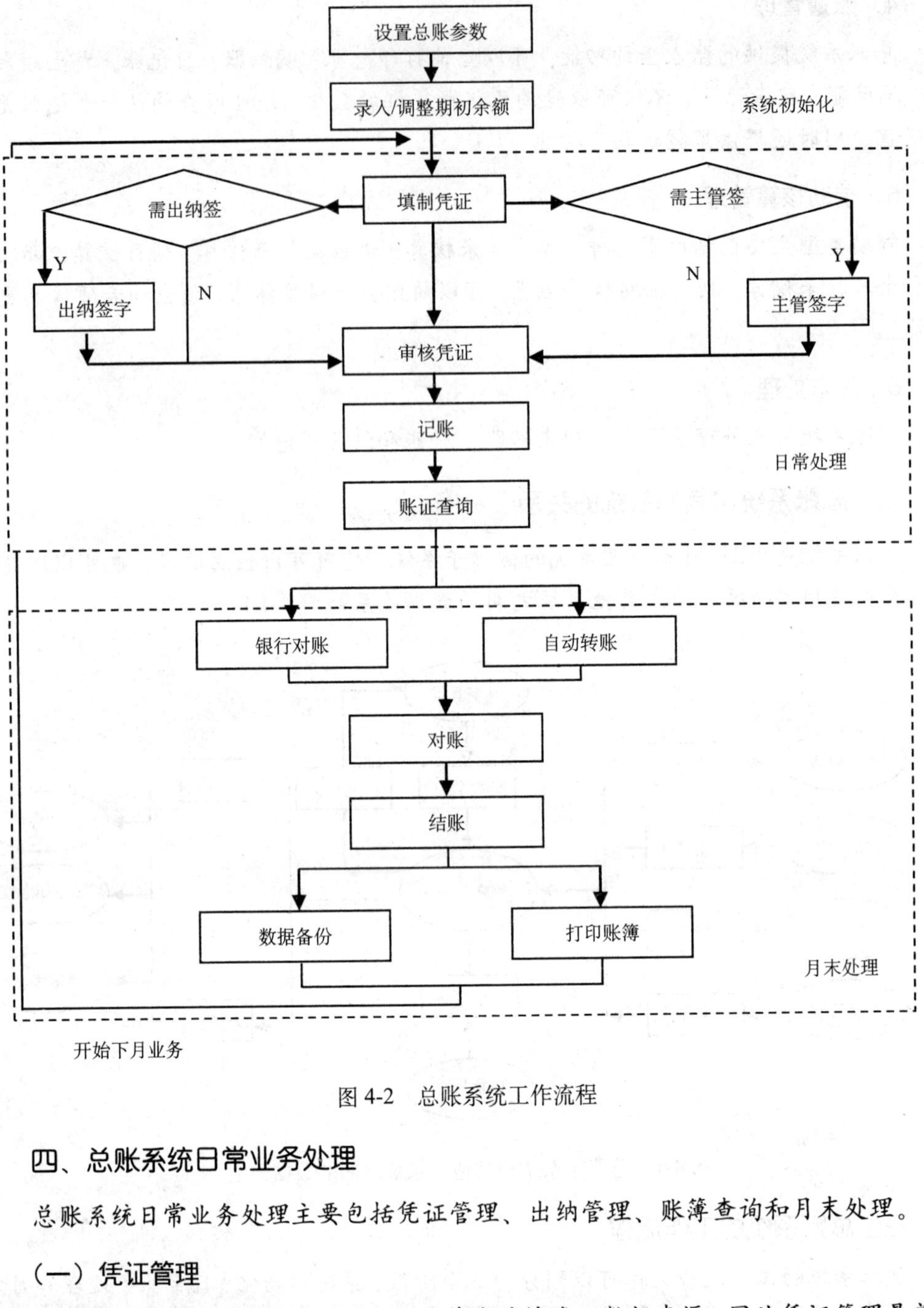

图 4-2　总账系统工作流程

四、总账系统日常业务处理

总账系统日常业务处理主要包括凭证管理、出纳管理、账簿查询和月末处理。

（一）凭证管理

记账凭证是登记账簿的主要依据，是总账系统唯一数据来源，因此凭证管理是总账系统的核心内容。凭证管理的内容主要包括填制凭证、复核凭证、记账、修改凭证、删除凭证、冲销凭证、查询凭证等内容。

1．填制凭证

记账凭证按其来源可分为两大类：手工填制凭证和机制凭证。机制凭证是总账系统自动转账生成的凭证以及在其他子系统中生成传递到总账的凭证。手工填制凭证就是根据审核无误的原始凭证在总账系统中填制的记账凭证。

填制凭证时各项目应填制的内容及注意事项如下：

（1）凭证类别

如果在设置凭证类别时设置了凭证的限制类型，那么必须满足限制条件，否则系统会给出错误提示。例如，假定企业选择了“收、付、转”三类凭证，且设置付款凭证的限制类型为“贷方必有”科目“1001，1002”，当企业发生了“购入材料，贷款未付”的业务，如果选择“付款凭证”类别，保存时系统会提示“不满足贷方必有条件”。

（2）凭证编号

如果选择“系统编号”方式，系统按凭证类别按月自动顺序编号。如果选择“手工编号”方式，需要手工输入凭证号，但应注意凭证号的连续性、唯一性。

（3）凭证日期

填制凭证时，日期一般自动取登录系统时的业务日期。选择“制单序时控制”的情况下，凭证日期应大于等于该类凭证最后一张凭证日期，但不能超过计算机内系统日期。

（4）附单据数

附单据数即记账凭证后所黏附的原始凭证的张数。

（5）摘要

摘要是对经济业务的概括说明。因为计算机记账时是以记录行为单位，因此每行记录都要有摘要，不同记录行的摘要可以相同也可以不同，每行摘要将随相应的会计科目在明细账、日记账中出现。可以直接输入，如果定义了常用摘要的话，也可以调用常用摘要。

（6）会计科目

填制凭证时，必须选择末级科目。可以输入科目编码、科目名称、科目助记码。

输入银行科目时，系统会要求输入有关结算方式的信息，这样便于日后进行银行对账；如果输入的科目有外币核算，系统会自动带出在外币中已设置的相关汇率，如果不符还可以修改，输入外币金额后，系统会自动计算出本币金额；如果输入的科目带有数量核算，应该输入数量和单价，系统会自动计算出本币金额；如果输入的科目有辅助核算，应该输入相关的辅助信息，以便系统生成辅助核算信息。

（7）金额

金额可以是正数或负数（即红字），但不能为零。借方与贷方金额必须符合“有借必有贷，借贷必相等”原则，否则系统不允许保存。

2. 凭证复核

为了保证会计数据的真实、准确，需要对记账凭证进行复核。凭证复核包括出纳签字、主管签字和审核凭证。

(1) 出纳签字

出纳签字功能是指出纳对涉及现金、银行存款的凭证进行核对，以决定凭证是否有误。如果凭证正确无误，出纳便可签字，否则必须交由制单人进行修改后再重新核对。

要执行出纳签字功能必须要指定现金科目和银行科目，其次，操作员必须具有出纳签字权限。

(2) 主管签字

为了加强对会计人员制单的管理，有的企业所有凭证都需要由主管签字，为了满足这一应用需求，总账系统提供主管签字功能。但凭证是否需要主管签字才能记账，取决于系统参数的设置。

(3) 审核凭证

审核凭证是具有审核权限的操作员对制单人填制的记账凭证进行检查核对，凭证审核无误，审核人签字后，才能记账。如果发现错误必须交由制单人进行修改后再重新审核。执行审核的操作员与制单人不能是同一人。另外，如果在总账系统的选项中设置了“凭证审核控制到操作员”，则应再设置审核人的明细权限，即，设置“数据权限”中的“用户”权限。

3. 凭证记账

记账工作由计算机自动完成，但未审核的凭证不允许记账，期初余额试算不平衡不允许记账，上月未结账本月不能记账。

记账过程中一旦断电或其他原因造成中断，系统会自动调用恢复记账前状态功能恢复数据；记账后如发现输入的记账凭证有错误需要进行修改，也可调用“恢复记账前状态”功能。系统提供了两种恢复记账前状态方式：将系统恢复到最后一次记账前状态和将系统恢复到月初状态。只有主管才能选择将数据“恢复到月初状态”。

4. 修改凭证

总账系统生成或填制凭证可采用有痕迹修改或无痕迹修改的方式进行修改。

(1) 无痕迹修改

无痕迹修改，是指系统内不保存任何修改痕迹。对于尚未审核和签字的凭证可以直接进行修改；对于已经审核或签字的凭证应该先取消审核或签字，再进行修改。

(2) 有痕迹修改

有痕迹修改是指系统通过保存错误凭证和更正凭证的方式而保留修改痕迹，因而可以留下审计线索。对于已经记账的错误凭证，一般应采用有痕迹修改。如采用红字冲销法或补充更正法进行修改。

其他系统生成的凭证，只能在生成该凭证的系统中进行修改和删除，在总账系统中只能查询、审核、记账。

5. 作废凭证

对于尚未审核和签字的凭证，如果不需要的话，可以直接将其作废，作废凭证仍保留凭证内容及编号，仅在凭证上显示“作废”字样。作废凭证不能修改、不能审核，但要参与记账，否则月末无法结账。记账时不对作废凭证进行数据处理，相当于一张空凭证。账簿查询时，查不到作废凭证的数据。

与作废凭证相对应，系统也提供对作废凭证的恢复，将已标识为作废的凭证恢复为正常凭证。如果作废凭证没有保留的必要时，可以通过“整理凭证”彻底将其删除。

6. 冲销凭证

冲销凭证是针对已记账凭证而言的。红字冲销可以采用手工方式也可以由系统自动进行。如果采用自动冲销，只要在条件窗口中填写被冲销的凭证类型及凭证号，系统便会自动生成一张与该凭证相同只是金额为红字（负数）的凭证。

7. 凭证查询

ERP-U8 软件提供的凭证查询功能既可以查询已记账凭证也可以查询未记账凭证；既可以查询作废凭证也可以查询标错凭证；既可以按凭证号范围查询也可以按日期查询；既可以按制单人查询，也可以按审核人或出纳员查询；只要准确设置查询条件，系统就会快捷地提供凭证信息。

8. 凭证汇总

ERP-U8 软件可按一定条件对记账凭证进行汇总并生成凭证汇总表。进行凭证汇总的凭证可以是已记账凭证，也可以是未记账凭证，可供财务人员随时查询凭证汇总信息，及时了解企业的经营状况及其他财务信息。

（二）出纳管理

库存现金、银行存款是企业的货币资金，管好、用好企业货币资金是现代企业管理的一项重要任务。“出纳管理”功能就是出纳人员进行管理的一套工具，主要包括现金和银行存款日记账的查询、支票登记簿的管理及银行对账功能。同时还可对长期未达账提供审计报告。

1. 现金、银行日记账及资金日报表的查询

现金日记账和银行存款日记账是属于出纳管理的，因此将其查询与打印功能放置于出纳管理平台。现金、银行日记账一般可按月查询或按日查询，查询时也可以包含未记账凭证在内。

资金日报表可以反映现金和银行存款日发生额及余额情况。手工环境下，资金日报表由出纳员逐日填写，以反映当天营业终了时现金、银行存款的收支情况及余额。在计算机系统中，资金日报可由总账系统的出纳管理中根据记账凭证自动生成，以便及时掌握当日借、贷金额合计、余额以及当日业务量等信息。资金日报既可以根据已记账凭证

生成，也可以根据未记账凭证生成。

2．支票登记簿

加强支票的管理对于企业来说非常重要，因此手工记账时，出纳员通常要建立支票领用登记簿，用来登记支票领用情况，用友软件也为出纳员提供了"支票登记簿"功能，以供详细登记支票领用日期、领用部门、领用人、支票号、用途、预计金额、报销日期、实际金额、备注等，当应收、应付系统或资金系统有支票领用时，自动填写。

要使用支票登记簿时，需要注意以下问题：

(1) 建立会计科目时，必须为银行存款科目设置银行账属性。

(2) 设置结算方式时，必须为支票结算方式设置票据管理属性。

(3) 领用支票时，银行出纳必须据实填写领用日期、领用部门、领用人、支票号、用途、预计金额、备注等信息。

(4) 经办人持原始单据报销支票时，会计人员据此填制记账凭证。在录入该凭证时，系统要求录入结算方式和支票号，填制完凭证后，在采取支票控制的方式下，系统自动在支票登记簿中将该支票填上报销日期，表示该支票已报销。否则，出纳员需要自己填写报销日期。

3．银行对账

银行对账是企业出纳人员的基本工作之一，企业的结算业务大部分要通过银行进行，但由于企业与银行在业务处理时存在时间差异，往往会产生一方已入账，而另一方尚未入账的情况，即所谓的"未达账项"。为了准确掌握银行存款的实际余额，防止发生记账差错，企业必须定期将银行存款日记账与银行出具的对账单核对，并编制银行存款余额调节表。

在信息化方式下，银行对账的程序为：

(1) 录入银行对账期初数据

在第一次利用总账系统进行银行对账前，应该录入银行启用日期时的银行对账期初数据。银行对账的启用日期是指使用银行对账功能前最后一次手工对账的截止日期，银行对账不一定和总账系统同时启用，银行对账的启用日期可以晚于总账系统的启用日期。银行对账期初数据包括银行对账启用日的企业方银行日记账与银行方银行对账单的调整前余额，以及启用日期之前的单位日记账和银行对账单的未达账项。录入期初数据后，应保证银行日记账的调整后余额等于银行对账单的调整后余额，否则会影响以后的银行对账。

(2) 录入银行对账单

在开始对账前，必须将银行开出的银行对账单录入或导入系统中，以便将其与企业银行日记账进行核对。

(3) 银行对账

银行对账可采用自动对账和手工对账相结合的方式，先进行自动对账，然后在此基础上进行手工对账。

自动对账是指系统根据设定的对账条件，将银行存款日记账与银行对账单进行自动核对和勾销。对于已核对上的银行业务，系统将自动在银行日记账和银行对账单上打上两清标志，视为已达账项，否则视为未达账项。对账依据可由用户自己设置，但“方向”和“金额”是必要条件，通常可设置为“结算方式+结算号+方向+金额”。

采用自动对账后，可能还有一些特殊的已达账项没有对上而被视为未达账项，为了保证对账的彻底性和正确性，在自动对账的基础上还要进行手工补对。例如，自动对账只能针对“一对一”的情况进行对账，而对于“一对多”、“多对一”或“多对多”的情况，只能由手工对账来实现。

(4) 查询打印余额调节表

在进行对账后，系统会根据对账结果自动生成银行存款余额调节表，以供用户查询打印或输出。

对账后，还可以查询银行日记账和银行对账单对账的详细情况，包括已达账项和未达账项。

(5) 核销银行账

为了避免文件过大，占用磁盘空间，可以利用核销银行账功能将已达账项删除。企业银行日记账已达账项的删除不会影响企业银行日记账的查询和打印。

(6) 长期未达账项审计

通过设置截止日期及至截止日期未达天数，系统可以将所有符合条件的未达账项显示出来，以便企业了解长期未达账项情况，从而采取措施对其追踪、监督，避免不必要的损失。

（三）账簿查询

企业所发生的全部经济业务，经过制单、复核、记账后，就可以查询打印各种账簿了。计算机系统的账簿查询功能具有以下特点：其一，在查询各种账簿时，可以包括未记账凭证；其二，各种账簿都可以针对各级科目进行查询；其三，可以进行账表联查，例如查询总账时可以联查明细账，而查明细账时可以联查凭证等。

（四）期末处理

每个会计期间结束，都要完成一些特定的工作，主要包括期末转账业务、对账及试算平衡、月末结账。由于各会计期间的许多期末业务均具有较强的规律性，因此由计算机来处理期末会计业务，不但可以规范处理，还可以大大提高工作效率。

1. 转账

在月末结账前，有许多成本、费用需要进行转账，转账分外部转账和内部转账。外部转账是指将其他子系统（如应收应付、工资、固定资产等子系统）生成的凭证转入总账系统中；内部转账是指在总账系统内部将某个或某几个会计科目的余额或本期发生额结转到一个或多个会计科目中。由于这种业务具有较强的规律性，因而，在软件中设置了自定义转账、对应结转、销售成本结转、汇兑损益结转、期间损益结转等自动转账功能来完成费用分配、费用计提、税金计算、期间损益结转等操作。

自动转账功能包括转账定义和转账生成两个部分，即在转账定义环节将凭证摘要、会计科目、借贷方向及金额的计算，用公式的形式设置完成，然后在转账生成环节由系统按转账定义自动生成凭证。转账定义可随时进行，一般在系统投入运行，数据初始化工作完成之后，即可进行定义。转账定义完成后可长期使用。只有在所定义的转账内容发生变化时，才需要重新修改自动转账定义。转账定义包括“自动转账定义”、“对应转账定义”、“销售成本结转定义”、“售价（计划价）销售成本结转”、“汇兑损益结转定义”、“自定义结转定义”和“期间损益结转定义”、“费用摊销和预提”8个功能。

生成转账凭证时，一定要注意这些凭证的生成顺序。例如，要生成期间损益的凭证，必须保证所有损益类账户已经全部记账，否则，要么由于不能取出相应数据而导致金额为零而不能生成凭证，要么取出的数据不完整而导致计提错误。

2. 对账

对账是对账簿数据进行核对，以检查记账是否正确，以及账簿是否平衡，它主要是通过核对总账与明细、总账与辅助账数据来完成账账核对。试算平衡时系统会将所有账户的期末余额按会计平衡公式“借方余额＝贷方余额”进行平衡检验，并输出科目余额表。一般来说，实行计算机记账后，只要记账凭证录入正确，计算机自动记账后各种账簿都应是正确、平衡的，但由于非法操作或计算机病毒，以及其他原因有时可能会造成某些数据被破坏，因而引起账账不符。为了保证账证相符、账账相符，用户应经常使用本功能进行对账。结账时，系统也会自动进行对账和试算平衡。

3. 结账

结账就是每月月末计算和结转账簿的本期发生额和期末余额，并终止本月的账务处理工作，结账只能每月进行一次。结账是会计分期的一个必要步骤，是划分本期与下期的界线，是结束本期会计核算工作，进行下期会计核算的工作，此项工作比较重要。一般在结账前最好要进行一次数据备份，以便在结完账后发现错误时进行恢复（当然也可以取消结账）。另外，还需要进行下列检查工作：

(1) 检查本月业务是否已全部记账，有未记账凭证时不能结账。

(2) 检查上月是否已结账，上月未结账，则本月不能结账。实际上，上月未结账的话，本月也不能记账，只能填制、复核凭证。

(3) 核对总账与明细账、总账与辅助账，账账不符不能结账。

(4) 检查科目余额试算是否平衡。

(5) 检查所有损益类账户是否已结转至本年利润。

(6) 当各子系统集成应用时，检查所有子系统是否已经结账。

任务一　设置总账参数

操作提示

设置总账参数—录入期初余额

操作步骤

（一）设置总账参数

1．单击“开始”|“所有程序”|“用友 U8V10.1”|“企业应用平台”，进入系统注册界面，操作员处输入前面填加的操作员，编码为“001”、输入密码“空”、选择账套“777”、会计年度“2015”操作日期“2015-01-01”单击“确定”按钮。

2．在企业应用平台中，选择“业务工作”导航按钮。单击“财务会计”|“总账”|“设置”|“选项”，进入选项界面，如图 4-3 所示。

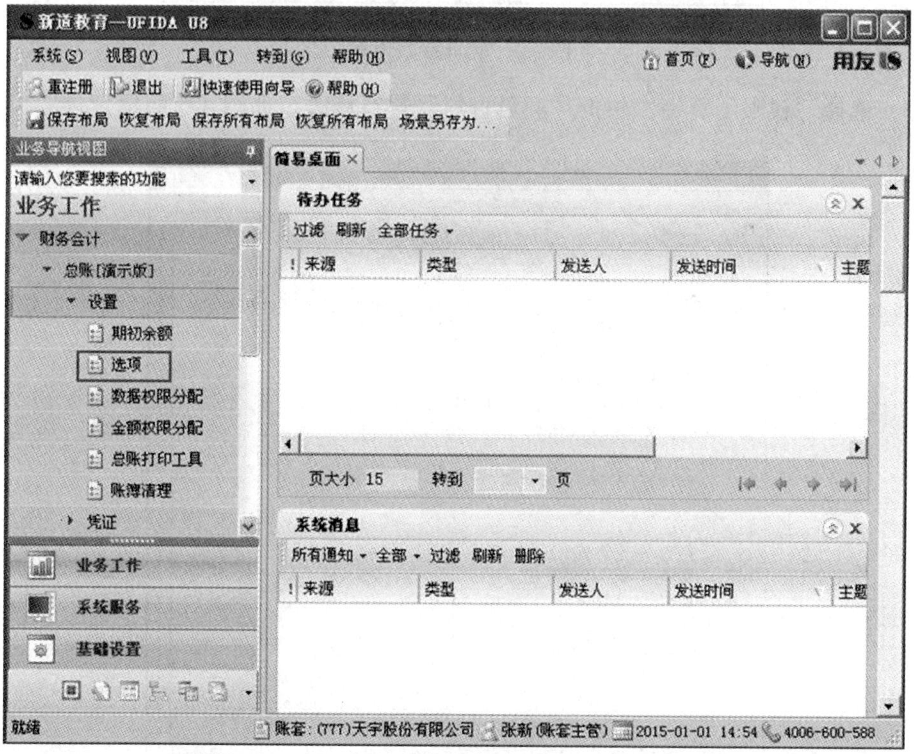

图 4-3　设置总账参数

3．单击“编辑”按钮，进入参数修改状态。

4．选择“凭证”页签，根据“项目资料”进行修改，结果如图 4-4 所示。

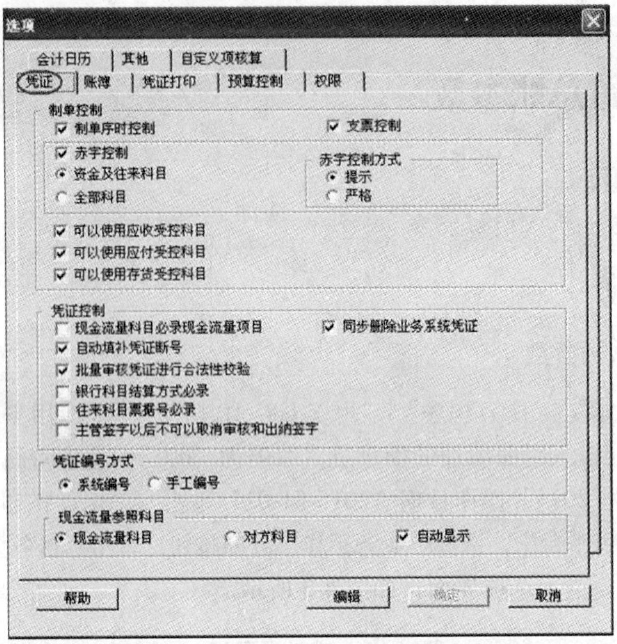

图 4-4　凭证参数设置

5．选择“权限”页签，根据“项目资料”进行修改，如图 4-5 所示。

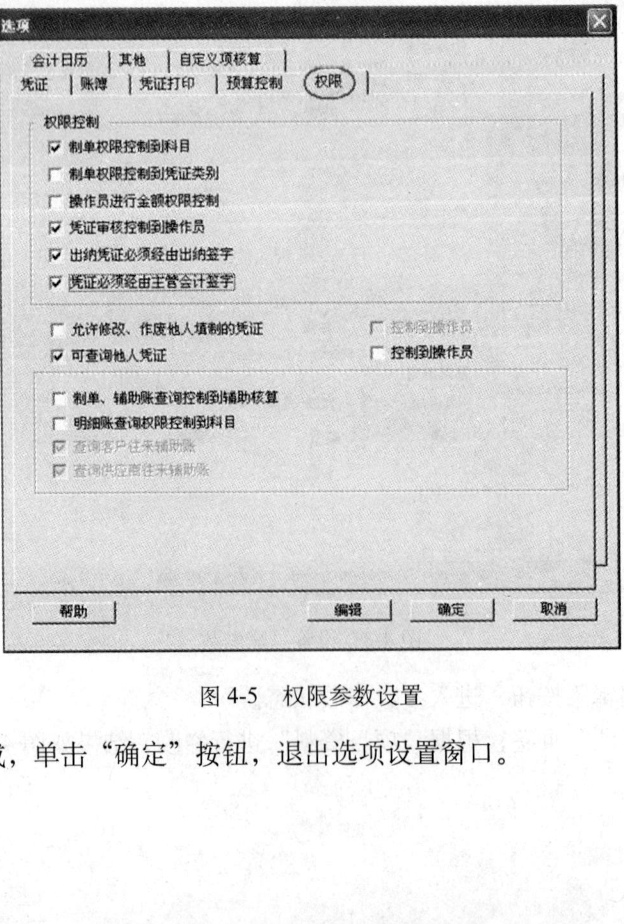

图 4-5　权限参数设置

6．设置完成，单击“确定”按钮，退出选项设置窗口。

📖 说明（见表 4-8）

表 4-8　总账参数选项说明

参　　数	说　　明
制单序时控制	下一张凭证的制单日期必须大于或等于上一张凭证的制单日期
支票控制	若选择了此项，在制单时使用银行科目编制凭证时，系统针对已设置了票据管理的结算方式进行登记，如果录入的支票号在支票登记簿中已存在，系统提供登记支票报销的功能；否则，系统提供登记支票登记簿的功能
赤字控制	当“资金及往来科目”或“全部科目”余额出现负数时，系统将予以提示
受控科目	如果选择“可以使用应收受控科目”、“可以使用应付受控科目”、“可以使用存货受控科目”则这些科目既可以在总账系统中使用也可以在其受控的系统中使用；否则，只能在其受控的系统中使用（总账使用受控科目要注意避免引起受控系统与总账对账不平的情况）
自动填补凭证断号	凭证删除后该凭证号则自动为断号，启用这一选项后整理凭证时，系统将自动补号，即将后面的凭证号全部往前移动（自动填补凭证断号）
同步删除业务系统凭证	选中此选项，其他业务系统删除凭证，传到总账系统的凭证也将同步删除，否则，其他业务系统删除凭证后，传到总账系统的凭证只显示作废，还需要通过整理凭证才能删除
制单权限控制到科目	如果需要明确操作员只能使用具有相应制单权限的科目制单，则首先在数据权限控制设置中选择对“科目”进行控制，再选中该项，最后在数据权限中为操作员指定制单可以使用的科目。设置完成后，该操作员只能使用有权限的科目进行制单（同样意义的选项还有“制单、辅助账查询控制到辅助核算”、“明细账查询控制到科目”）
制单权限控制到凭证类别	如果需要明确操作员只能填制特定类别的凭证，则首先在数据权限控制设置中选择对“凭证类别”进行控制，再选中该项，最后在数据权限中为操作员指定制单时可以使用哪些凭证类别。设置完成后，操作员制单时，凭证类别参照中只显示操作员有权限的凭证类别
操作员进行金额权限控制	系统可以对不同级别的人员进行制单金额大小的控制，例如，财务主管可以对 10 万元以上的经济业务制单，一般财务人员只能对 5 万元以下的经济业务制单，这样可以减少由于不必要的责任事故带来的经济损失。但外部凭证或常用凭证调用生成，则不做金额权限控制；自定义结转凭证不受金额权限控制
凭证审核控制到操作员	只能审核有对应关系的操作员填写的凭证，这一选项要与数据权限设置配合使用
出纳凭证必须经由出纳签字	指公司含有库存现金、银行科目的凭证必须由出纳人员通过“出纳签字”功能对其核对后，运用系统提供的签字功能进行签字后才能记账

续表

参　数	说　明
凭证必须经由主管会计签字	如果企业规定所有凭证都必须由主管会计签字才能作为记账依据，则应选中该项
允许修改、作废他人填制的凭证	如果制单人填制的凭证有误，该选项决定其他人员如审核人员发现凭证有误时是否允许修改或作废。“控制到操作员”属于数据权限控制内容，利用该项可以指定允许修改、作废哪些操作员填制的凭证

（二）录入期初余额

企业建账有年初建账和年中建账两种情况，如果是年初建账，可以直接录入年初余额。如果是年中建账，则需要录入所建账月份的期初余额和从该年年初到建账月份的借、贷方累计的发生额，系统会自动计算年初余额。本项目以年初建账为例介绍不同类型期初余额的录入方法：

1．录入末级科目期初余额

（1）在企业应用平台中，选择“业务工作”导航按钮。单击“财务会计”|“总账”|“设置”|“期初余额”，系统弹出“期初余额”窗口。

（2）将光标定位在“1001 库存现金”科目的期初余额栏，输入期初余额“550”，回车确认，如图 4-6 所示。

图 4-6　录入期初余额（一）

2．录入非末级科目期初余额

在期初余额窗口中将光标定位在明细科目“100201 工行存款”的期初余额栏，输入期初余额“140250”，回车确认，总账科目“1002 银行存款”处也将同时自动填入金额“140250”，如图 4-7 所示。

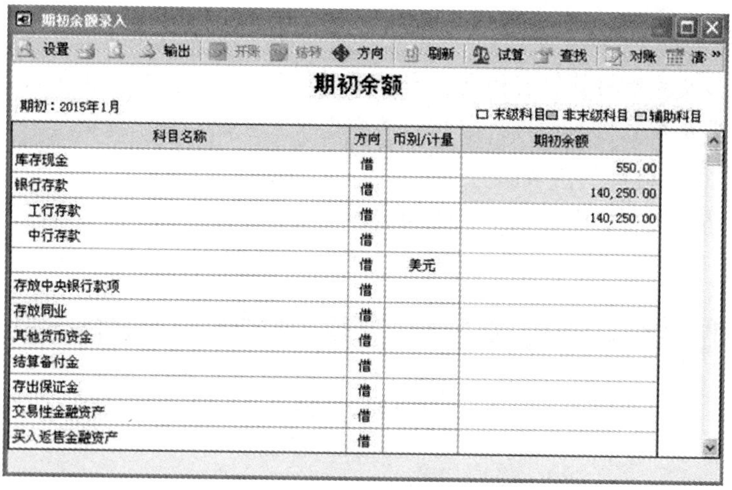

图 4-7　录入期初余额（二）

📖 说明

1．期初余额界面中白色区域表示末级科目，该区域科目余额均可通过直接输入的方法完成录入。

2．期初余额界面中灰色区域表示非末级科目，该区域科目余额需要先录入其下属的末级科目期初余额，非末级科目的期初余额是由计算机根据末级科目的金额自动计算填入的。

3．录入辅助项期初余额

（1）外币核算科目期初余额

在期初余额窗口中将光标定位在明细科目“100202 中行存款”的期初余额栏，输入期初余额人民币“12400”，在美元期初余额栏，输入“2000”，回车确认。总账科目“1002 银行存款”处也将同时自动计算后填入金额“152650”，如图 4-8 所示。

图 4-8　录入期初余额（三）

📖 说明

1．录入涉及外币核算科目的期初余额要先录入人民币金额，再录入外币金额。

2．录入涉及数量核算科目的期初余额要先录入金额，再录入数量。

(2) 客户往来科目期初余额

1）在期初余额窗口中，双击设置为客户往来辅助核算的“应收账款”科目的期初余额区域，打开“应收账款辅助期初余额”窗口，如图 4-9 所示。

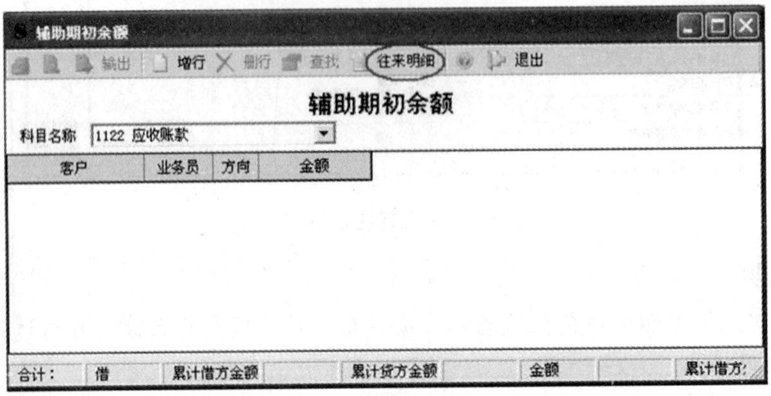

图 4-9　辅助期初余额

2）单击工具栏中的“往来明细”按钮。打开“期初往来明细”录入窗口，在工具栏中单击“增行”按钮，根据项目资料录入相关信息后，单击工具栏中“汇总”按钮，系统提示“完成了往来明细到辅助期初表的汇总”，如图 4-10 所示。

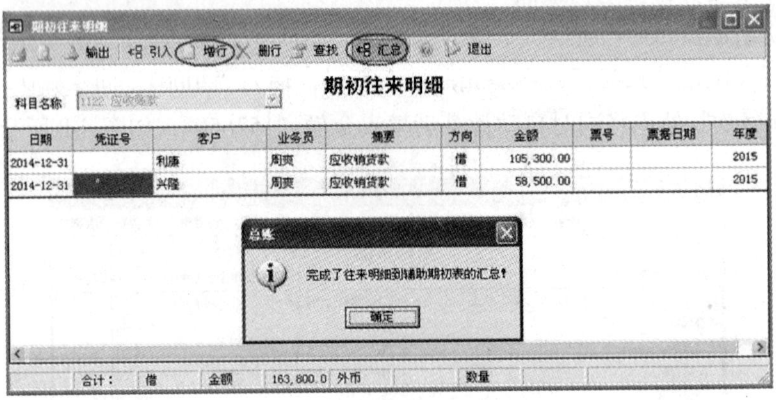

图 4-10　期初往来明细录入

3）单击“确定”按钮，回到“辅助期初余额”窗口，如图 4-11 所示。

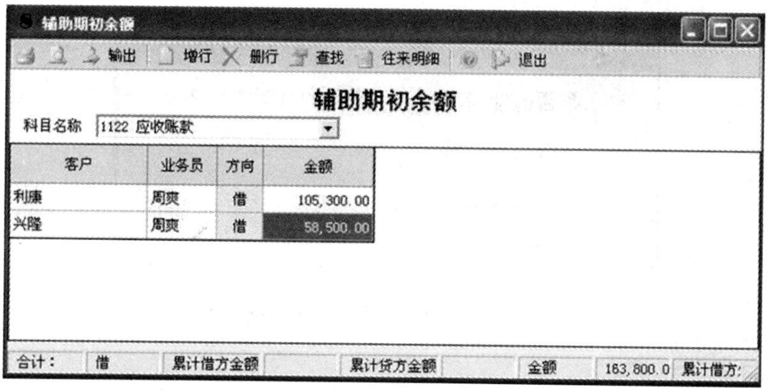

图 4-11　录入期初余额（四）

4）在“辅助期初余额”窗口看到增加的汇总数据后，单击“退出”按钮，返回“期初余额”窗口中，可看到“应收账款”期初余额处已自动填入了数据，如图 4-12 所示。

图 4-12　录入期初余额（五）

📖 说明

设置为“客户往来”、“个人往来”、“供应商往来”辅助核算的科目，所在的灰色区域，期初余额录入方法相同，辅助科目需要录入明细记录，辅助科目的期初余额会根据录入的明细数据自动汇总。如果要从“应收”、“应付”系统中取数，可在期初往来明细中单击“引入”按钮直接导入。

4．调整余额方向

如要调整某科目期初余额方向，可在“期初余额录入”窗口中选择需要调整余额方向的科目，单击“方向”按钮，系统弹出“是否调整”提示，单击“是”。科目方向将被调整，如图 4-13 所示。

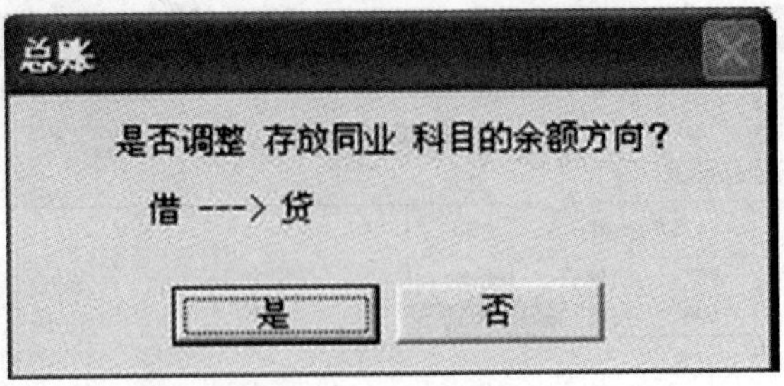

图 4-13 调整科目余额方向

📖 **说明**

科目如果已录入期初余额，将不能调整余额方向，如要调整，需先将期初余额删去，然后再调整余额方向。

5．期初对账

(1) 在“期初余额”窗口单击工具栏上的“对账”按钮，系统打开“期初对账”窗口。

(2) 单击“开始”按钮，系统自动开始对账，并在界面上显示对账结果，如图 4-14 所示。

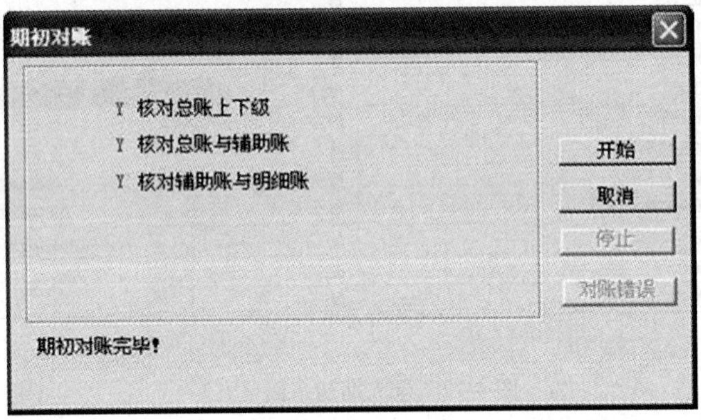

图 4-14 期初对账

(3) 单击“取消”按钮，退出期初对账窗口。

6．试算平衡

(1) 在“期初余额”窗口单击工具栏上的“试算”按钮，如果试算平衡，显示“试算结果平衡”提示。如图 4-15 所示。如果显示“试算结果不平衡”提示，需要返回期初余额窗口检查。

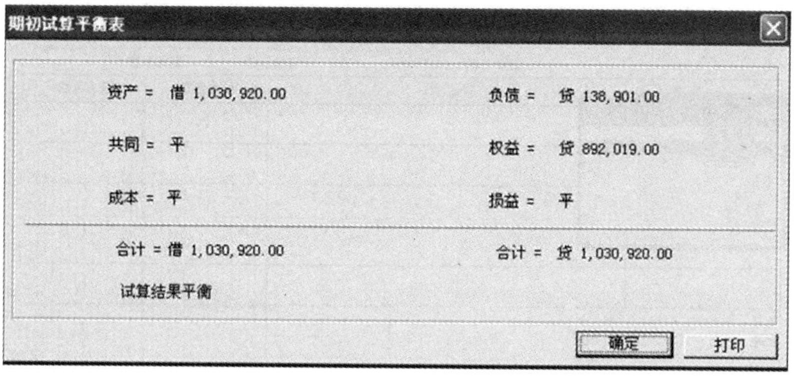

图 4-15　期初谋算平衡

（2）单击“确定”按钮，关闭试算平衡界面。

说明

1．期初余额试算不平衡，不能记账，但可以填制凭证。

2．记账后期初余额不能修改。

任务二　执行日常账务处理

操作提示

序　号	操作员	操作内容
1	总账会计（002 王力）	填制凭证、修改凭证、删除凭证
2	出纳员（003 李红）	出纳签字
3	账套主管（001 张新）	审核凭证、主管签字
4	总账会计（002 王力）	记账

操作步骤

（一）填制凭证

1．填制第一笔业务记账凭证（普通业务）

（1）启动企业应用平台。以“002 王力”身份注册登录企业应用平台，登录时间 2015 年 1 月 31 日

（2）打开填制凭证窗口。在“业务工作”导航区，单击“财务会计”|“总账”|“凭证”|“填制凭证”，系统弹出“填制凭证”窗口。

（3）增加新凭证。单击“ ”按钮，增加一张新凭证。

（4）输入凭证类别。在凭证类别框中单击“ ”按钮，选择所需要增加的凭证类别为“付款凭证”，如图 4-16 所示

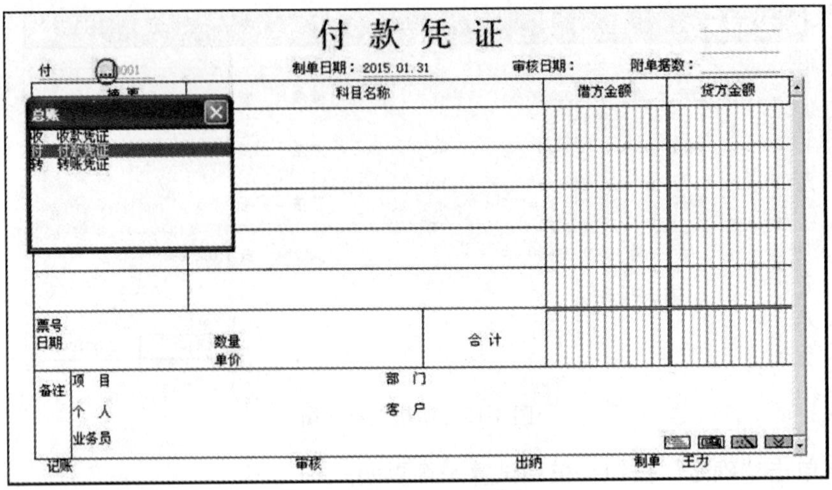

图 4-16　输入凭证类别

（5）输入制单日期。在制单日期处输入 2015.01.01，也可单击“日历”按钮，打开日历窗口，修改制单日期，单击“确定”，如图 4-17 所示。

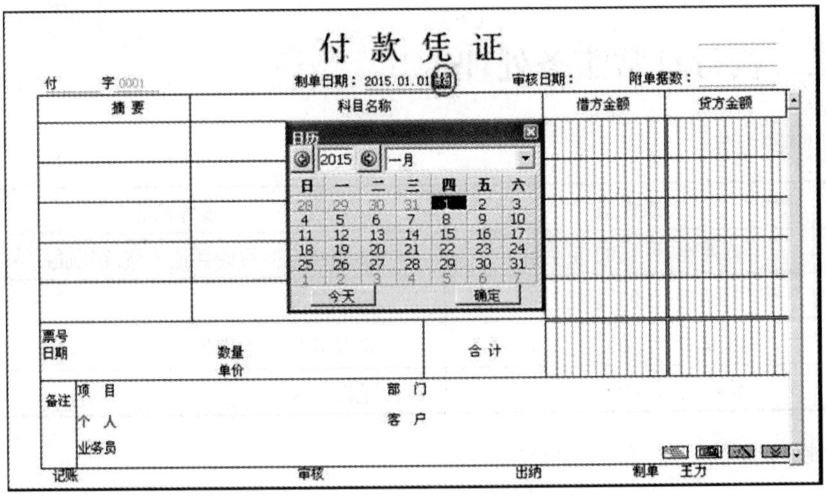

图 4-17　输入制单日期

（6）输入附单据数。“1”。

（7）输入摘要。在摘要栏录入“付捐款”，按回车确认。

（8）输入会计科目。在借方科目名称处直接输入“营业外支出”科目，或单击“…”打开科目参照窗口，选择“损益类”科目“6711 营业外支出”，如图 4-18 所示。

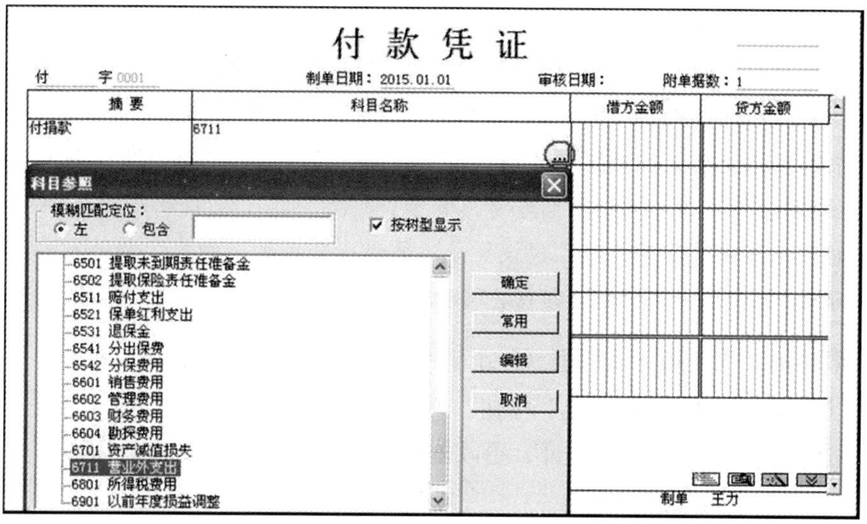

图 4-18　输入会计科目

(9) 输入借方金额。“500”，按回车确认。

(10) 录入贷方科目。“1001 库存现金”。

(11) 录入贷方金额。“500”，或按“＝”键。

(12) 保存凭证。单击“ ”，系统弹出“凭证已成功保存”提示窗口，单击“确定”按钮保存设置，如图 4-19 所示。

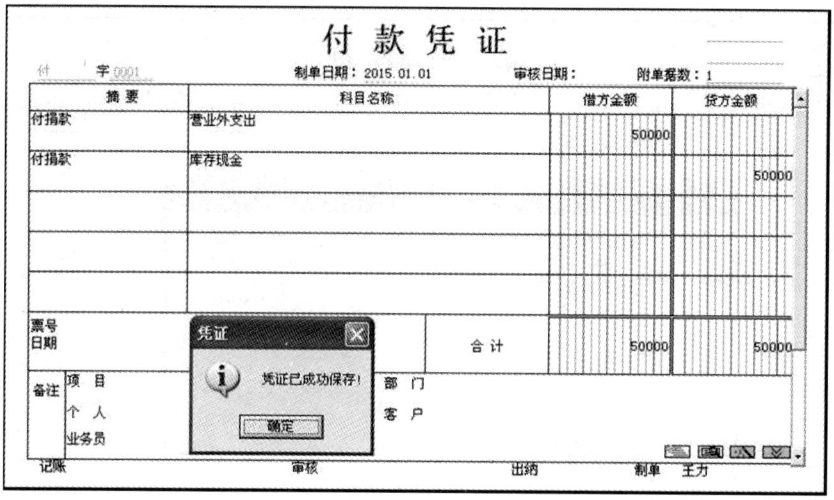

图 4-19　付款凭证（一）

🕮 说明

1. 输入金额不能为 0，红字以负号“–”表示，调整金额方向可以单击键盘上的空格键进行调整。

2. 凭证填制过程中可根据需要“联查明细账”、“联查原始”。

3．借贷不平的凭证，系统不予保存。

4．在“科目参照”窗口中，如需要的科目原先并没有设置，可以直接在该窗口单击“编辑”按钮进行新增科目的编辑，而不用退回到“设置”页签中进行科目设置。

5．记账凭证的填写日期可以是财会人员填制记账凭证当天的日期，也可以根据管理需要，填写经济业务发生的日期或月末日期。

6．如果在设置凭证类别时已经设置了不同种类凭证的限制类型及限制科目，则在填制凭证时，如果凭证类别选择错误，系统会提示不满足条件，无法保存。

2．填制第二笔业务记账凭证（外币辅助项、银行账辅助项）

（1）增加新凭证。单击“ ”按钮，增加一张新凭证。

（2）选择凭证类别为收款凭证，更改制单日期为“2015 年 1 月 2 日”。

（3）录入附件张数。“2 张”。

（4）录入摘要。在摘要栏录入“收到投资”，按回车确认。

（5）录入会计科目。在借方科目名称处直接输入“100202”科目，或单击“ ”打开科目参照窗口，选择“资产类”科目“100202”，回车确认。系统自动弹出“辅助项”窗口，凭证自动带出外币。

（6）录入辅助项。在辅助项窗口中，单击结算方式下的“ ”按钮，选择“402 电汇”，输入票号：“D7892”，发生日期：2015-01-02，如图 4-20 所示。单击“确定”按钮，返回填制凭证界面。

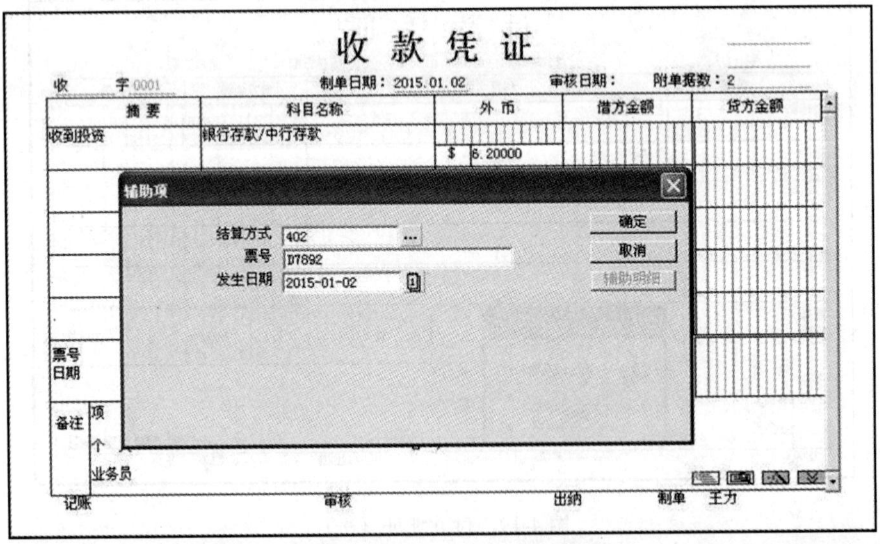

图 4-20　录入银行账辅助项

（7）录入借方金额。在外币金额栏录入“100 000”，按回车确认，借方金额自动填入“620 000”，回车确认。

（8）录入贷方科目及金额。在贷方科目名称处录入“400101 实收资本——新新公司”，贷方金额处录入“620 000”，单击“ ”按钮，系统弹出“凭证已成功保存”提示窗口，单击“确定”按钮完成凭证填制，如图 4-21 所示。

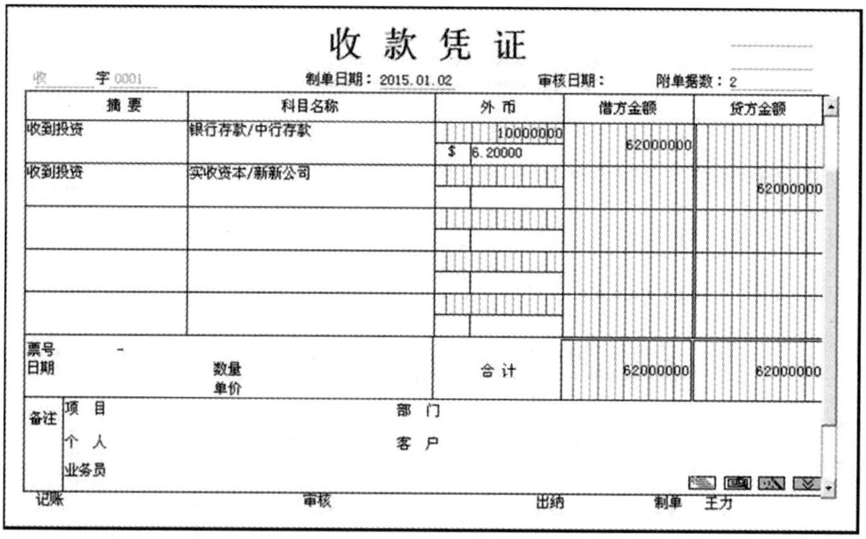

图 4-21　收款凭证

说明

系统如果没有弹出辅助项信息窗口或信息窗口错误，则表明辅助项设置错误。需要到设置会计科目窗口设置或修改。

3．填制第三笔业务记账凭证（支票登记、银行账辅助项）

（1）增加新凭证。单击“ ”按钮，增加一张新凭证。

（2）选择凭证类别为付款凭证，更改制单日期为“2015 年 1 月 3 日”。

（3）录入附件张数。“1 张”。

（4）录入摘要。在摘要栏录入“提现”，按回车确认。

（5）录入会计科目。在借方科目名称处直接输入“1001　库存现金”科目，或单击“ ”打开科目参照窗口，选择“资产类”科目“1001”，回车确认。

（6）录入借方金额。在借方金额栏录入“3 000”，按回车确认。

（7）录入贷方科目。“100201　银行存款——工行存款”，回车确认，系统自动弹出“辅助项”窗口。

（8）录入辅助信息。结算方式：现金支票；票号：060421；发生日期：2015-01-03。

（9）录入贷方金额。在贷方金额处录入“3 000”，回车确认，系统弹出“此支票尚未登记，是否登记”提示窗口，如图 4-22 所示。

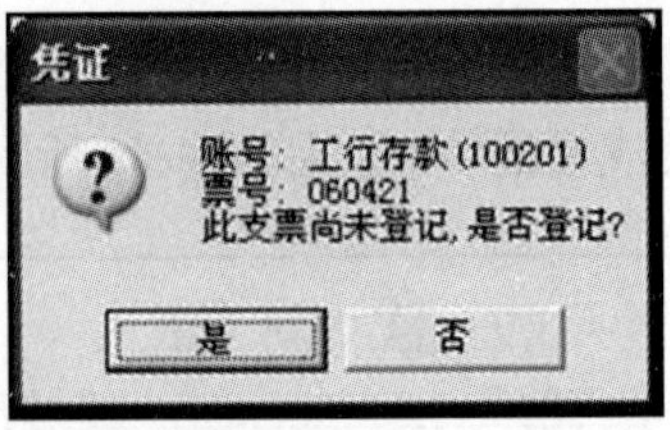

图 4-22　支票登记提示

（10）进行支票登记。单击“是”，打开支票登记窗口，录入领用日期：2015-01-03；领用部门：财务部；姓名：李红；收款人：天宇股份有限公司；限额：3 000；用途：备用。单击“确定”。退出录入窗口，如图 4-23 所示。

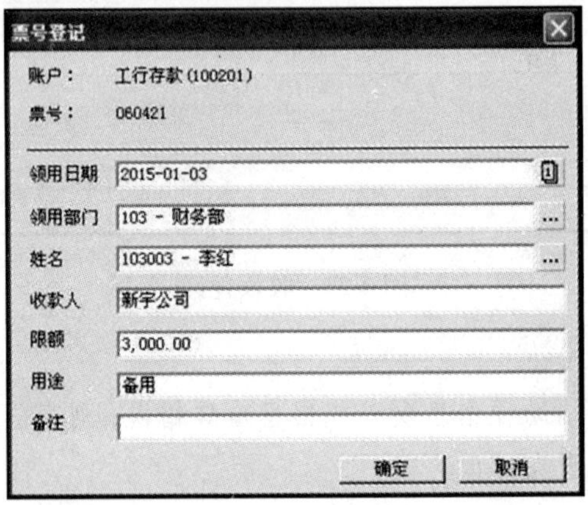

图 4-23　支票登记窗口

（11）保存凭证：系统弹出“凭证已成功保存”提示窗口，单击“确定”按钮完成凭证填制，如图 4-24 所示。

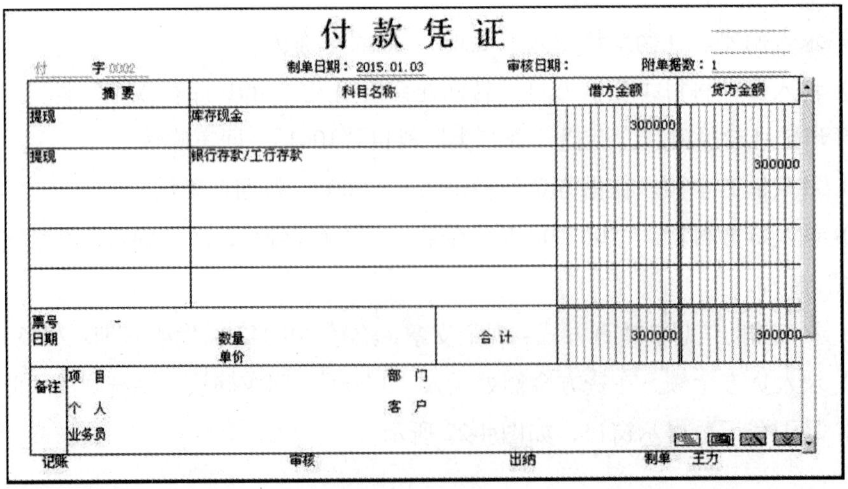

图 4-24　付款凭证（二）

📖 说明

1．只有在总账系统的初始设置选项中已选择“支票控制”，并在结算方式设置中已设置“票据管理”标志，在“会计科目”中已指定银行账的科目，才能使用支票登记簿。

2．当支票登记后，再输入该支票的结算方式和票号，系统会弹出“此支票已报销，是否正确？”提示窗口，单击“是”，系统会自动在支票登记簿中将该号支票做报销处理，如图 4-25 所示。

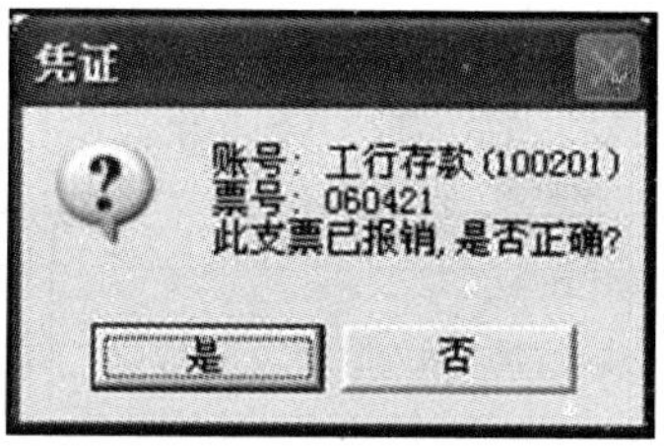

图 4-25 支票报销提示

4．填制第四笔业务记账凭证（数量核算辅助项、供应商往来辅助项）

（1）增加新凭证。单击“”按钮，增加一张新凭证。

（2）选择凭证类别为转账凭证，更改制单日期为“2015 年 1 月 6 日”。

（3）录入附件张数。“1 张”，回车确认。

（4）录入摘要。在摘要栏录入“购入氧化锌”，按回车确认。

（5）录入借方科目。在借方科目名称处直接输入“14030101”科目，或单击“”打开科目参照窗口，选择“资产类”科目“14030101”，回车确认。系统自动弹出“数量核算辅助项”。

（6）录入辅助项。输入数量：“800”；单价“30”，如图 4-26 所示。

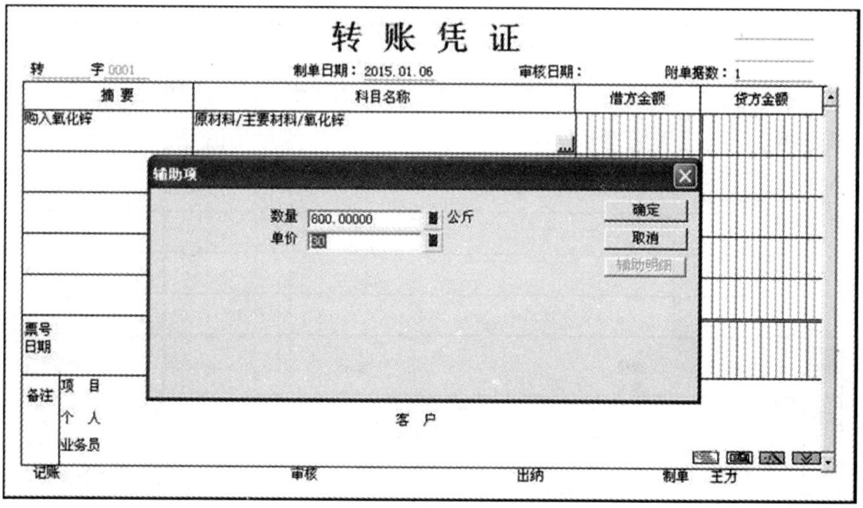

4-26 数量辅助

（7）单击“确定”按钮，退出辅助项录入窗口，系统自动填入借方金额“24 000”，回车确认，录入借方第二个科目“22210101 应交税费——应交增值税（进项税额）”及金额“4 080”。按回车确认。

（8）录入贷方科目。在贷方科目处录入“2202 应付账款”，回车确认，系统自动弹出“供应商往来辅助项”窗口。

（9）录入辅助信息。供应商：黎明实业；业务员：吴萍；发生日期：2015-01-06，单击“确认”，如图 4-27 所示。

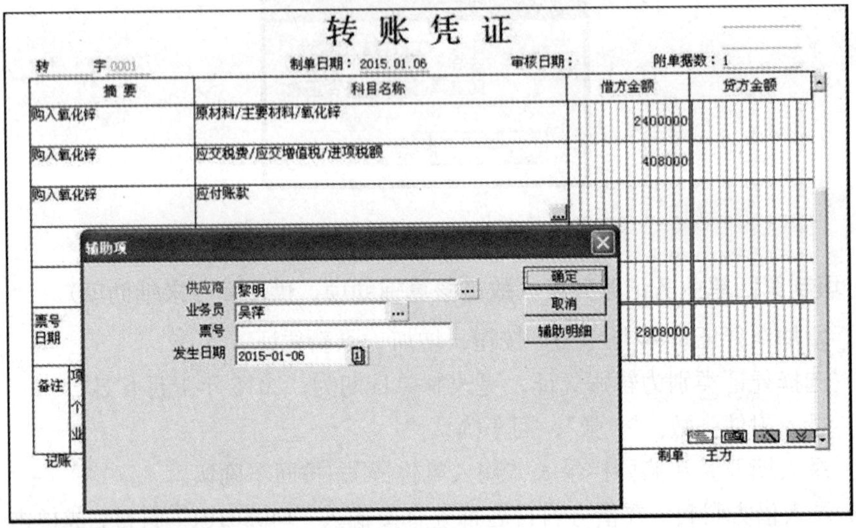

图 4-27 供应商辅助

（10）录入贷方金额。在贷方金额处录入“28 080”，单击“保存”按钮，系统弹出“凭证已成功保存”提示窗口，单击“确定”完成凭证填制，如图 4-28 所示。

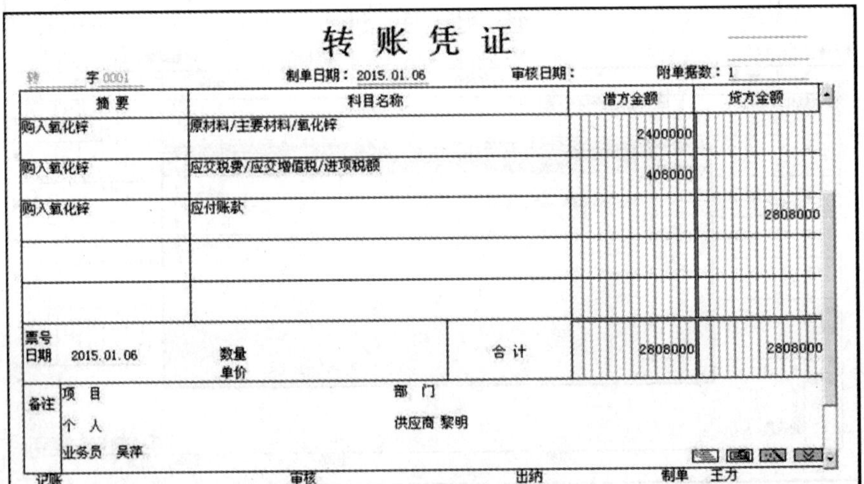

图 4-28 转账凭证（一）

5．填制第五笔业务记账凭证（数量核算辅助项、客户往来辅助项）

（1）增加新凭证。单击“”按钮，增加一张新凭证。

（2）选择凭证类别为转账凭证，更改制单日期为“2015 年 1 月 11 日”。

（3）录入附件张数。“1 张”，回车确认。

（4）录入摘要。在摘要栏录入“售出 2#产品”按回车确认。

（5）录入借方科目。在借方科目名称处直接输入“1122 应收账款”科目，或单击“”打开科目参照窗口，选择“资产类”科目“1122”，回车确认。系统自动弹出“客户往来辅助项”窗口。

（6）录入辅助信息。客户：利康有限公司；业务员：周爽；发生日期：2015-01-11，单击“确认”，如图 4-29 所示。

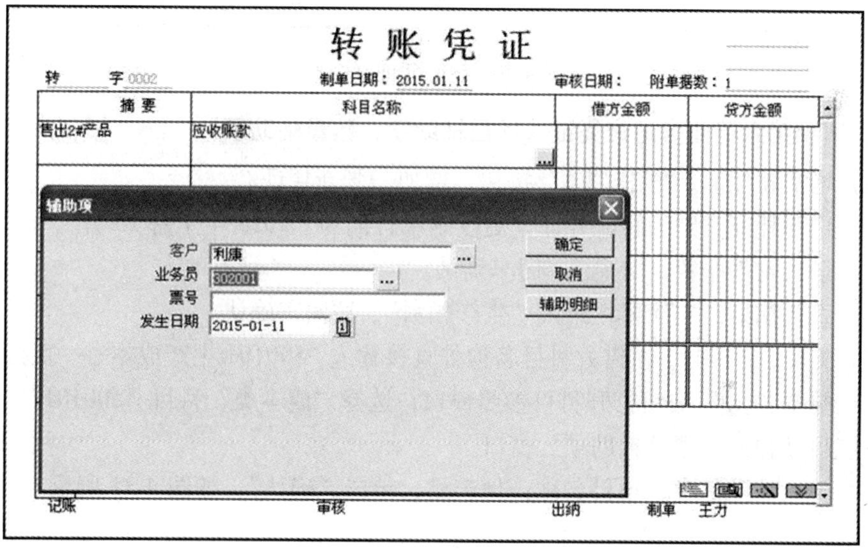

图 4-29　客户往来辅助

（7）录入借方金额。在借方金额处录入“70 200”，回车确认。

（8）录入贷方科目。在贷方科目处录入“600102”，回车确认，系统自动弹出“数量核算辅助项”。

（9）录入辅助项。输入数量：“10”；单价“6 000”。

（10）单击“确定”按钮，退出辅助项录入窗口，系统自动填入贷方金额“60 000”，回车确认，录入贷方第二个科目“22210102 应交税费——应交增值税（销项税额）”及金额“10 200”。

（11）单击“保存”按钮，系统弹出“凭证已成功保存”提示窗口，单击“确定”完成凭证填制，如图 4-30 所示。

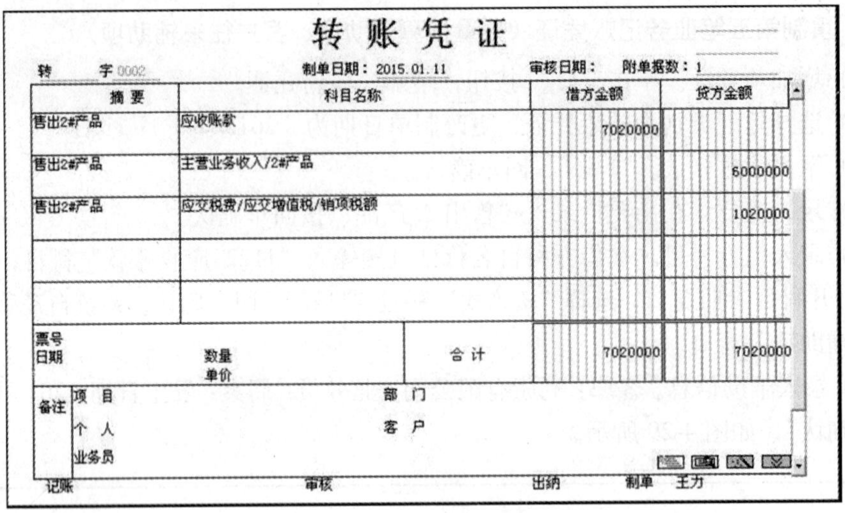

图 4-30 转账凭证（二）

6．填制第六笔业务记账凭证（项目辅助项、数量辅助项）

（1）增加新凭证。单击“”按钮，增加一张新凭证。

（2）选择凭证类别为转账凭证，更改制单日期为“2015 年 1 月 15 日”。

（3）录入附件张数。“1 张”，回车确认。

（4）录入摘要。在摘要栏录入“生产领料” 按回车确认。

（5）录入借方科目。在借方科目名称处直接输入“500101 生产成本——直接材料”科目，或单击“”按钮打开科目参照窗口，选择“成本类”科目“500101”，回车确认。系统自动弹出“项目辅助项”窗口。

（6）录入辅助信息。项目名称：1#产品，单击“确认”，如图 4-31 所示。

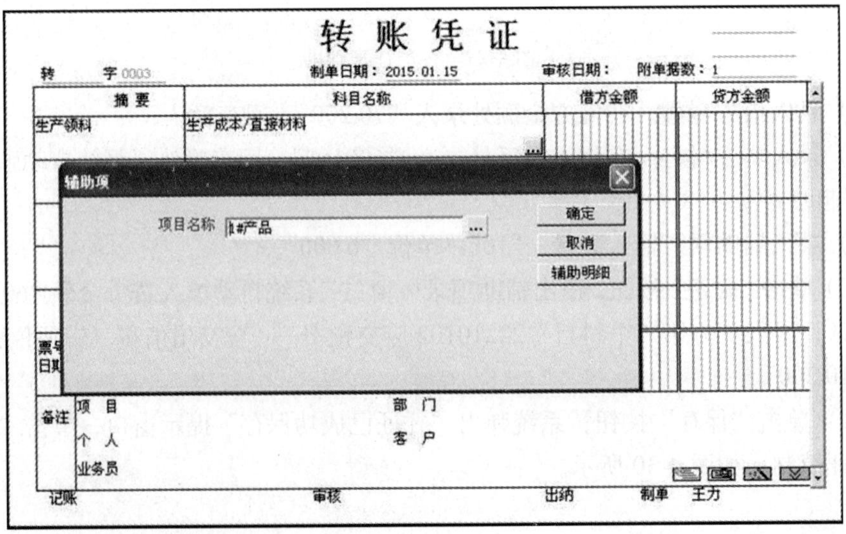

图 4-31 项目辅助

（7）录入借方金额。在借方金额处录入“21 375”，回车确认。同样的方法录入借方第二个科目及金额，项目名称：1#产品；金额处录入“24 500”。

（8）录入贷方科目。在贷方科目处录入“14030101”，回车确认，系统自动弹出“数量核算辅助项”。

（9）录入辅助项。输入数量：“500”；单价“42.75”。

（10）单击“确定”按钮，退出辅助项录入窗口，系统自动填入贷方金额“21 375”，回车确认，同样方法录入贷方第二个科目及金额。

（11）单击“保存”按钮，系统弹出“凭证已成功保存”提示窗口，单击“确定”完成凭证填制，如图 4-32 所示。

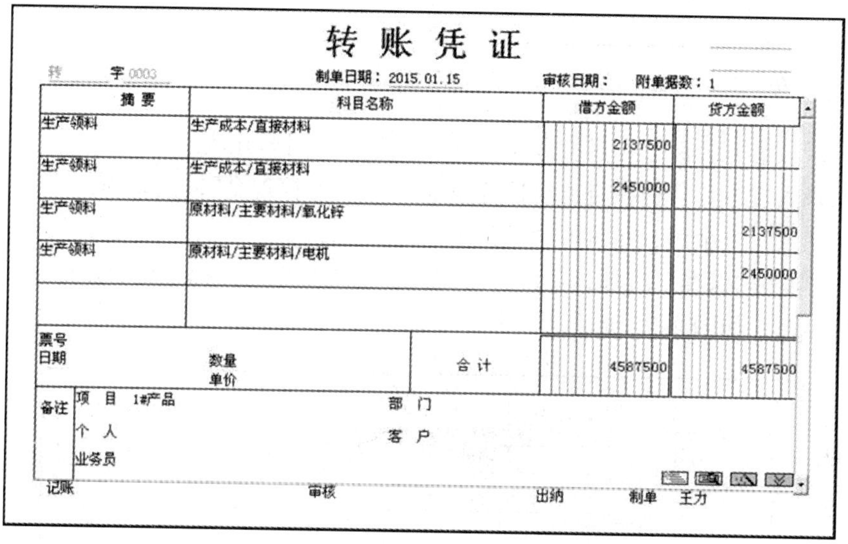

图 4-32　转账凭证（三）

7．填制第七笔业务记账凭证（部门辅助项）

（1）增加新凭证。单击“ ”按钮，增加一张新凭证。

（2）选择凭证类别为付款凭证，更改制单日期为“2015 年 1 月 21 日”。

（3）录入附件张数。“2 张”，回车确认。

（4）录入摘要。在摘要栏录入“购入打印纸”按回车确认。

（5）录入借方科目。在借方科目名称处直接输入“660202 管理费用——办公费”科目，或单击“ ”打开科目参照窗口，选择“损益类”科目“660202”，回车确认。系统自动弹出“部门辅助项”窗口。

（6）录入辅助信息。部门：办公室，如图 4-33 所示。单击“确认”按钮。

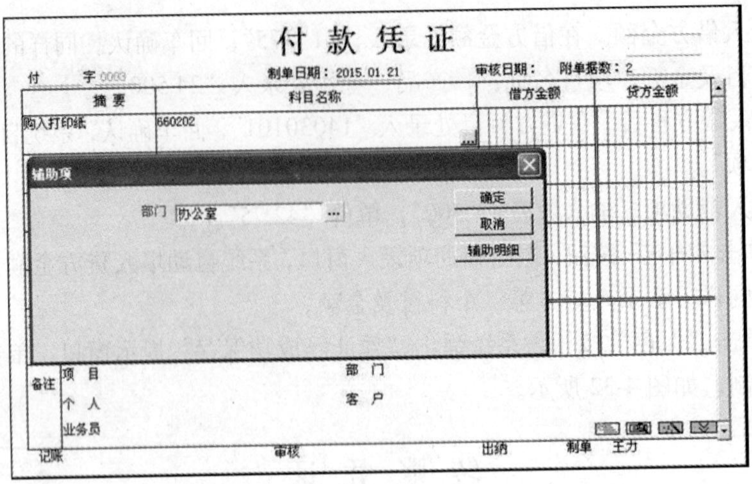

图 4-33 部门辅助

(7) 录入借方金额。在借方金额处录入“700”，回车确认。

(8) 录入贷方科目。在贷方科目处录入“1001 库存现金”，回车确认。

(9) 录入贷方金额。在贷方金额处录入“700”。

(10) 单击“保存”按钮，系统弹出“凭证已成功保存”提示窗口，单击“确定”完成凭证填制，如图 4-34 所示。

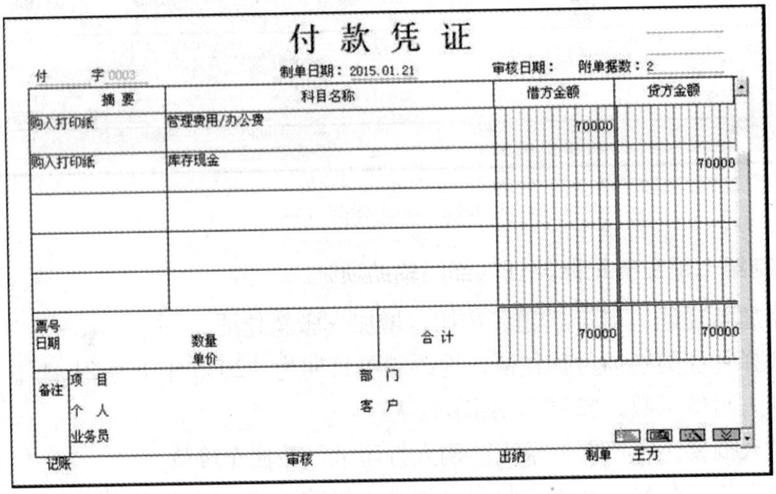

图 4-34 付款凭证（三）

8．填制第八笔业务记账凭证（个人往来辅助项）

(1) 增加新凭证。单击“”按钮，增加一张新凭证。

(2) 选择凭证类别为付款凭证，更改制单日期为“2015 年 1 月 22 日”。

(3) 录入附件张数。“1 张”，回车确认。

(4) 录入摘要。在摘要栏录入“付借款”按回车确认。

（5）录入借方科目。在借方科目名称处直接输入“1221 其他应收款”科目，或单击“…”打开科目参照窗口，选择“资产类”科目“1221”，回车确认。系统自动弹出“个人往来辅助项”窗口。

（6）录入辅助信息。部门：采购部；业务员：吴萍；发生日期：2015-01-22，单击“确认”按钮，如图 4-35 所示。

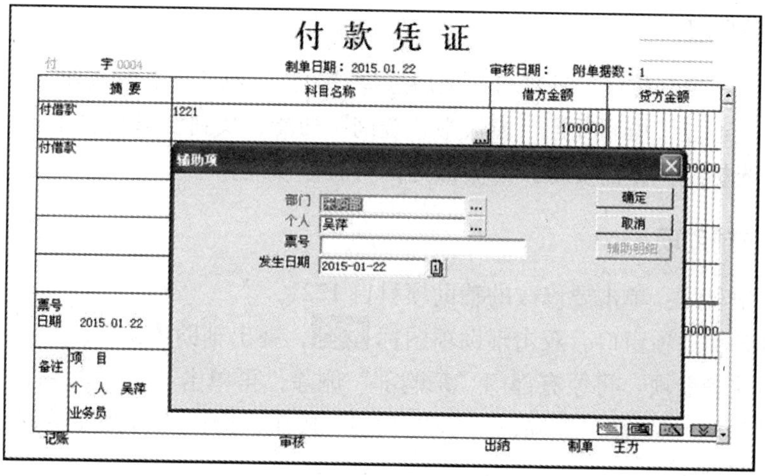

图 4-35　个人往来辅助

（7）录入借方金额。在借方金额处录入“1 000”，回车确认。

（8）录入贷方科目。在贷方科目处录入“1001 库存现金”，回车确认。

（9）录入贷方金额。在贷方金额处录入“1 000”。

（10）单击“保存”按钮，系统弹出“凭证已成功保存”提示窗口，单击“确定”完成凭证填制，如图 4-36 所示。

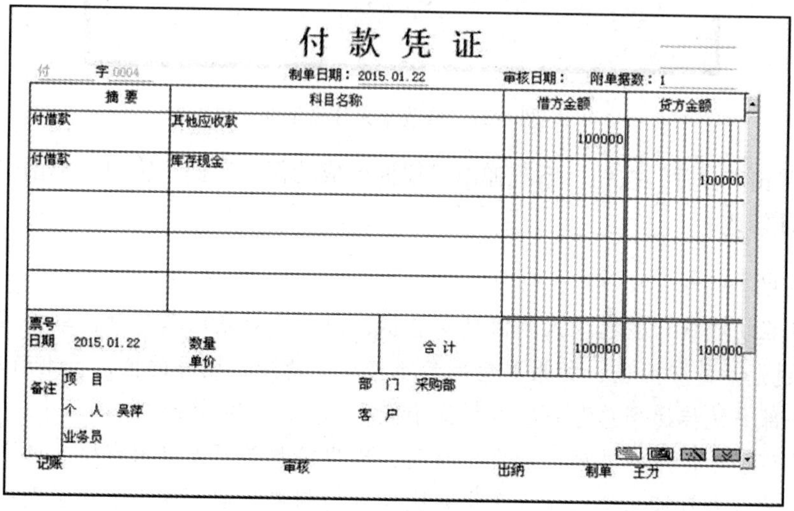

图 4-36　付款凭证（四）

9．填制剩余业务凭证

参照上述方法填制剩余 3 笔业务的记账凭证。

（二）修改凭证

未记账的凭证可以采用以下方式进行修改，这种修改方式是无痕修改。

1．直接修改

（1）打开“填制凭证”的窗口，然后选择“上张”或“下张”按钮，找到付字 004 号凭证，或是通过“填制凭证”窗口中“查询”功能，找到要修改的凭证。

（2）将光标定位在需要修改的金额处即可直接修改。

2．修改辅助项

（1）选中科目：单击要修改的辅助项科目 1221。

（2）打开辅助项窗口。双击辅助项图标，弹出辅助项窗口。

（3）修改辅助项。将原有部门“采购部”删除，再单击“...”按钮，选择“销售部”；将原有个人“吴萍”删除，再单击“...”按钮，选择“周爽”，单击“确定”按钮，如图 4-37 所示。

图 4-37　修改个人往来辅助

（4）单击“保存”按钮，系统弹出“凭证已成功保存”提示窗口，单击“确定”按钮完成凭证修改。

说明

1．参照功能默认按已录入的值过滤显示，当参照对象已填写时，单击“参照”按钮只显示过滤后的参照值，如果要重新参照，应先清除已填写的值，再重新参照选择。

2．外部系统传递到总账系统的凭证不能在总账系统中修改。

3．已审核未记账的凭证不能直接修改，要想修改必须先取消审核，再进行修改。

4．修改制单日期必须大于等于上一张凭证的制单日期，或小于等于下一张凭证的制单日期。

5．如果总账参数中设置“不能修改他人填制的凭证”，那么只能由制单人本人执行修改凭证的操作。

（三）删除凭证

1．作废凭证

（1）查找凭证。在“填制凭证”窗口，打开凭证查询功能，找到需要删除的凭证，或单击“上张”、“下张”按钮，找到需要删除的凭证。

（2）作废凭证。单击工具栏上的“作废/恢复”按钮。该凭证被标上“作废”字样，如图 4-38 所示。

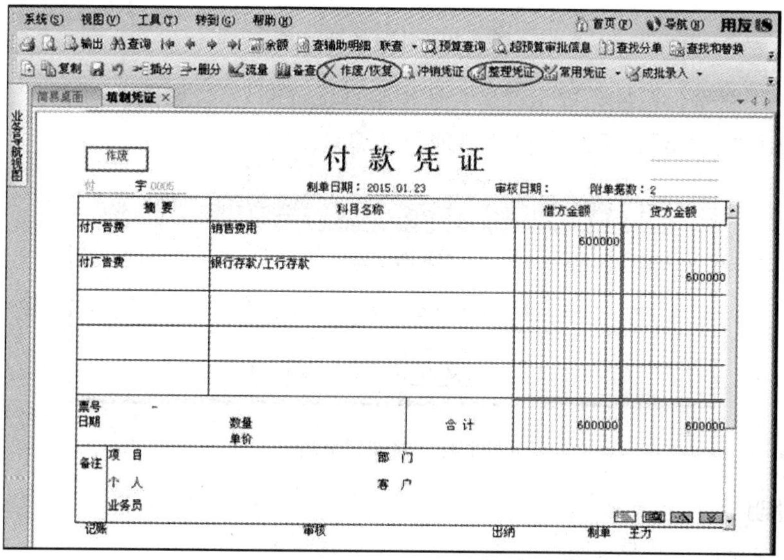

图 4-38　作废凭证

2．整理凭证

（1）删除凭证。单击工具栏上的“整理凭证”按钮，按系统提示选择整理凭证的区间，单击“确定”按钮，如图 4-39 所示。系统会打开作废凭证列表，在列表中双击“删除”栏选择要作废的凭证，出现“Y”，如图 4-40 所示，单击“确定”按钮。

图 4-39　凭证期间

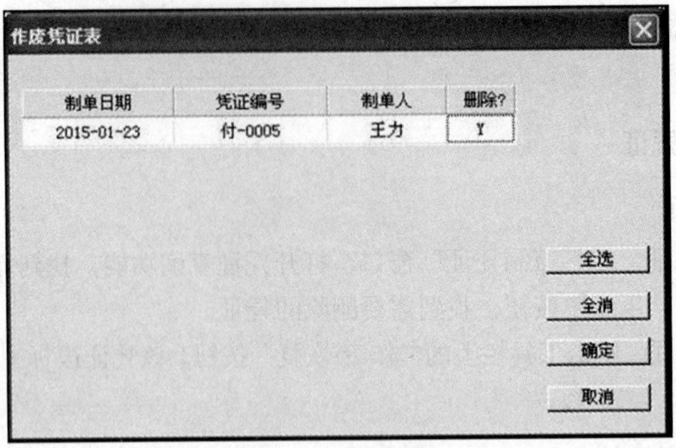

图 4-40　作废凭证列表

(2) 整理断号。系统会提示“是否还需整理凭证断号”，如图 4-41 所示。如果需要整理断号则单击“是”，系统会自动整理凭证编号。

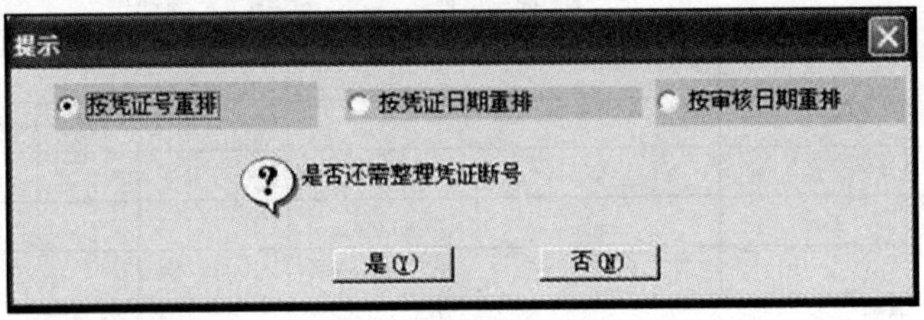

图 4-41　整理凭证断号

说明

1．凭证作废后数据内容不能修改，不能审核。

2．记账时，已作废的凭证应参与记账，但不对作废凭证作数据处理，相当于一张空凭证，否则月末无法结账。

3．账簿查询时，查不到作废凭证的数据。

4．若要恢复已作废的凭证，可单击“制单”菜单下面的“作废/恢复”命令，取消作废标志，即可将凭证恢复为有效凭证。

5．只能对未记账凭证作凭证整理，如要对已记账凭证作凭证整理，应先恢复本月初的记账前状态，再作凭证整理。

（四）出纳签字

1．登录企业应用平台。以出纳员“003 李红”（口令：空）的身份登录“企业应用平台”。

2．启动“出纳签字”功能。在“业务工作”导航区，选择“财务会计”|“总账”|“凭证”|“出纳签字”，系统弹出“出纳签字”条件窗口，如图 4-42 所示。

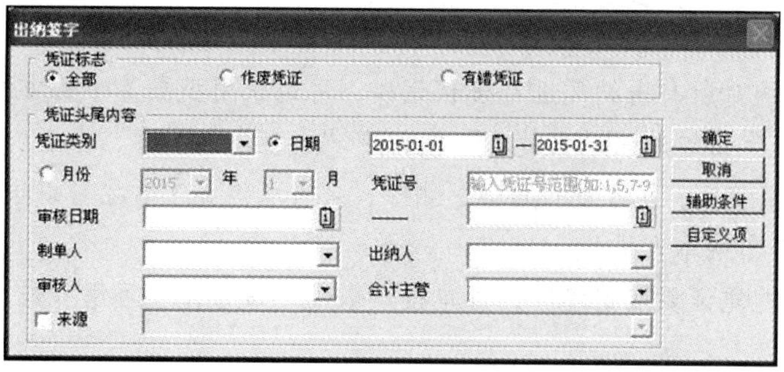

图 4-42　出纳签字

3. 打开出纳签字窗口。输入凭证过滤条件（也可以采用默认的条件），单击“确认”按钮，系统列出符合条件的凭证记录，如图 4-43 所示。

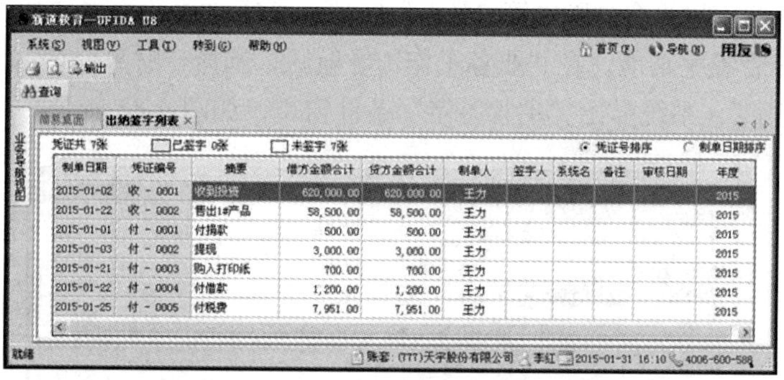

图 4-43　出纳签字列表

4. 打开待签字凭证。在列出的记录中，双击需签字的凭证，系统打开该张凭证。

5. 出纳签字。出纳人员确认该张凭证准确无误，则单击“签字”按钮，在该张凭证的出纳签字栏中将出现该出纳员的名字，如图 4-44 所示。

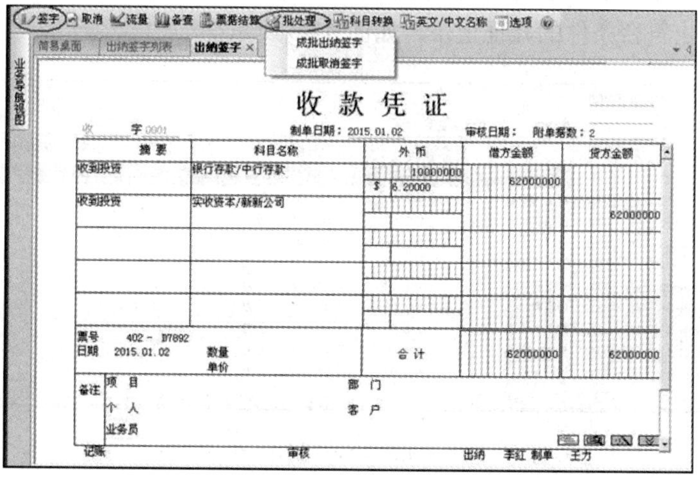

图 4-44　出纳签字凭证

说明

1．如果出纳对所有出纳凭证都确认无误，可以采用批量签字的方式来提高工作效率，即在出纳签字窗口单击“批处理”按钮中“成批出纳签字”命令。

2．凭证一经签字，就不能被修改、删除，只有取消签字后才可以进行修改或删除，取消签字只能由出纳本人进行。

3．已签字的凭证要取消签字，可单击“取消”命令，也可用“成批取消签字”来成批取消。

4．执行出纳签字的操作员必须是在系统管理中被赋予了出纳签字权限的用户。

5．要执行出纳签字必须在会计科目中指定“现金科目”和“银行科目”。

（五）主管签字

1．登录企业应用平台。以主管“张新”（口令：空）的身份登录“企业应用平台”。

2．启动主管签字功能。在“业务工作”导航区，选择“财务会计”|“总账”|“凭证”|“主管签字”，系统弹出“主管签字”条件窗口，如图 4-45 所示。

图 4-45　主管签字条件

3．打开主管签字窗口。输入凭证过滤条件（也可以采用默认的条件），单击“确认”按钮，系统列出符合条件的凭证记录，如图 4-46 所示。

制单日期	凭证编号	摘要	借方金额合计	贷方金额合计	制单人	签字人	系统名	备注	审核日期	年度
2015-01-02	收 - 0001	收到投资	620,000.00	620,000.00	王力					2015
2015-01-22	收 - 0002	售出1#产品	58,500.00	58,500.00	王力					2015
2015-01-01	付 - 0001	付捐款	500.00	500.00	王力					2015
2015-01-03	付 - 0002	提现	3,000.00	3,000.00	王力					2015
2015-01-21	付 - 0003	购入打印纸	700.00	700.00	王力					2015
2015-01-22	付 - 0004	付借款	1,200.00	1,200.00	王力					2015
2015-01-25	付 - 0005	付税费	7,951.00	7,951.00	王力					2015
2015-01-06	转 - 0001	购入氧化锌	28,080.00	28,080.00	王力					2015
2015-01-11	转 - 0002	售出2#产品	70,200.00	70,200.00	王力					2015
2015-01-15	转 - 0003	生产领料	45,875.00	45,875.00	王力					2015

图 4-46　主管签字列表

4．主管签字。双击需要签字的凭证，系统打开待签字的凭证，确认该张凭证准确无误，则单击“签字”按钮，在该张凭证的右上角出现主管“张新”的名字（如对所有凭证都确认无误，也可以采用批量签字的方式来完成），如图 4-47 所示。

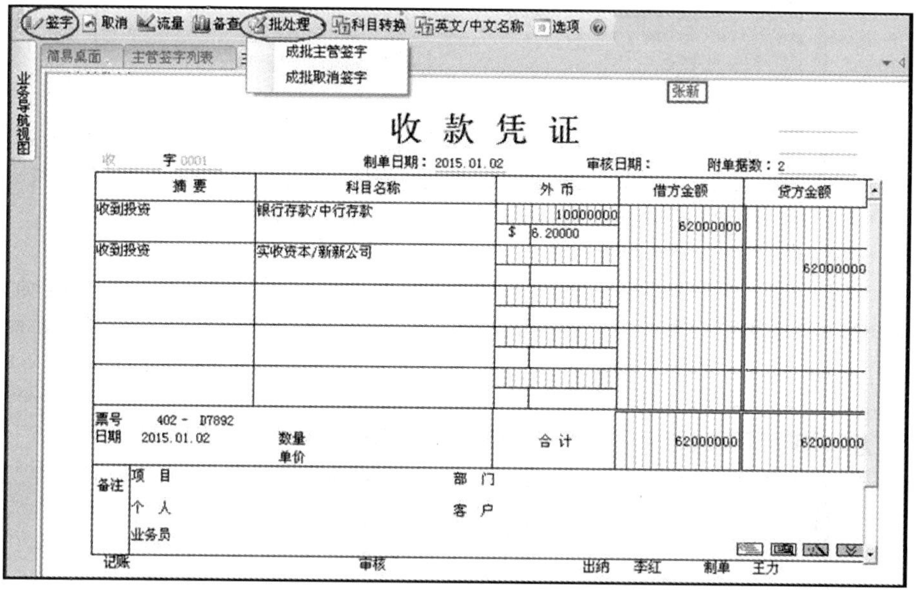

图 4-47　主管签字凭证

（六）审核凭证

1. 登录企业应用平台。以主管“张新”（口令：空）的身份登录“企业应用平台”。

2. 启动审核凭证功能。在“业务工作”导航区，选择“财务会计”|“总账”|“凭证”|“审核凭证”，系统弹出“凭证审核”条件窗口，如图 4-48 所示。

图 4-48　凭证审核条件

3. 打开审核凭证窗口。输入凭证过滤条件（也可以采用默认的条件），单击“确认”按钮，系统列出符合条件的凭证列表，如图 4-49 所示。

制单日期	凭证编号	摘要	借方金额合计	贷方金额合计	制单人	审核人	系统名	备注	审核日期	年度
2015-01-02	收 - 0001	收到投资	620,000.00	620,000.00	王力					2015
2015-01-22	收 - 0002	售出1#产品	58,500.00	58,500.00	王力					2015
2015-01-01	付 - 0001	付捐款	500.00	500.00	王力					2015
2015-01-03	付 - 0002	提现	3,000.00	3,000.00	王力					2015
2015-01-21	付 - 0003	购入打印纸	700.00	700.00	王力					2015
2015-01-22	付 - 0004	付借款	1,200.00	1,200.00	王力					2015
2015-01-25	付 - 0005	付税费	7,951.00	7,951.00	王力					2015
2015-01-06	转 - 0001	购入氧化锌	28,080.00	28,080.00	王力					2015
2015-01-11	转 - 0002	售出2#产品	70,200.00	70,200.00	王力					2015
2015-01-15	转 - 0003	生产领料	45,875.00	45,875.00	王力					2015

图 4-49 凭证审核列表

4．审核凭证。双击需签字的凭证，系统打开该张凭证，确认该张凭证准确无误，则单击“签字”按钮，在该张凭证的审核栏中出现该主管“张新”的名字（如对所有凭证都确认无误，也可以采用批量签字的方式来完成），如图 4-50 所示。

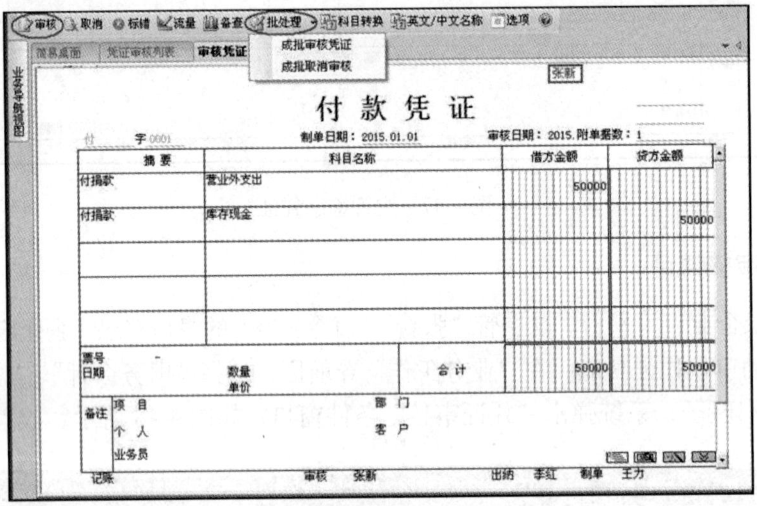

图 4-50 审核凭证

📖 **说明**

1．凭证一经审核，就不能修改、删除，只有取消签字后才可以进行修改或删除，取消审核只能由审核本人进行。

2．已签字的凭证要取消签字，可单击“取消审核”命令，也可用“成批取消审核”来成批取消。

3．审核人与制单人不能为同一人。

4．作废凭证不能被审核，也不能被标错。

5．审核人除了要具有审核权以外，还需要有对凭证制单人的审核权，这个权限在“基础设置”的“数据权限”中设置。

6．如果发现凭证有错，可单击“标错”按钮，进行先行标错，再由制单人自行修改，如再次单击“标错”按钮则取消该张凭证的标错。

7．出纳签字、主管签字、审核凭证之间没有先后顺序。

（七）记账

1．记账

（1）登录企业应用平台。以总账会计“王力”（口令：空）的身份登录“企业应用平台”。

（2）打开记账窗口。在“业务工作”导航区，选择“财务会计”|“总账”|“凭证”|“记账”，系统弹出“记账范围”对话窗口。

（3）选择记账范围。单击“全选”按钮（或输入所需记账的凭证范围），再单击“记账”按钮，如图4-51所示。弹出“期初试算平衡表”。

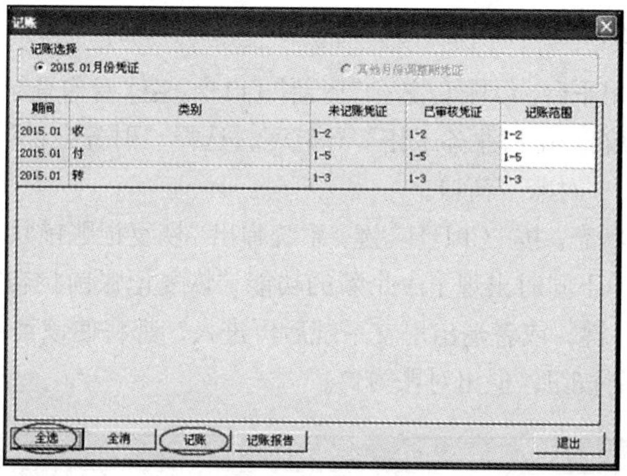

图4-51 记账选择

（4）记账。单击“确定”按钮，系统自动开始记账，完成后，弹出“记账完毕”窗口，单击“确定”按钮，退出界面，如图4-52所示。

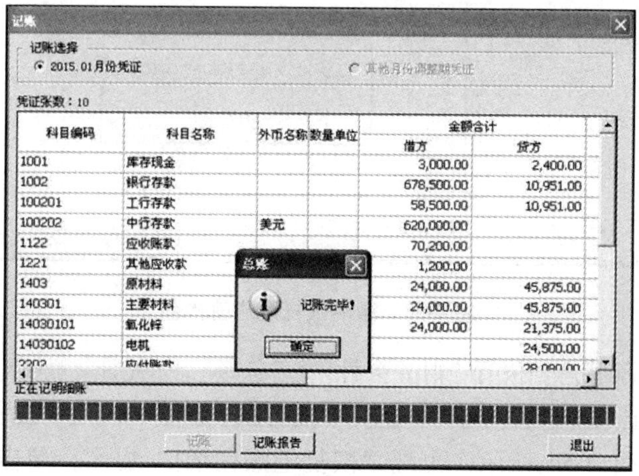

图4-52 记账

📖 **说明**

1．只有经过审核的凭证才能进行记账，记账范围之间用“–”或“，”隔开均可，如果用“全选”，即对所有审核的凭证全部记账。

2．若期初试算不平，不能记账。

3．未审核的凭证不能记账，记账范围应小于等于已审核凭证的范围。

4．上月未记账时，本月不能记账。

5．上月未结账时，本月不能记账。

6．作废凭证不需审核可直接记账。

7．记账后的凭证不能整理断号。

8．已记账凭证不能在“填制凭证”界面中查询。

（八）取消记账

1．登录企业应用平台。以账套主管“张新”（口令：空）身份登录“企业应用平台”。

2．启动对账功能。在“业务工作”导航区，选择“财务会计”|“总账”|“期末”|“对账”，系统弹出“对账”窗口。

3．激活记账前状态。按“Ctrl+H”键，系统弹出“恢复记账前状态功能已被激活”，此时在“凭证”菜单下同时出现了一个新的功能“恢复记账前状态”（在对账状态下，如果再按“Ctrl+H”键，或者退出用友系统后再进入，都将使该菜单隐藏），如图4-53所示。单击“确定”按钮，退出对账窗口。

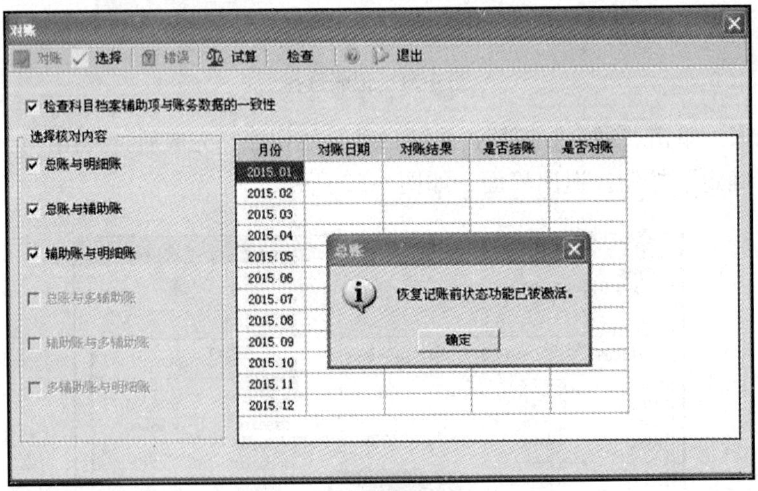

图4-53 激活恢复记账前状态

4．恢复记账前状态。执行“财务会计”|“总账”|“凭证”|“恢复记账前状态”，系统弹出“恢复记账前状态”窗口。选择恢复方式，单击“确定”按钮，按系统要求输入主管口令，如图4-54所示。出现“恢复记账完毕!”提示，单击“确定”按钮完成操作。

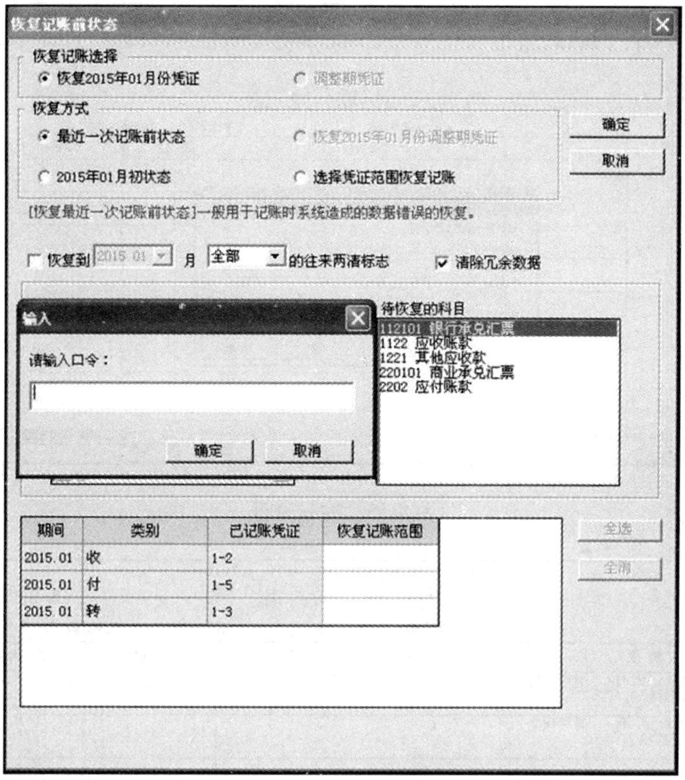

图 4-54 恢复记账

说明

1．只有具有恢复记账权限的操作员才能取消记账。

2．已结账月份的数据不能取消记账。

3．已经进行了往来两清的数据凭证，可选择是否恢复“往来两清标志”，和“恢复两清标志的月份”，系统可根据需要，进行恢复。

（九）冲销凭证

已记账的凭证，要修改可以有两种处理方法，一种是无痕修改，即先取消记账，再取消复核签字，然后再进行修改；另一种是有痕修改，即采用红字冲销的方法进行修改。如要冲销付 3 号凭证。

1．登录企业应用平台。以总账会计“王力”（口令：空）身份登录“企业应用平台”。

2．冲销凭证。打开“填制凭证”界面，单击工具栏中“冲销凭证”命令，系统弹出“冲销凭证”窗口，在此录入月份、凭证类别、凭证号，如图 4-55 所示。

3．生成红字凭证。单击“确定”按钮，系统自动生成一张红字冲销凭证，如图 4-56 所示。

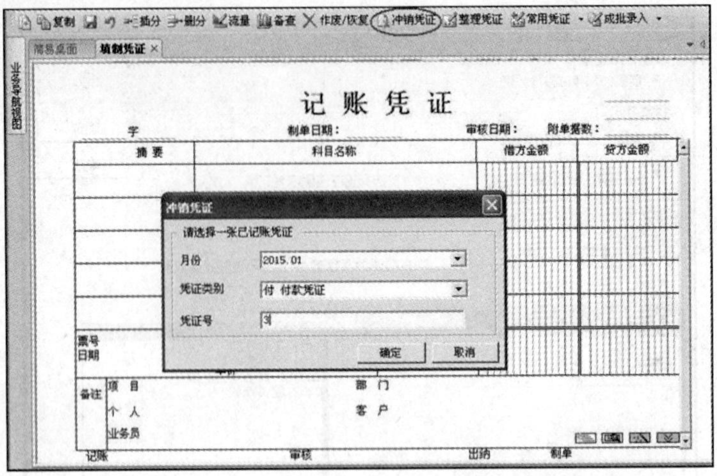

图 4-55　冲销凭证

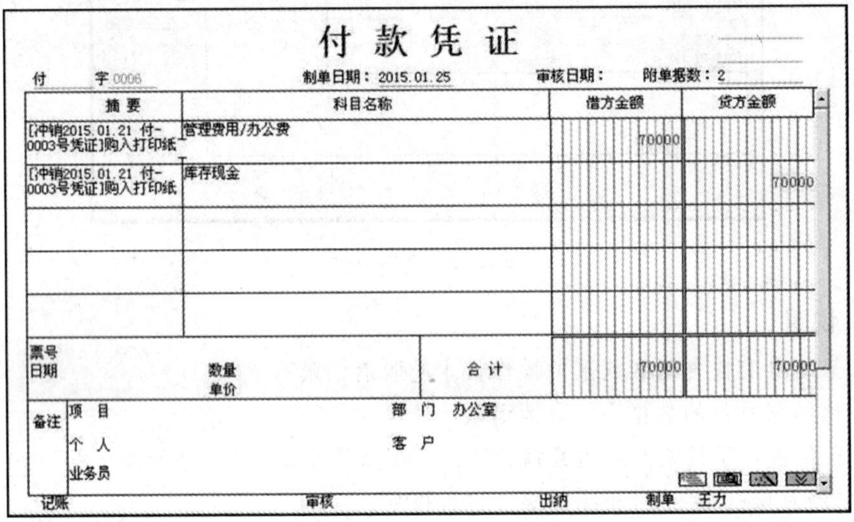

图 4-56　红字冲销凭证

📖 **说明**

1．冲销的凭证必须是已记账的凭证。

2．红字冲销错误凭证后，需要再编制正确的蓝字凭证进行补充。

3．红字冲销的凭证，应视为正常凭证进行签字、审核及记账。

任务三　管理出纳业务

操作提示

查询日记账—管理支票登记簿—执行银行对账

操作步骤

（一）查询日记账

1. 查询现金日记账

(1) 启动企业应用平台。以“003 李红”身份注册登录企业应用平台，登录时间“2015 年 1 月 31 日”。

(2) 打开现金日记账窗口。在“业务工作”导航区中，选择“财务会计”｜“总账”｜“出纳”｜“现金日记账”，系统弹出“现金日记账查询条件”窗口，如图 4-57 所示。

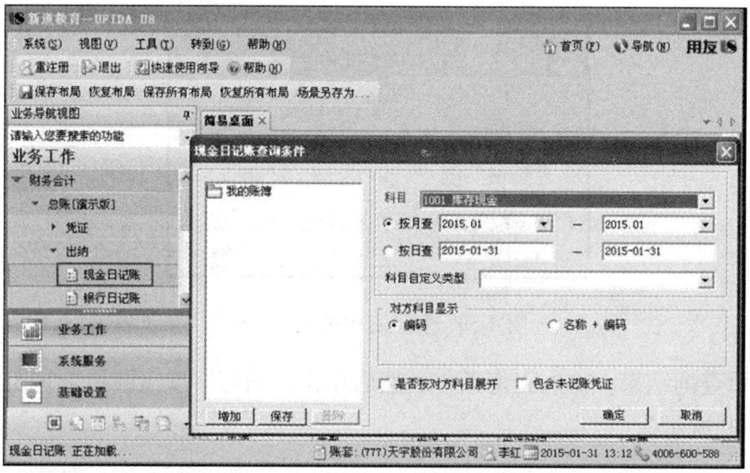

图 4-57　现金日记账查询条件

(3) 显示查询结果。在窗口中输入查询条件，然后单击“确认”按钮，系统会列出所有符合条件的记录，如图 4-58 所示。

月	日	凭证号数	摘要	对方科目	借方	贷方	方向	余额
			上年结转				借	550.00
01	01	付-0001	付摘款	6711		500.00	借	50.00
01	01		本日合计			500.00	借	50.00
01	03	付-0002	提现	100201	3,000.00		借	3,050.00
01	03		本日合计		3,000.00		借	3,050.00
01	21	付-0003	购入打印纸	660202		700.00	借	2,350.00
01	21		本日合计			700.00	借	2,350.00
01	22	付-0004	付借款	1221		1,200.00	借	1,150.00
01	22		本日合计			1,200.00	借	1,150.00
01			当前合计		3,000.00	2,400.00	借	1,150.00
01			当前累计		3,000.00	2,400.00	借	1,150.00
			结转下年				借	1,150.00

图 4-58　现金日记账

📖 **说明**

1．如果本月尚未结账，查看时显示“当前合计”、“当前累计”。如果本月已结账，则显示“本月合计”、“本年累计”。

2．如果要查看包括未记账的内容，可选中“包括未记账凭证”选项。

3．银行存款日记账的查询方法与现金日记账的查询方法相同。

2．查询资金日报表

(1) 启动资金日报功能。在“业务工作”导航区，选择“财务会计”|“总账”|“出纳”|“资金日报”，系统弹出“资金日报表查询条件”窗口，如图 4-59 所示。

图 4-59　资金日报表查询条件

(2) 显示查询结果。输入查询条件，然后单击“确定”按钮即可查询符合条件的记录，如图 4-60 所示。

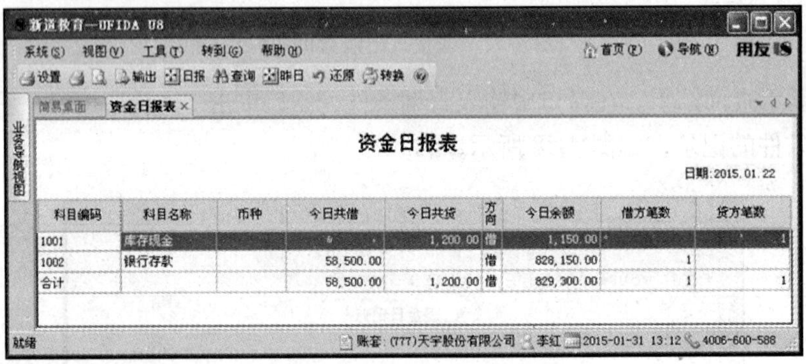

图 4-30　资金日报表

（二）管理支票登记簿

1．增加支票领用记录

(1) 启动支票登记簿功能。在“业务工作”导航区中，选择“财务会计”|“总账”|“出纳”|“支票登记簿”，系统弹出“银行科目选择”窗口，如图 4-61 所示，

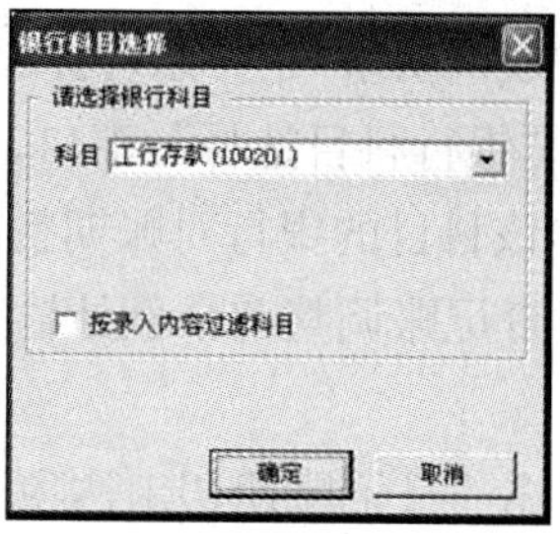

图 4-61　银行科目选择

（2）选择银行科目。在窗口中选择科目，然后单击“确定”按钮，系统弹出所选科目的支票登记记录。

（3）增加记录。单击“增加”按钮可新增支票记录，如图 4-62 所示。

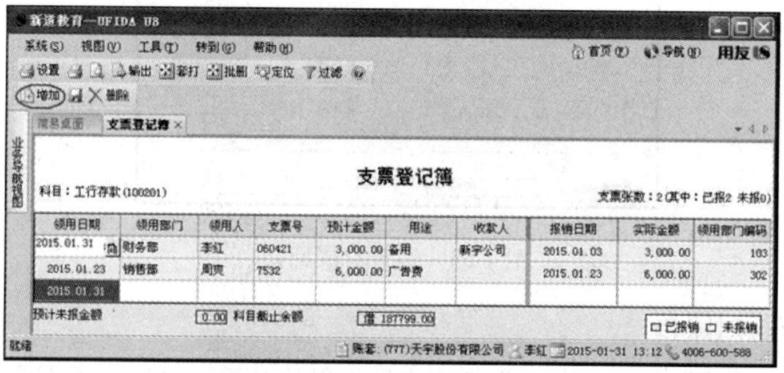

4-62　支票登记簿

📖 **说明**

1．新增记录为未报销记录。可将光标移到需要修改的数据项上直接修改支票登记簿内容。

2．支票登记簿中报销日期为空时，表示该支票未报销，若要执行报销，直接在报销日期处录入报销日期即可。

3．已报销的支票不能进行修改。若想取消报销标志，只要将光标移到报销日期处删掉报销日期即可。

4．实际业务处理过程中支票支出后，经办人持原始单据（发票）到财务部门报销，会计人员据此填制记账凭证，当在系统中录入该凭证时，系统要求录入该支票的结算方式和支票号，在系统填制完成该凭证后，系统自动在支票登记簿中将该号支票写上报销日期，该号支票即为已报销。

（三）执行银行对账

1．输入银行对账期初数据

第一次使用银行对账功能时系统要求录入日记账和对账单的调整前余额和未达账项。

（1）启动银行对账功能。在“业务工作”导航区，选择“财务会计”|“总账”|

“出纳”|“银行对账”|“银行对账期初录入”，系统弹出“银行科目选择”窗口。

（2）选择“银行科目”。在“银行科目选择”窗口，选择“工行存款 100201”，然后单击“确认”按钮，系统弹出该科目的银行对账期初窗口。

（3）录入期初数据。在单位日记账调整前余额处输入“152 650”，在银行对账单调整前余额处输入“149 650”。

（4）录入期初未达账项。单击“日记账期初未达项”按钮，打开“企业方期初”录入窗口。单击“增加”按钮，输入借方金额 3 000，记录录入完毕单击“保存”，单击“退出”按钮完成操作，如图 4-63 所示。

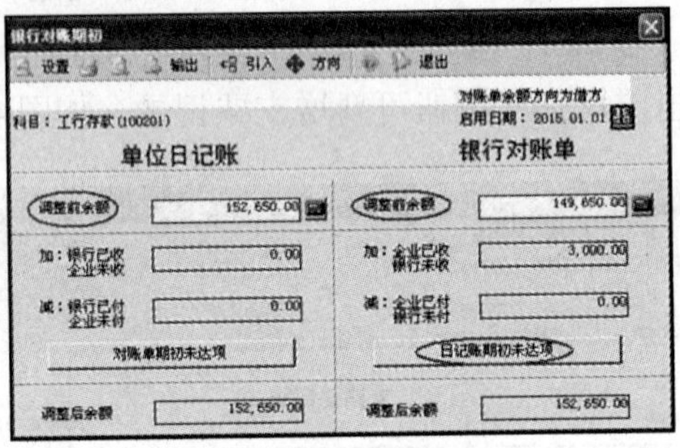

图 4-63　银行对账期初

2．录入银行对账单

（1）启动银行对账功能。在“业务工作”导航区，选择“财务会计”|“总账”|“出纳”|“银行对账”|“银行对账单”，系统弹出“银行科目选择”窗口。

（2）选择银行科目。选择银行对账单科目“100201”，单击“确认”按钮。

（3）录入银行对账单。系统弹出“银行对账单”窗口，在“银行对账单”窗口，单击“增加”按钮，增加新记录，录入完毕，单击“保存”按钮再单击“退出”按钮，如图 4-64 所示。

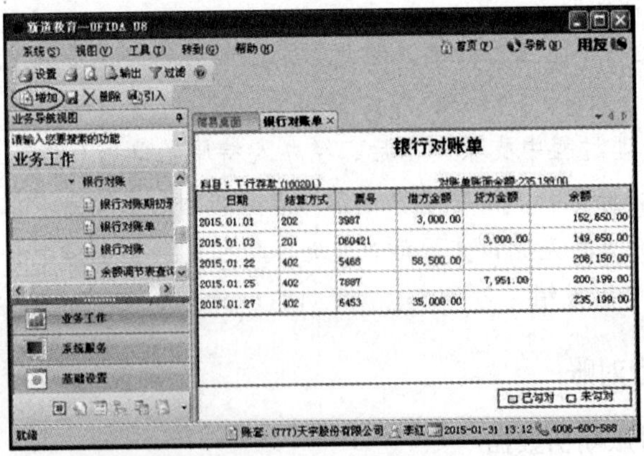

图 4-64　银行对账单

3. 银行对账

（1）启动银行对账功能。在“业务工作”导航区，选择“财务会计”|“总账”|“出纳”|“银行对账”|“银行对账”，系统弹出“银行科目选择”窗口。

（2）选择银行科目。选择银行对账单科目“100201”，单击“确认”按钮。

（3）执行对账。在“银行对账”窗口中，单击“对账”按钮，系统弹出“自动对账”窗口，选择对账条件，单击“确认”按钮，如图 4-65 所示。

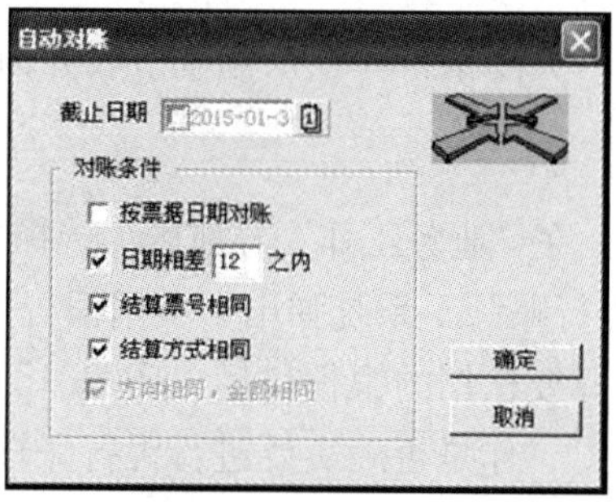

图 4-65 自动对账

（4）显示自动对账结果。如图 4-66 所示，对于已达账项，系统会在银行存款日记账和银行对账单双方的“两清”栏上标上红色圆圈标志，对于一些无法自动对账勾销的账项，在此可用到手工对账功能，分别在“两清”栏，双击鼠标，出现红色的“Y”，进行手工调整。

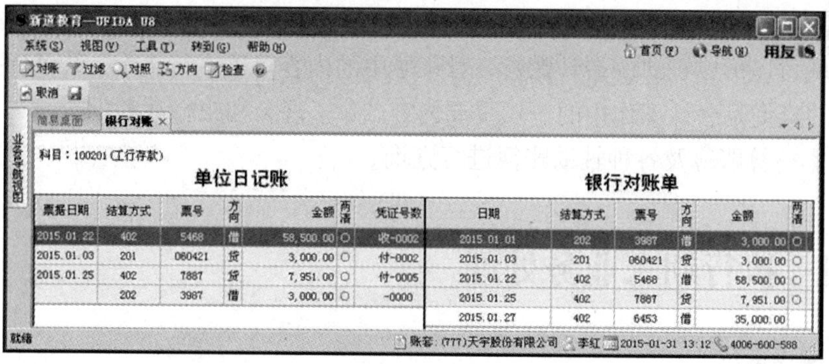

图 4-66 银行对账

（5）单击“退出”按钮，退出银行对账界面。

4. 输出余额调节表

（1）启动余额调节表功能。在“业务工作”导航区，选择“财务会计”|“总账”|“出纳”|“银行对账”|“余额调节表查询”，系统弹出“银行存款余额调节表”窗口。

（2）查看银行存款余额调节表。将光标定在“100201”工行存款科目上，单击“查看”按钮或双击该行，即显示该银行账户的银行存款余额调节表。如图 4-67 所示。

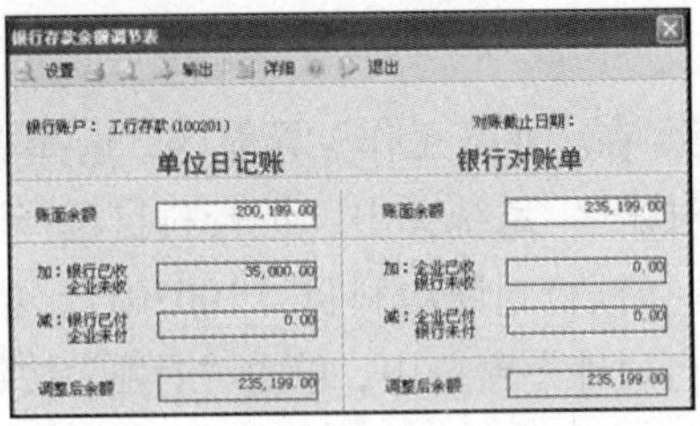

图 4-67 银行存款余额调节表

（3）单击“退出”按钮，关闭银行存款余额调节表界面。

5. 核销银行账

（1）启动银行对账功能。在“业务工作”导航区，选择“财务会计”|“总账”|“出纳”|“银行对账”|“核销银行账”，系统弹出“核销银行账”窗口。

（2）选择银行科目。选择要核销的银行科目“100201”，单击“确认”按钮。

（3）执行核销。系统弹出“你是否确实要进行银行账核销”提示框，单击“是”，系统会自动完成银行账核销。

说明

1．核销银行账后删除的已达账项可以恢复。

2．建议练习过程中最好不要进行银行账核销。

（四）账表查询

【知识储备】制单、审核、记账（如果在查询或打印时选择包含未记账功能也可）后，系统就可以形成正式的会计账簿，对账簿中的内容可以进行查询、统计、打印等操作。账簿的查询是会计工作中的一项重要内容，除了现金和银行存款的查询外，还可以对其他基本核算账簿及各种辅助账簿进行查询。

任务四　执行期末业务处理

操作提示

期末结转—对账—结账

操作步骤

一、期末结转

（一）自定义转账

1. 定义自定义转账

（1）启动企业应用平台。以总账会计“002 王力”身份注册登录企业应用平台，登录时间 2015 年 1 月 31 日。

（2）启动自定义转账功能。在“业务工作”导航区，选择“财务会计”|“总账”|“期末”|“转账定义”|“自定义转账”，打开“自定义结转设置”窗口。

（3）设置转账目录。在“自定义结转设置”窗口，单击“增加”按钮，出现“转账目录”窗口，在“转账序号”处填“001”；在“转账说明”处填写“计提短期借款利息”；在“凭证类别”处选择“转账凭证”，单击“确定”，如图 4-68 所示。

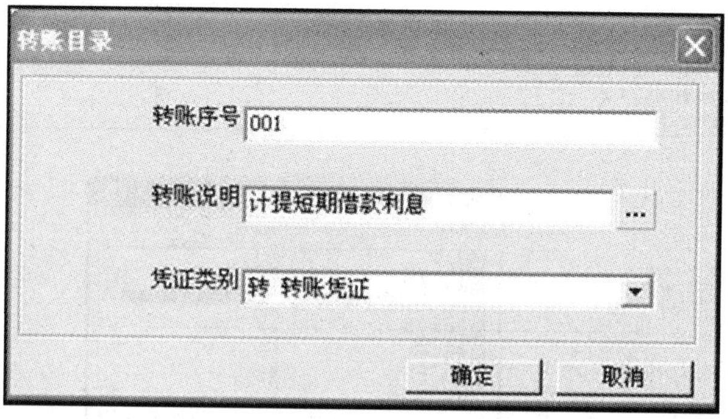

图 4-68　转账目录

（4）设置借方内容。在“自定义结转设置”窗口中单击“增行”按钮，在新增行的“科目编码”处录入“财务费用（6603）”；方向选择为“借”；选中“金额公式”，出现参照录入按钮，单击该按钮出现“公式向导”窗口，用鼠标拖动滚动条，选择“取对方科目计算结果 JG（）”，如图 4-69 所示，单击“下一步”。再次出现“公式向导”，单击“完成”。

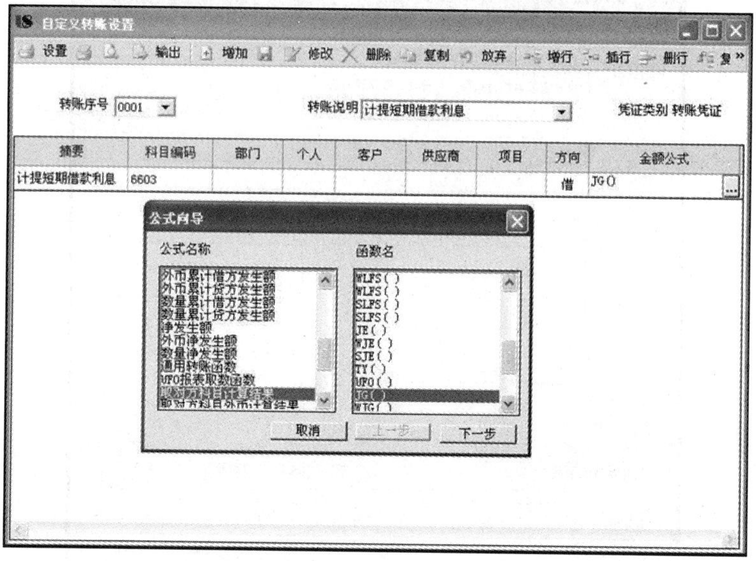

图 4-69　公式向导（一）

（5）设置贷方内容。单击“增行”按钮，出现新的一行，在“科目编码”单元格，参照录入“应付利息（2231）”；单击“方向”单元格，出现下拉按钮，选择“贷”；双击“金额公式”单元，出现参照录入按钮，单击该按钮出现“公式向导”窗口，用鼠标拖动滚动条，选择“期末余额 QM（）”，如图 4-70 所示。

图 4-70 公式向导（二）

（6）单击“下一步”，出现下一个“公式向导”窗口，在“科目”文本框中参照输入“2001 短期借款”，选择期间为“月”，方向为空，单击“按默认值取数”，选择“继续输入公式”；“运算符”选“乘”，如图 4-71 所示。

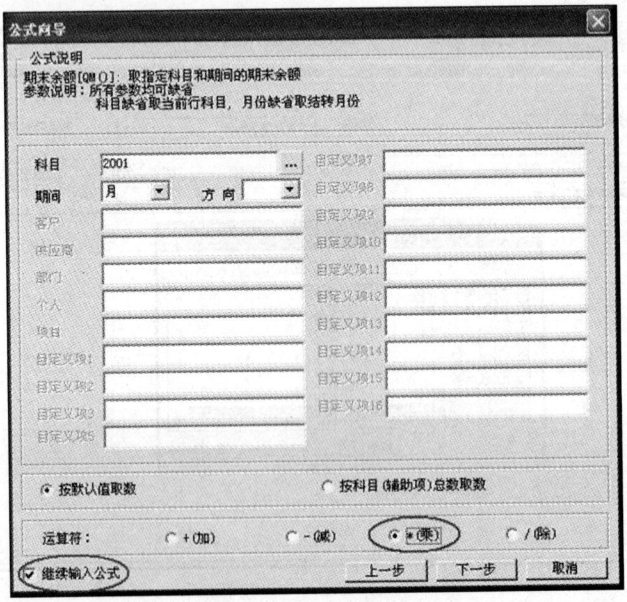

图 4-71 公式向导（三）

（7）单击“下一步”，出现新的“公式向导”窗口，拖动“公式名称”滚动条，选择“常数”，如图 4-72 所示。

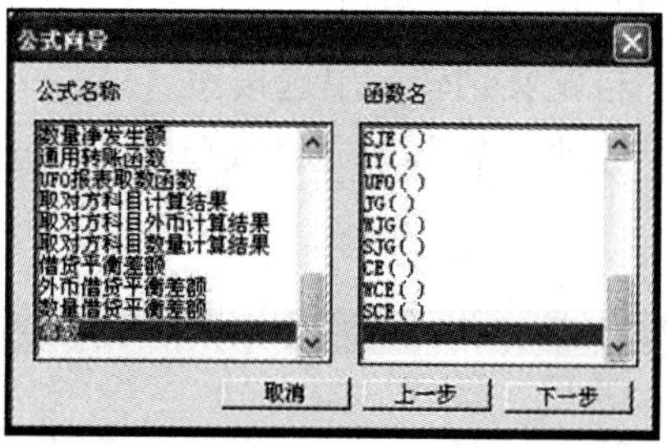

图 4-72 公式向导（四）

（8）单击“下一步”出现“公式向导”窗口，在常数处录入“0.12/12”（年利率折算成月利率），如图 4-73 所示。单击“完成”。

图 4-73 公式向导（五）

（9）显示定义结果。单击“保存”按钮再单击“退出”，自定义转账设置完成，如图 4-74 所示。

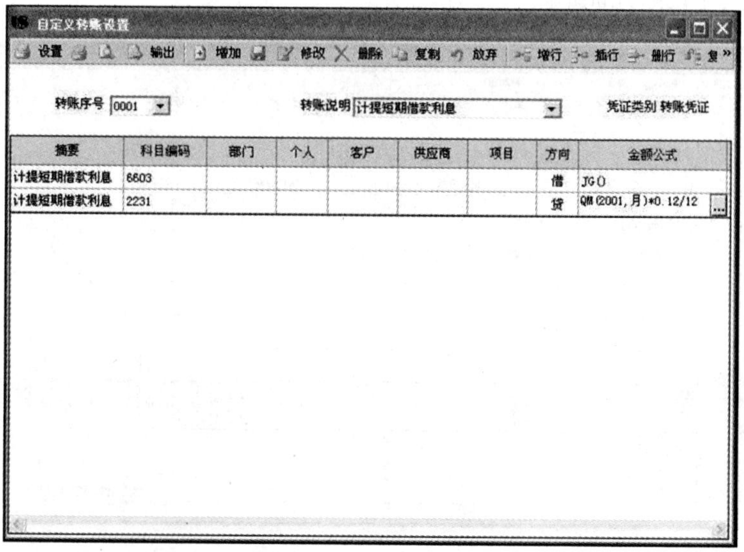

图 4-74 公式向导（六）

2．生成自定义转账凭证

（1）启动转账生成功能。在“业务工作”导航区，选择“财务会计”|“总账”|“期末”|“转账生成”，出现“转账生成”窗口。

（2）选择类型。单击“自定义结转”单选按钮。

（3）设置结转。双击“是否结转”单元格或单击“全选”按钮，出现“Y”，如图4-75所示。

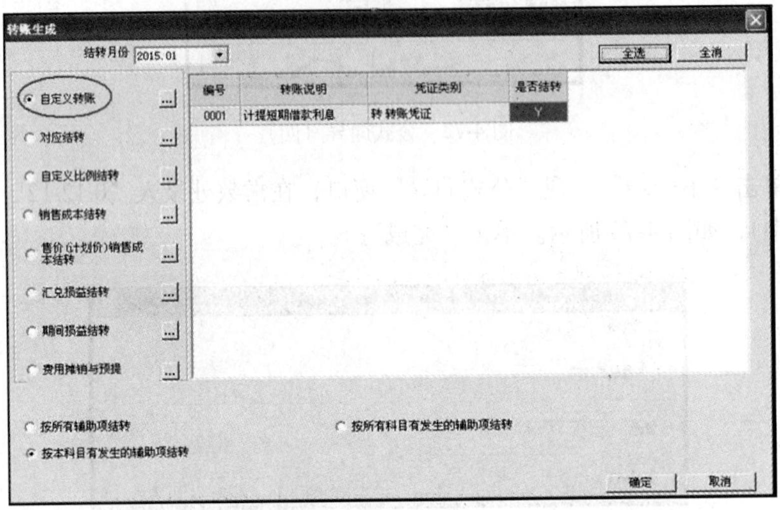

图4-75　自定义转账生成

（4）生成凭证。单击“确定”按钮，系统自动生成一张计提短期借款利息的凭证，单击“ ”按钮，凭证左上角会出现“已生成”字样，如图4-76所示，系统自动将当前凭证追加到未记账凭证中。

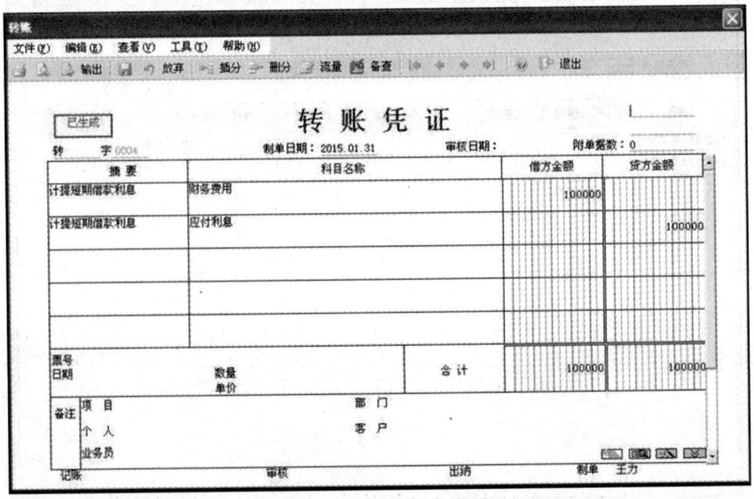

图4-76　生成凭证（一）

📖 说明

1．定义金额公式时要采用半角状态输入公式。

2．必须先计提短期借款利息的凭证，再执行期间损益结转。

（二）对应结转

1．定义对应结转

（1）启动企业应用平台。以总账会计“002 王力”身份注册登录企业应用平台，登录时间 2015 年 1 月 31 日。

（2）启动对应结转功能。在“业务工作”导航区，选择“财务会计”|“总账”|“期末”|“转账定义”|“对应结转”，打开“对应结转设置”窗口。

（3）设置转出科目。在“编号”处填写“001”；在“摘要”处填写“结转进项税额”；在“凭证类别”处选择“转账凭证”，“转出科目”选择“22210101”，如图 4-77 所示。

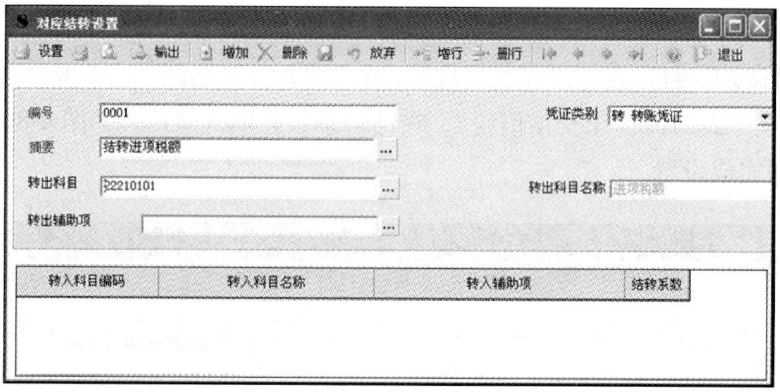

图 4-77　设置转出科目

（4）设置转入科目。单击“增行”按钮，在“转入科目编码”处单击参照录入按钮，选择科目编码“222102　未交增值税”，在结转系数处输入“1”，如图 4-78 所示。单击“保存”按钮完成设置。

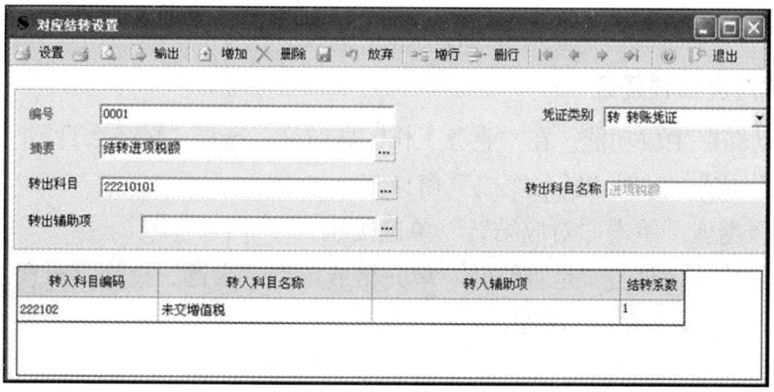

图 4-78　设置转入科目

(5) 设置转出科目。单击工具栏上的“增加”按钮。在“编号”处填写“002”、在“摘要”处填写“结转销项税额”，在“凭证类别”处选择“转账凭证”，“转出科目”选择“22210102”，如图 4-79 所示。

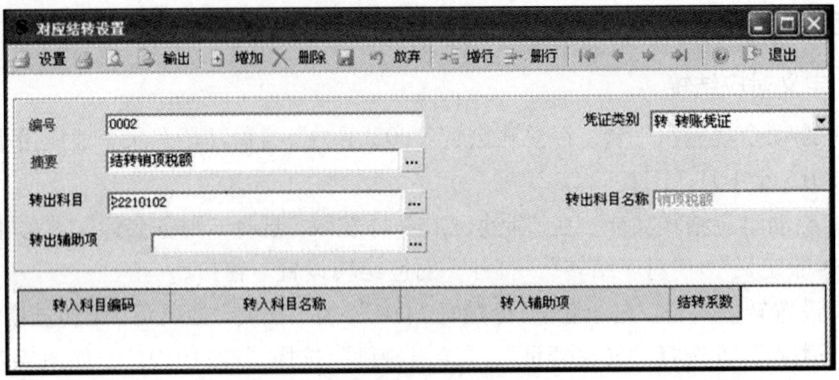

图 4-79　设置转出科目（二）

(6) 设置转入科目。单击“增行”按钮，在“转入科目编码”处单击参照录入按钮，选择科目编码“222102　未交增值税”，在结转系数处输入“1”，如图 4-80 所示。单击“保存”按钮完成设置。

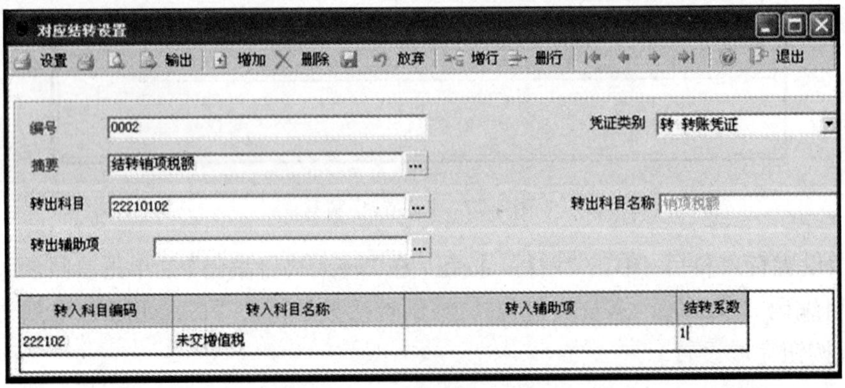

图 4-80　设置转入科目（二）

2．生成对应结转凭证

(1) 启动转账生成功能。在“业务工作”导航区，选择“财务会计”|“总账”|“期末”|“转账生成”，出现“转账生成”窗口。

(2) 选择类型。单击“对应结转”单选按钮。

(3) 设置结转。双击“是否结转”单元格或单击“全选”按钮，出现“Y”后，如图 4-81 所示，单击“确定”按钮。

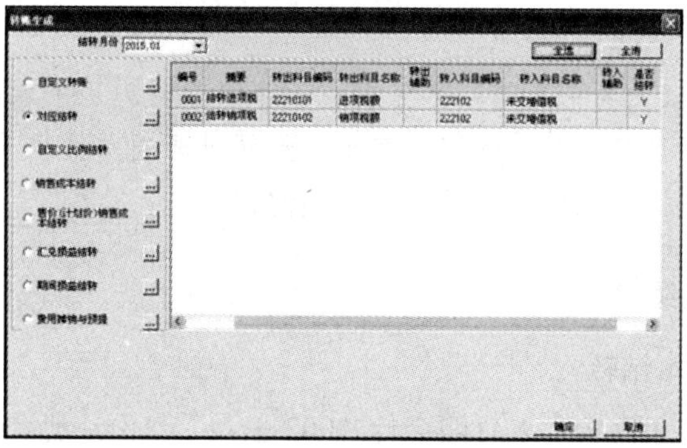

图 4-81　对应结转生成

(4) 生成凭证。单击“确定”按钮，系统自动生成结转进项税额和销项税额的凭证，单击“ ”按钮，凭证左上角会出现“已生成”字样，如图 4-82、图 4-83 所示，系统自动将当前凭证追加到未记账凭证中。

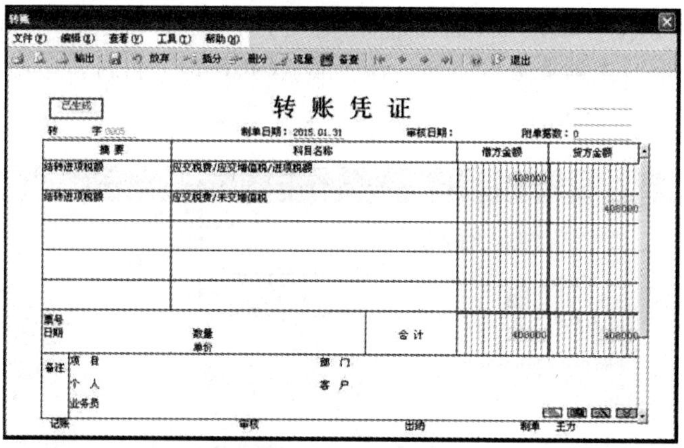

图 4-82　生成凭证（二）

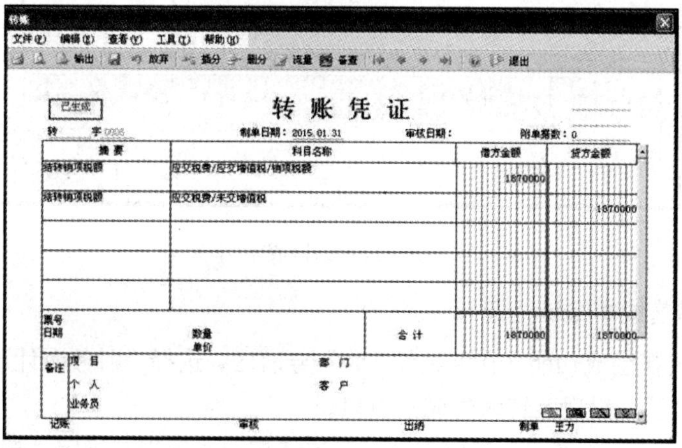

图 4-83　生成凭证（三）

📖 说明

1．对应结转可以设置为一对一的结转，也可以设置为一个转出科目对应多个转入科目的结转，如果同一凭证转入科目有多个，结转时要调整结转系数。

2．转出科目与转入科目必须有相同的科目结构。

（三）销售成本结转

1．定义销售成本结转

（1）启动企业应用平台。以总账会计“002 王力”身份注册登录企业应用平台，登录时间 2015 年 1 月 31 日。

（2）启动销售成本结转功能。在“业务工作”导航区，选择“财务会计”|“总账”|“期末”|“转账定义”| “销售成本结转”，打开“销售成本结转设置”窗口。

（3）设置销售成本结转。在“凭证类别”处选取“转账凭证”；在库存商品名称处单击参照按钮选取“库品商品——1#产品（1400501）”科目；在“商品销售收入”处单击参照按钮选取“主营业务收入——1#产品（600101）”科目；在“商品销售成本”处单击参照按钮选取“主营业务成本——1#产品（640101）”科目，单击“确定”按钮，保存设置，如图 4-84 所示。

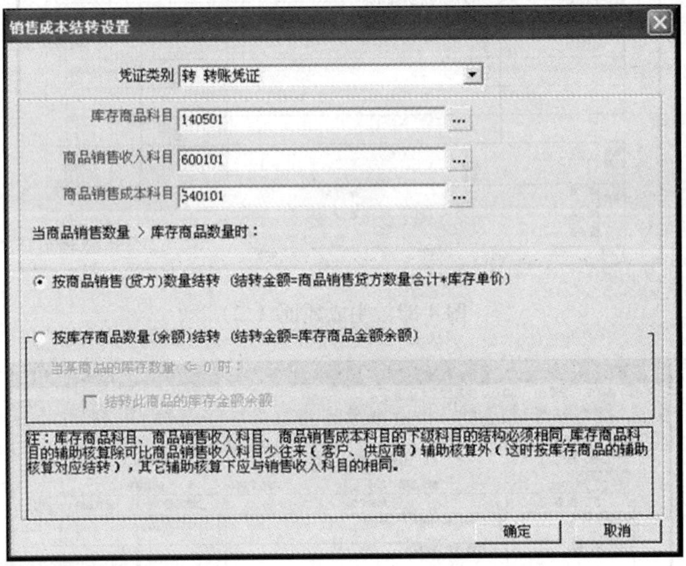
销售成本结转设置
凭证类别
转 转账凭证
库存商品科目
140501
商品销售收入科目
600101
商品销售成本科目
640101
当商品销售数量 > 库存商品数量时：
按商品销售(贷方)数量结转 (结转金额=商品销售贷方数量合计*库存单价)
按库存商品数量(余额)结转 (结转金额=库存商品金额余额)
当某商品的库存数量 <= 0 时：
结转此商品的库存金额余额
注：库存商品科目、商品销售收入科目、商品销售成本科目的下级科目的结构必须相同，库存商品科目的辅助核算除可比商品销售收入科目少往来（客户、供应商）辅助核算外（这时按库存商品的辅助核算对应结转），其它辅助核算下应与销售收入科目的相同。
确定
取消

图 4-84 设置销售成本结转

2．生成销售成本结转凭证

（1）启动转账生成功能。在“业务工作”导航区，选择“财务会计”|“总账”|“期末”|“转账生成”，出现“转账生成”窗口。

（2）选择类型。单击“销售成本结转”单选按钮，单击“确定”按钮。

（3）查看销售成本结转一览表。系统弹出销售成本一览表，如图 4-83 所示。

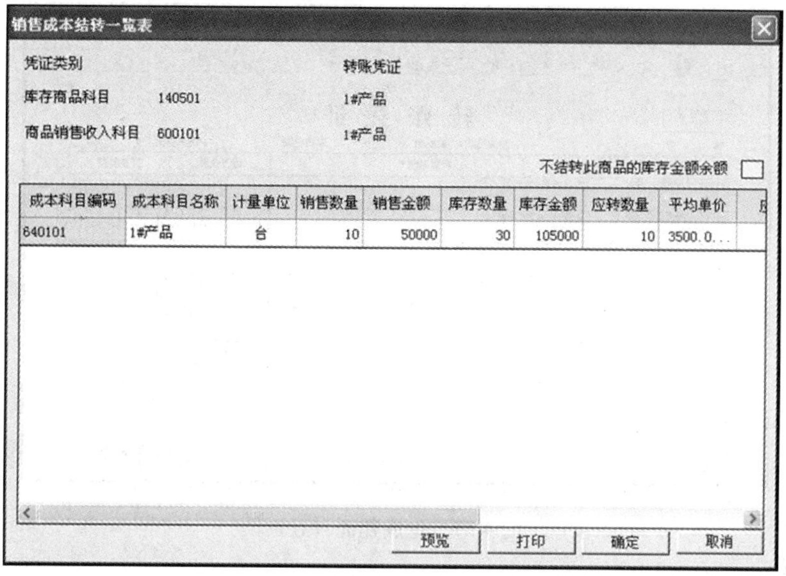

图 4-85　销售成本一览表

（4）生成凭证。单击“确定”按钮，系统自动生成销售成本结转凭证，单击“ ”按钮，凭证左上角会出现“已生成”字样，如图 4-86 所示，系统自动将当前凭证追加到未记账凭证中。

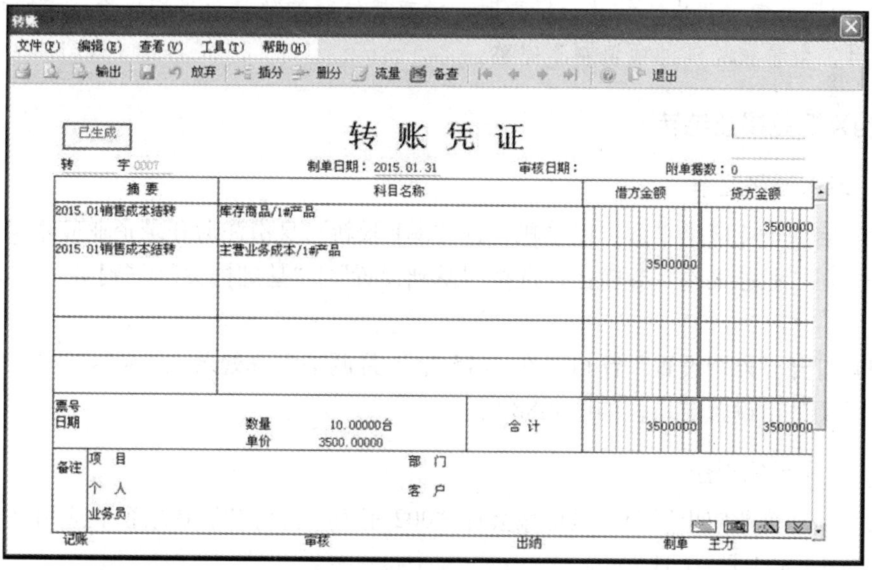

图 4-86　生成凭证（四）

（5）同样的方法结转 2#产品销售成本，生成凭证，如图 4-87 所示。

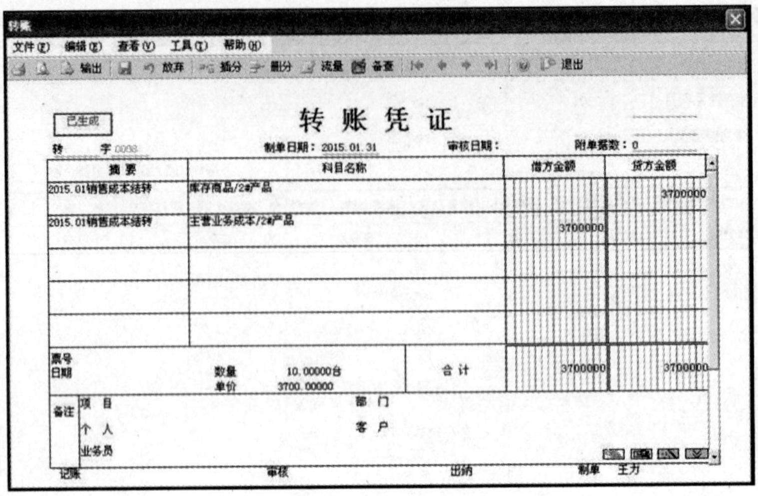

图 4-87　生成凭证（五）

📖 **说明**

1．库存商品科目、销售收入科目、销售成本科目可以有部门、项目核算，但不能有往来核算。而且，这三个科目最好有相同的明细科目、相同的辅助核算、相同的计量单位。

2．必须先生成结转销售成本的凭证，再执行期间损益结转。

3．如果查看销售成本结转一览表时，没有要结转的数量或平均单价，说明填制记账凭证时，数量核算辅助项填制不完整。

（四）汇兑损益结转

1．录入调整汇率

（1）启动企业应用平台。以总账会计“001 张新”身份注册登录企业应用平台。

（2）在“业务工作”导航区，选择“基础设置”|“基础档案”|“财务”|“外币设置”。

（3）打开“外币设置”窗口，在 2015 年 1 月调整汇率处录入“6.14700”，回车确认后，关闭外币设置窗口，如图 4-88 所示。

2．定义汇兑损益

（1）启动企业应用平台。以总账会计“002 王力”身份注册登录企业应用平台，登录时间 2015 年 1 月 31 日。

（2）启动汇兑损益功能。在“业务工作”导航区，选择“财务会计”|“总账”|“期末”|“转账定义”|“汇兑损益”，打开“汇兑损益”窗口。

（3）设置汇兑损益结转。在“凭证类别”处选取“付款凭证”；在汇兑损益入账科目处录入“6061”；双击“是否计算汇兑损益”下方单元格，显示“Y”后，单击“确定”按钮，退出“汇兑损益结转设置”窗口，如图 4-89 所示。

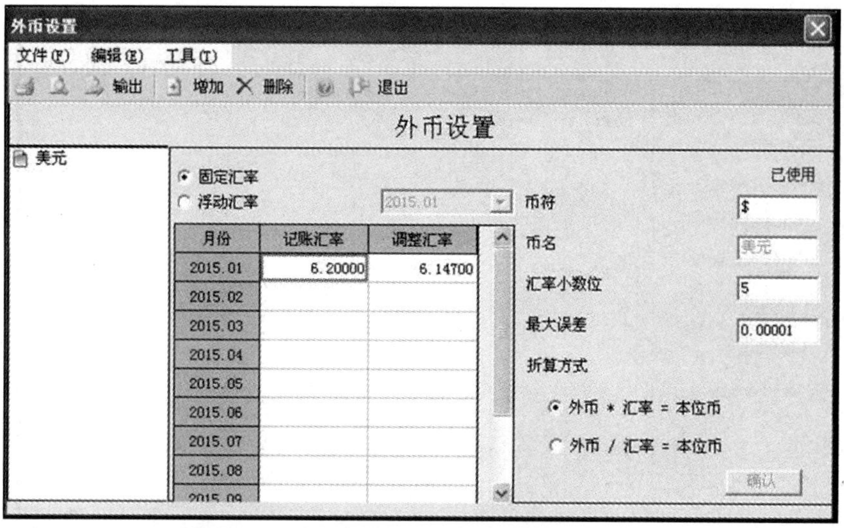

图 4-88 设置调整汇率

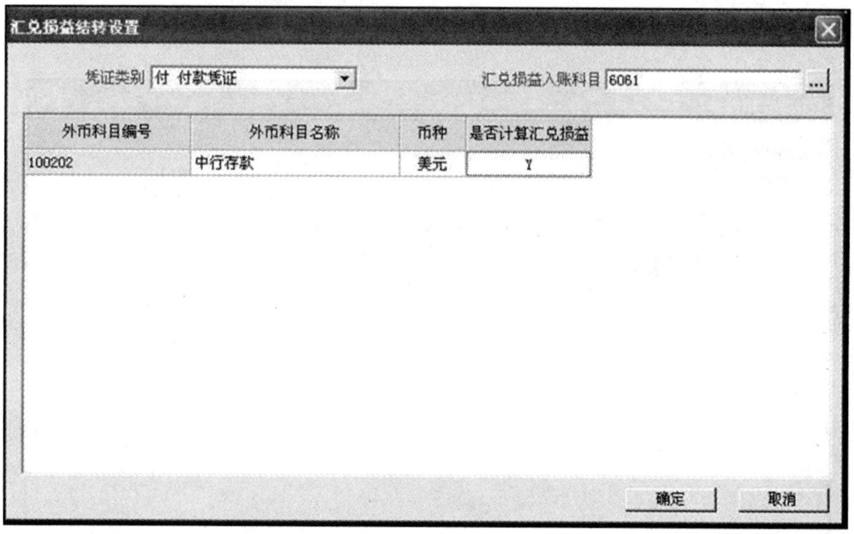

图 4-89 汇兑损益结转设置

3. 生成汇兑损益结转凭证

（1）启动转账生成功能。在“业务工作”导航区，选择“财务会计”|“总账”|“期末”|“转账生成”，出现“转账生成”窗口。

（2）选择类型。单击“汇兑损益结转”单选按钮；在外币币种处单击下拉按钮，选择“美元$”。单击“全选”按钮，在“是否结转”下方单元格出现“Y”后，单击“确定”按钮，如图 4-90 所示。

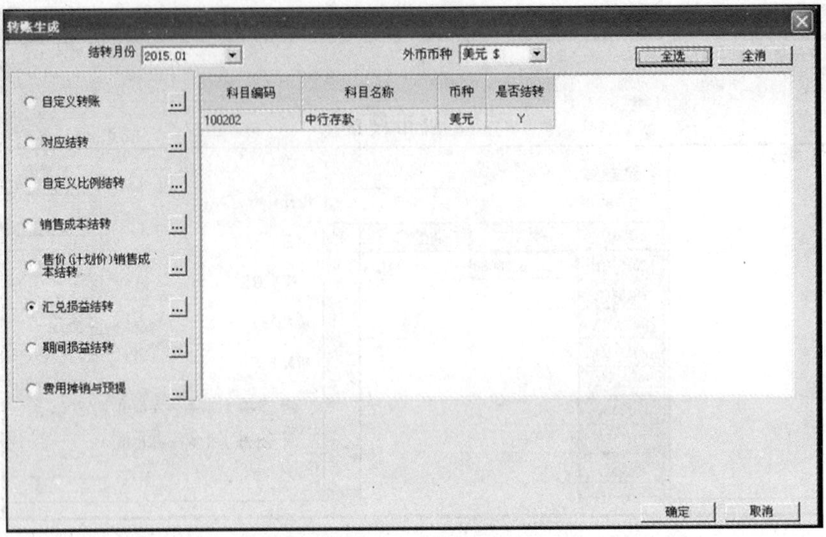

图 4-90　汇兑损益转账生成

（3）查看汇兑损益试算表。系统弹出汇兑损益试算表，如图 4-91 所示。

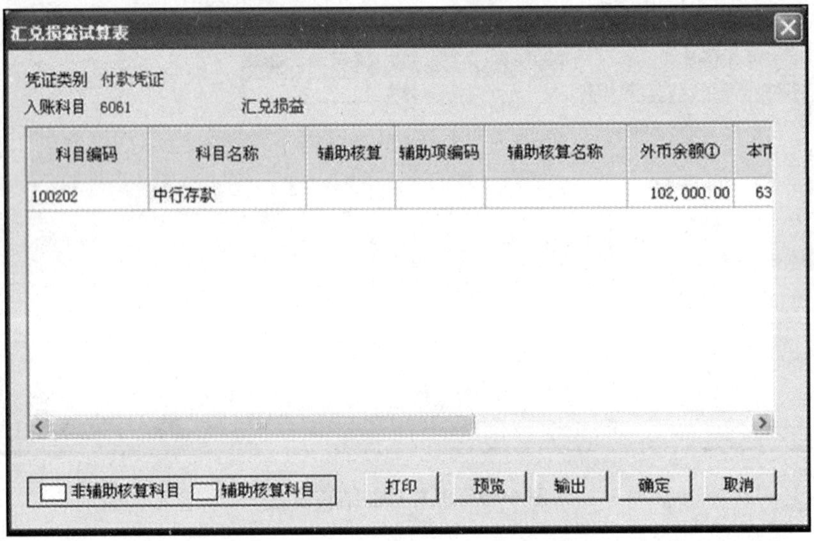

图 4-91　汇兑损益试算表

（4）生成凭证。单击“确定”按钮，系统自动汇兑损益结转凭证，单击“ ”按钮，凭证左上角会出现“已生成”字样，如图 4-92 所示，系统自动将当前凭证追加到未记账凭证中。

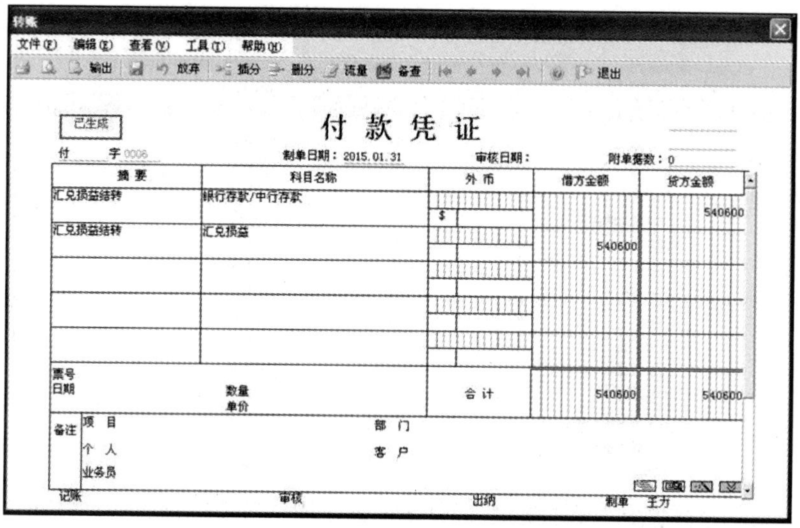

图 4-92　生成凭证（六）

说明

必须先生成结转汇兑损益的凭证，再执行期间损益结转。

（五）审核、记账

1．以出纳“003 李红”的身份对已生成的付款凭证执行出纳签字。

2．以账套主管“001 张新”的身份对已生成的凭证执行审核、主管签字。

3．以总账会计“002 王力”的身份执行记账。

说明

执行期末结转操作必须注意数据的前后关联性，期间损益结转前所生成的凭证必须先记账，否则将产生错误数据。

（六）期间损益结转定义

1．定义期间损益

（1）启动企业应用平台。以总账会计“002 王力”身份注册登录企业应用平台，登录时间 2015 年 1 月 31 日。

（2）启动期间损益功能。在“业务工作”导航区，选择“财务会计”|“总账”|“期末”|“转账定义”|“期间损益”，打开“期间损益结转设置”窗口。

（3）设置期间损益结转。在“凭证类别”处选取“转账凭证”；在本年利润科目处录入“4103 本年利润”；单击“确定”按钮设置完成，如图 4-93 所示。

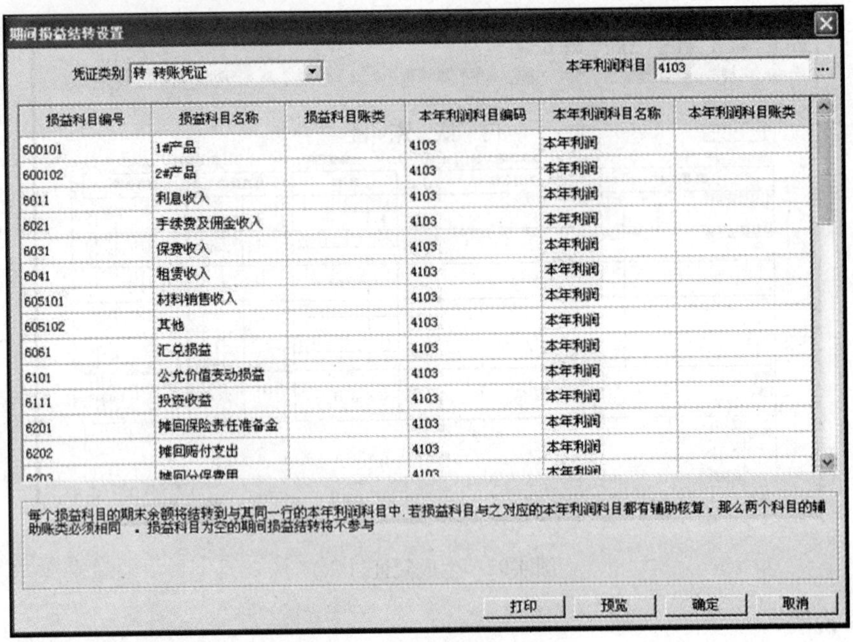

图 4-93　期间损益结转设置

2．生成期间损益结转凭证

（1）启动转账生成功能。在“业务工作”导航区，选择“财务会计”|“总账”|“期末”|“转账生成”，出现“转账生成”窗口。

（2）选择类型。单击“期间损益结转”按钮；在类型处单击下拉按钮，选择“收入”，单击“全选”按钮，在“是否结转”下方单元格出现“Y”，如图 4-94 所示。

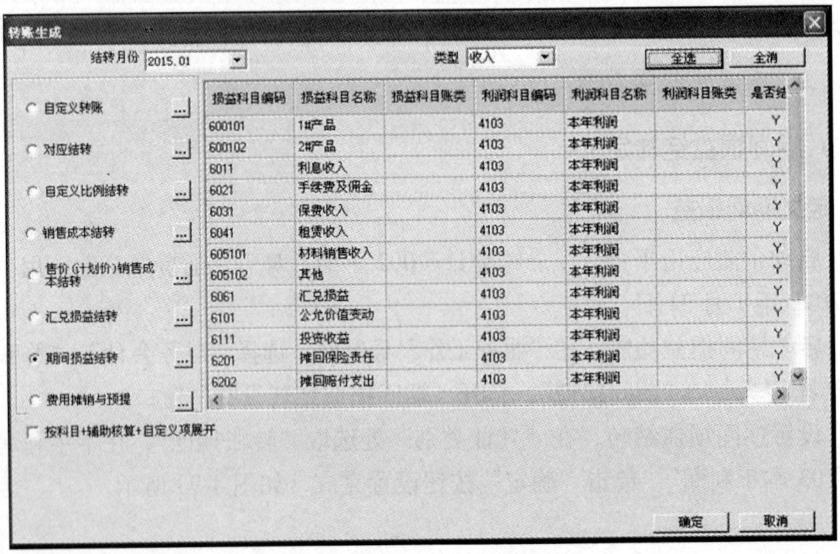

图 4-94　期间损益转账生成

(3) 生成收入类结转凭证。单击“确定”按钮，系统自动生成期间收入类的结转凭证，单击“ ”按钮，凭证左上角会出现“已生成”字样，单击“退出”按钮，退出凭证界面，如图 4-95 所示。

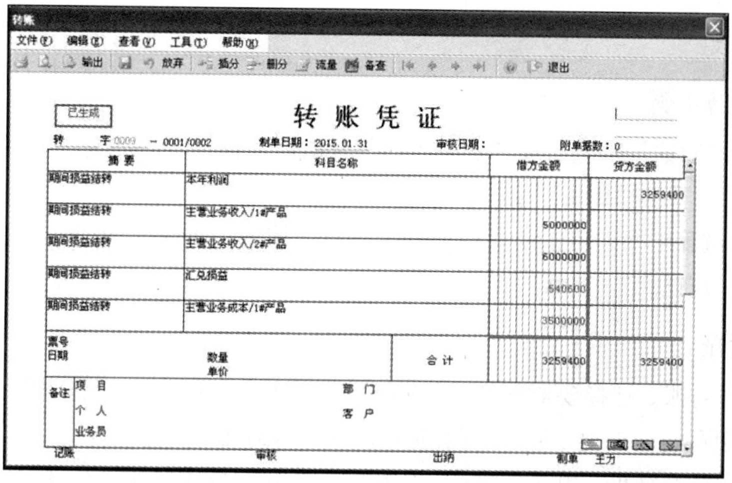

图 4-95　生成凭证（七）

(4) 按 (2) ~ (3) 的步骤生成支出类的结转凭证，如图 4-96 所示。

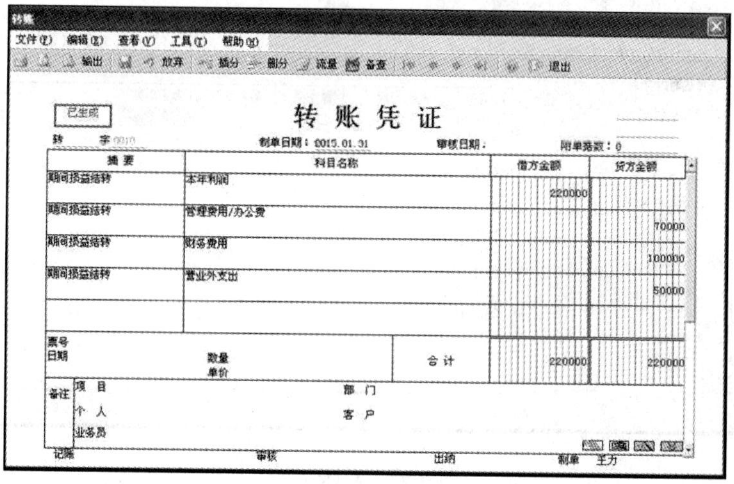

图 4-96　生成凭证（八）

说明

1．期间损益结转可以选择“全部”生成一张结转凭证。

2．生成期间损益结转凭证前，应先将所有未记账的凭证审核记账，否则，生成的凭证数据可能有误。

3．为保持记账凭证的清晰性，可以分别生成收入类凭证和支出类凭证。

（七）审核、记账

1．以账套主管“001 张新”的身份对已生成的凭证执行审核、主管签字。

2．以总账会计“002 王力”的身份执行记账。

二、对账

（一）试算平衡

1．启动“对账”功能。在“业务工作”导航区，选择“财务会计”|“总账”|“期末”|“对账”，显示“对账”窗口。

2．进行试算平衡。单击工具栏上的“试算”按钮，出现“2015.01 试算平衡表”，单击“确定”按钮。

（二）对账

1．选择对账。选择要对账的月份并单击“选择”按钮，或在要结账的月份的“是否对账”栏中双击，出现“Y”，表示要对该月进行对账。

2．显示对账结果。单击“对账”按钮，系统开始自动对账，在该窗口下面有对账进度，如果没有错误，显示对账完成，如图 4-97 所示。

图 4-97 对账结果

3．单击工具栏上的“退出”按钮，退出对账界面。

三、结账

（一）结账

1．启动结账功能。在“业务工作”导航区，选择“财务会计”|“总账”| “期末”|“结账”，显示“结账”窗口。

2．选择结账月份。单击要结账的月份“2015-01，如图 4-98 所示。单击“下一步”。

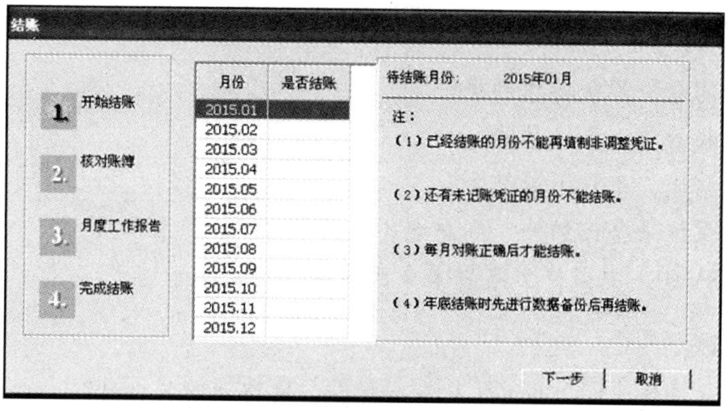

图 4-98　开始结账

3．对账。系统自动开始对账，如图 4-99 所示。

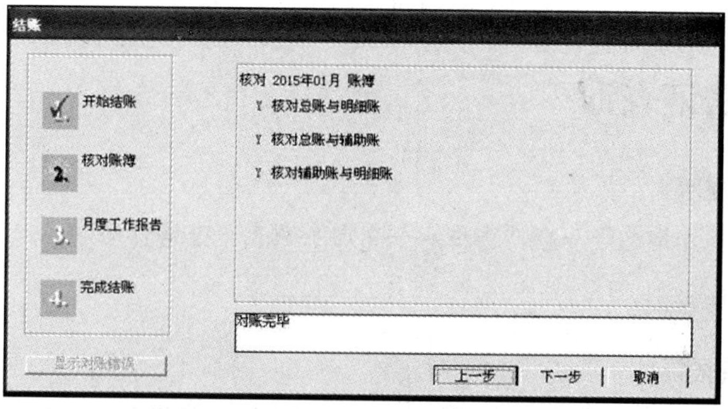

图 4-99　核对账簿

4．显示月度工作报告。单击“下一步”，打开“月度工作报告”，如图 4-100 所示。

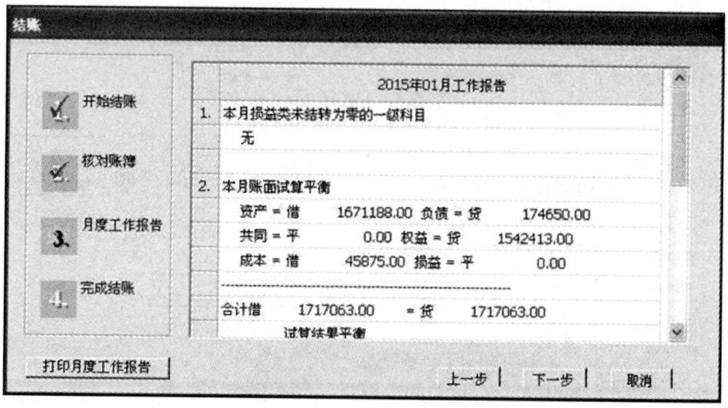

图 4-100　月度工作报告

5．完成结账。单击“下一步”，出现系统提示，可以结账，单击“结账”按钮。完成操作。

📖 **说明**

1．已结账的月份不能再填制凭证。

2．有未记账的凭证不能结账。

3．上月未结账，本月不能结账。

4．其他子系统未全部结账，则总账不能结账。

5．用友 U8V10.1 中损益类账户未全部结转，可以结账。

（二）反结账

1．启动结账功能。在“业务工作”导航区，选择“财务会计”|“总账”| “期末”|“结账”，显示“结账——开始结账”窗口。

2．选中要反结账的月份，选择 2015.01，按“ctrl+shift+F6”键，输入操作员口令，即可取消结账。

任务五　账证查询

操作提示

查询凭证—查询总账—查询明细账—查询余额表—查询辅助账

操作步骤

（一）查询凭证

1．登录企业应用平台。以总账会计“002 王力”的身份登录企业应用平台。

2．打开查询凭证界面。在“业务工作”导航区，选择“财务会计”|“总账”|“凭证”|“查询凭证”系统弹出“凭证查询”窗口，如图 4-101 所示。

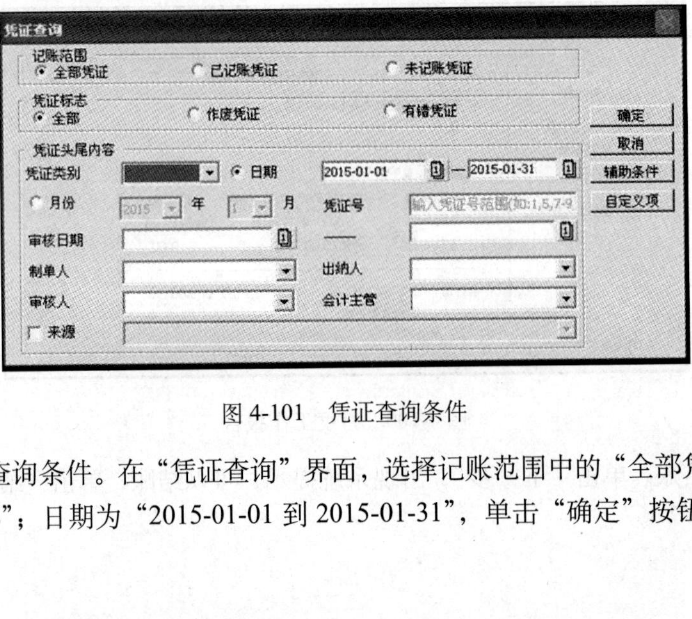

图 4-101　凭证查询条件

3．设置查询条件。在“凭证查询”界面，选择记账范围中的“全部凭证”；凭证标志中的“全部”；日期为“2015-01-01 到 2015-01-31”，单击“确定”按钮。

4．显示查询凭证列表。系统弹出查询凭证列表，如图 4-102 所示。

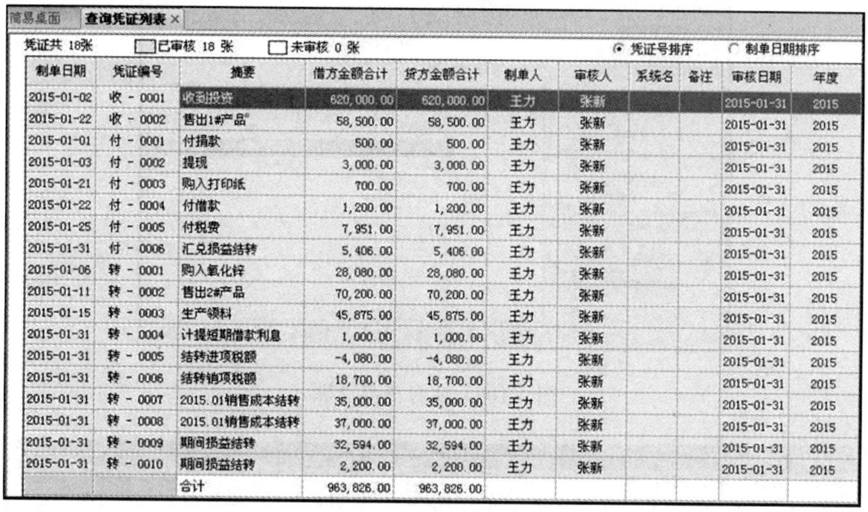

简易桌面　查询凭证列表

凭证共 18张　已审核 18 张　未审核 0 张　凭证号排序　制单日期排序

制单日期	凭证编号	摘要	借方金额合计	贷方金额合计	制单人	审核人	系统名	备注	审核日期	年度
2015-01-02	收 - 0001	收到投资	620,000.00	620,000.00	王力	张新			2015-01-31	2015
2015-01-22	收 - 0002	售出1#产品	58,500.00	58,500.00	王力	张新			2015-01-31	2015
2015-01-01	付 - 0001	付捐款	500.00	500.00	王力	张新			2015-01-31	2015
2015-01-03	付 - 0002	提现	3,000.00	3,000.00	王力	张新			2015-01-31	2015
2015-01-21	付 - 0003	购入打印纸	700.00	700.00	王力	张新			2015-01-31	2015
2015-01-22	付 - 0004	付借款	1,200.00	1,200.00	王力	张新			2015-01-31	2015
2015-01-25	付 - 0005	付税费	7,951.00	7,951.00	王力	张新			2015-01-31	2015
2015-01-31	付 - 0006	汇兑损益结转	5,406.00	5,406.00	王力	张新			2015-01-31	2015
2015-01-06	转 - 0001	购入氧化锌	28,080.00	28,080.00	王力	张新			2015-01-31	2015
2015-01-11	转 - 0002	售出2#产品	70,200.00	70,200.00	王力	张新			2015-01-31	2015
2015-01-15	转 - 0003	生产领料	45,875.00	45,875.00	王力	张新			2015-01-31	2015
2015-01-31	转 - 0004	计提短期借款利息	1,000.00	1,000.00	王力	张新			2015-01-31	2015
2015-01-31	转 - 0005	结转进项税额	-4,080.00	-4,080.00	王力	张新			2015-01-31	2015
2015-01-31	转 - 0006	结转销项税额	18,700.00	18,700.00	王力	张新			2015-01-31	2015
2015-01-31	转 - 0007	2015.01销售成本结转	35,000.00	35,000.00	王力	张新			2015-01-31	2015
2015-01-31	转 - 0008	2015.01销售成本结转	37,000.00	37,000.00	王力	张新			2015-01-31	2015
2015-01-31	转 - 0009	期间损益结转	32,594.00	32,594.00	王力	张新			2015-01-31	2015
2015-01-31	转 - 0010	期间损益结转	2,200.00	2,200.00	王力	张新			2015-01-31	2015
		合计	963,826.00	963,826.00						

图 4-102　查询凭证列表

5．查看凭证内容。双击要查询的凭证，可查看凭证内容。

（二）查询总账、联查明细账及凭证

1．启动总账查询功能。在“业务工作”导航区，选择“财务会计”|“总账”|“账表”|“科目账”|“总账”，系统弹出“总账查询条件”窗口，如图 4-103 所示。

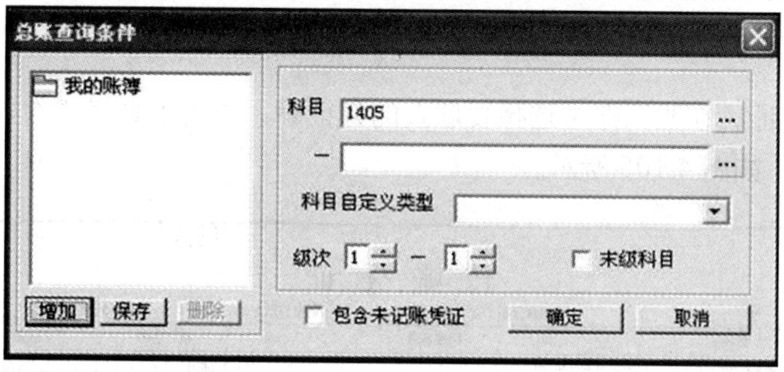

图 4-103　总账查询条件

2．输入查询条件。在科目处输入“1405 库存商品”，单击“确定”按钮。如图 4-103 所示。

3．查看总账。系统弹出“库存商品总账”，如图 4-104 所示。

4．联查明细账。选中“本月合计”栏，单击工具栏上的“明细”按钮，在右上角的账簿格式列表框中选择“数量金额式”，系统弹出库存商品明细账，如图 4-105 所示。

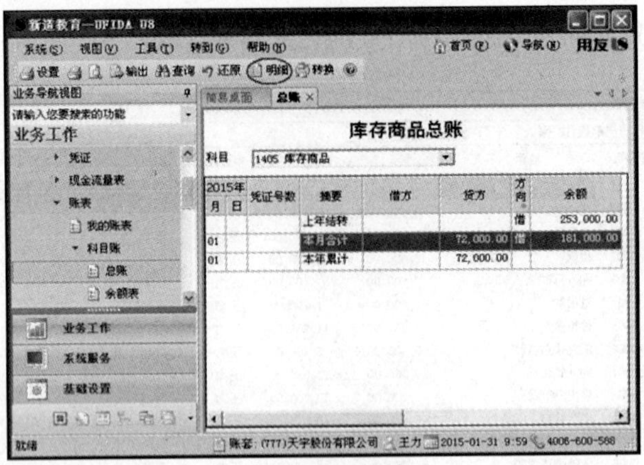

图 4-104　库存商品总账

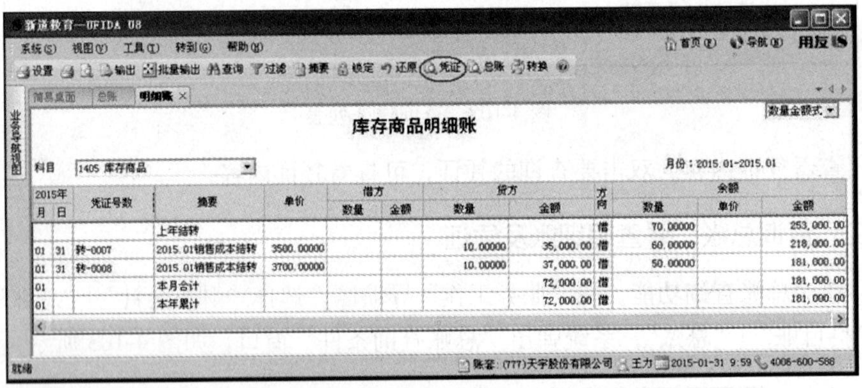

图 4-105　库存商品明细账

5．联查凭证。在明系账中选择要联查的凭证号，单击工具栏上的凭证按钮，即可查看凭证内容，如图 4-106 所示。

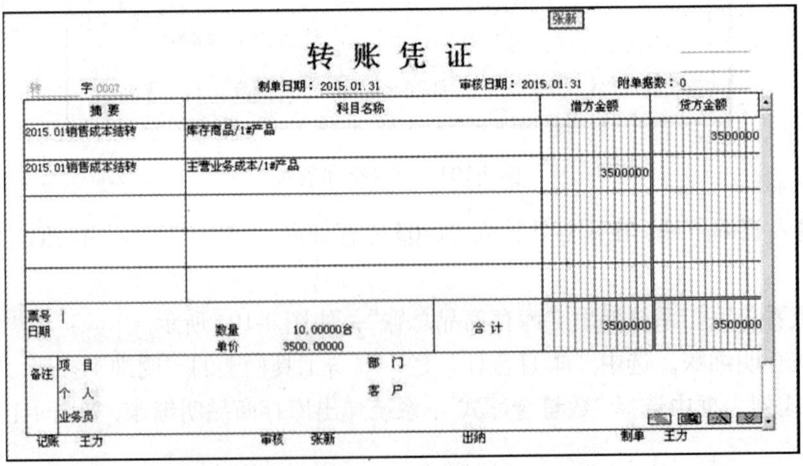

图 4-106　联查凭证

（三）查询明细账

1．在“业务工作”导航区中，选择“财务会计”|“总账”|“账表”|“科目账”|“明细账”，系统弹出“明细账查询条件”窗口，如图 4-107 所示。

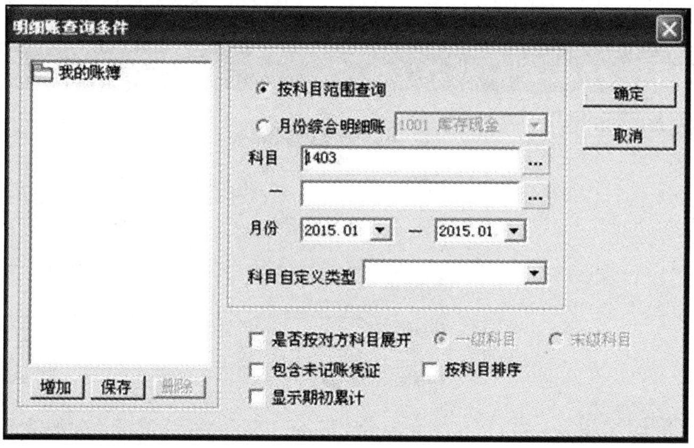

图 4-107　明细账查询条件

2．选择“按科目范围查询”按钮。并录入科目“1403 原材料”。

3．单击“确认”按钮，系统显示原材料明细账，如图 4-108 所示。

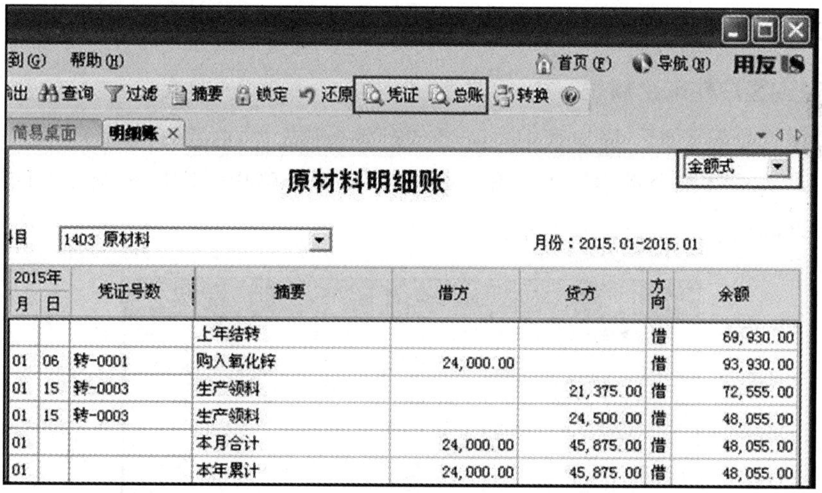

2015年 月	日	凭证号数	摘要	借方	贷方	方向	余额
			上年结转			借	69,930.00
01	06	转-0001	购入氧化锌	24,000.00		借	93,930.00
01	15	转-0003	生产领料		21,375.00	借	72,555.00
01	15	转-0003	生产领料		24,500.00	借	48,055.00
01			本月合计	24,000.00	45,875.00	借	48,055.00
01			本年累计	24,000.00	45,875.00	借	48,055.00

图 4-108　原材料明细账

4．联查总账。单击工具栏上的“总账”按钮，系统会弹出原材料总账

5．联查凭证。选要联查凭证号，单击工具栏上的“凭证”按钮，即可查看凭证内容。

（四）查询余额表

1．启动余额表查询功能。在“业务工作”导航区，选择“财务会计”|“总账”|

“账表”|“科目账”|“余额表”，系统弹出“发生额及余额查询条件”窗口。

2．在“月份”栏中输入“2015.01”—“2015.01”，科目范围为空。

3．单击“级次”文本框按钮，选择“1-3”。

4．选中“本期无发生无余额，累计有发生显示”复选框，如图4-109所示。

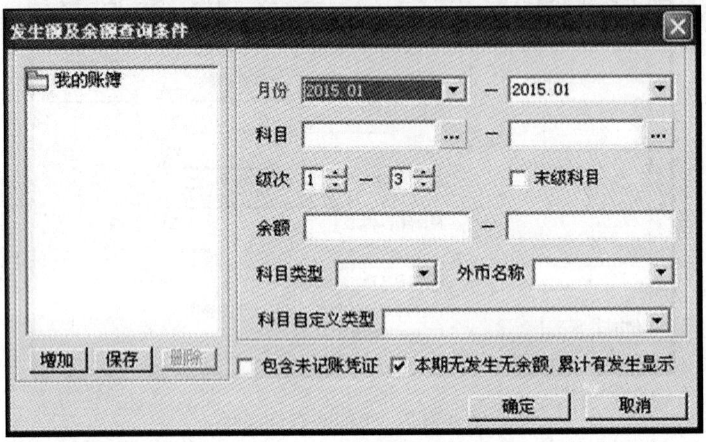

图4-109　发生额及余额查询条件

5．单击“确认”按钮，系统显示“发生额及余额表”。

（五）查询客户往来余额表并生成催款单

1．查询客户往来余额表

（1）在“业务工作”导航区中，选择“财务会计”|“总账”|“账表”|“客户往来辅助账”|“客户往来余额表”|“客户余额表”，系统弹出“客户余额表查询条件”窗口，录入查询条件，如图4-110所示。

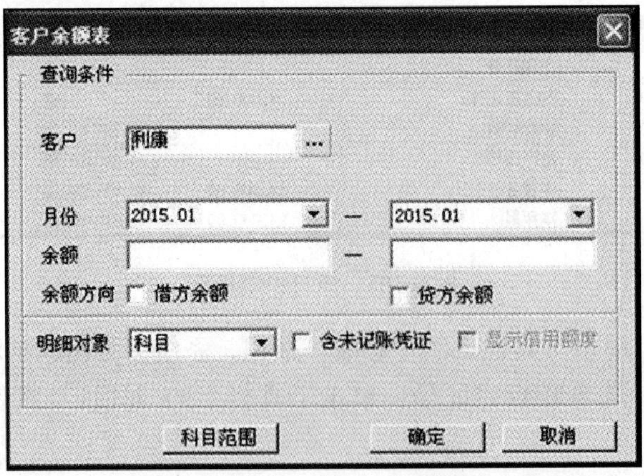

图4-110　客户余额表查询条件

（2）单击“确定”，系统显示客户余额表，如图4-111所示。

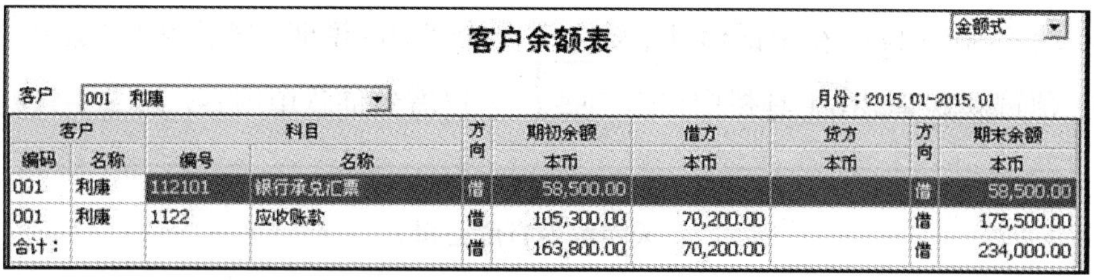

客户余额表

金额式

客户 001 利康　　月份：2015.01-2015.01

客户		科目		方向	期初余额	借方	贷方	方向	期末余额
编码	名称	编号	名称		本币	本币	本币		本币
001	利康	112101	银行承兑汇票	借	58,500.00			借	58,500.00
001	利康	1122	应收账款	借	105,300.00	70,200.00		借	175,500.00
合计：				借	163,800.00	70,200.00		借	234,000.00

图 4-111　客户余额表

2. 生成客户往来催款单

（1）在“业务工作”导航区中，选择“财务会计”|“总账”|“账表”|“客户往来辅助账”|“客户往来催款单”，系统弹出“客户往来催款查询”窗口，录入查询科目“1122 应收账款”，如图 4-112 所示。

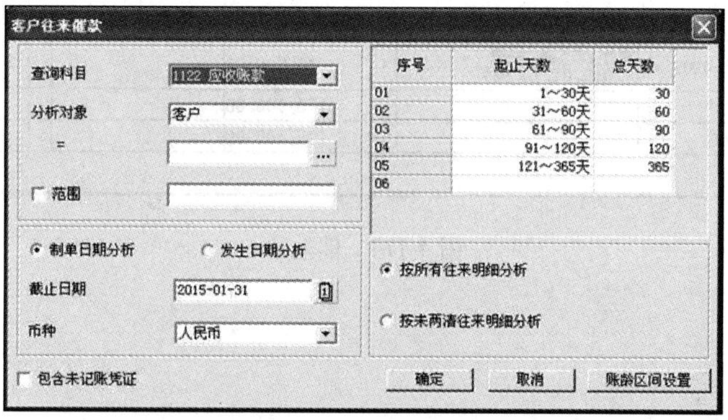

图 4-112　客户往来催款查询

（2）单击“确定”，系统显示客户往来催款单，输入条件，查询科目“应收账款”；客户“利康有限公司”，在工具栏中单击“设置”来设置函证信息，如图 4-113 所示。

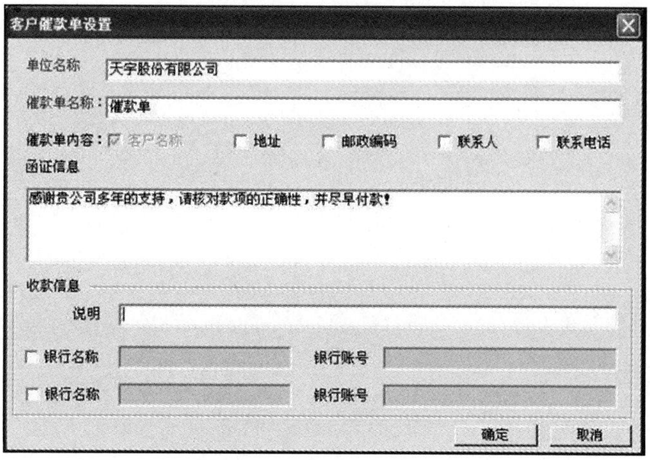

图 4-113　催款单设置

(3) 录入函证内容。在函证信息中输入需要给客户的说明，然后单击“确定”按钮。

(4) 预览催款单。在工具栏中单击“”可以看到催款单内容，如图 4-114 所示。

天宇股份有限公司

催款单

客户名称：利康有限公司

日期：2015-01-31

函证内容：感谢贵公司多年的支持，请核对款项的正确性，并尽早付款！

日期	凭证号	摘要	借方	贷方	两清	账龄区间
			本币	本币		
2014.12.31		应收销货款_利康_周爽	105,300.00			31～60天
2015.01.11	转-0002	售出2#产品_利康_2015.01.11_周爽	70,200.00			1～30天
	总计		175,500.00			
	余额		175,500.00			

图 4-114　催款单

项目五

应用报表系统

知识目标

- 掌握定义报表格式的方法。
- 掌握定义报表公式的方法。
- 掌握定义关键字的方法。
- 掌握生成报表的方法。

技能目标

- 能运用 UFO 报表系统，设计规范的财务报表。
- 能够调用报表模板编制会计报表。

项目资料

任务一

1. 编制天宇股份有限公司 2015 年 1 月 31 日货币资金表，表样内容如表 5-1 所示。

表 5-1 货币资金表

编制单位： 年 月 日 单位：元

项　目	期初余额	本期发生额	期末余额
库存现金			
银行存款			
其他货币资金			
合　计			

制表人：

2. 编制计量单位为千元的舍位平衡表。

任务二

1. 利用报表模板生成天宇股份有限公司 2015 年 1 月 31 日资产负债表。

2．利用报表模板生成天宇股份有限公司 2015 年 1 月利润表。

项目分析

天宇股份有限公司 2015 年 1 月所有的经济业务处理完毕后，接下来要完成的任务就是编制会计报表。要想运用用友 U8V10.1 的 UFO 报表系统编制会计报表就必须解决好如下问题：

问题一：如何启动 UFO 报表系统？

问题二：如何定义报表格式？

问题三：如何定义报表公式？

问题四：如何定义关键字？

问题五：如何调用报表模板生成会计报表？

请在下列任务的执行过程中探索解决问题的方法。

知识储备

一、报表系统的主要功能

用友 ERP—U8V10.1 软件中的 UFO 报表系统是一个独立的子系统，能为企业内部各管理部门及外部相关部门综合反映企业一定时期的财务状况、经营成果和现金流量。它的具体功能有：文件管理功能、格式管理功能、数据处理功能、图表处理功能、行业报表模板、二次开发功能等。

二、报表系统的操作流程

制作一张报表的流程如图 5-1 所示。

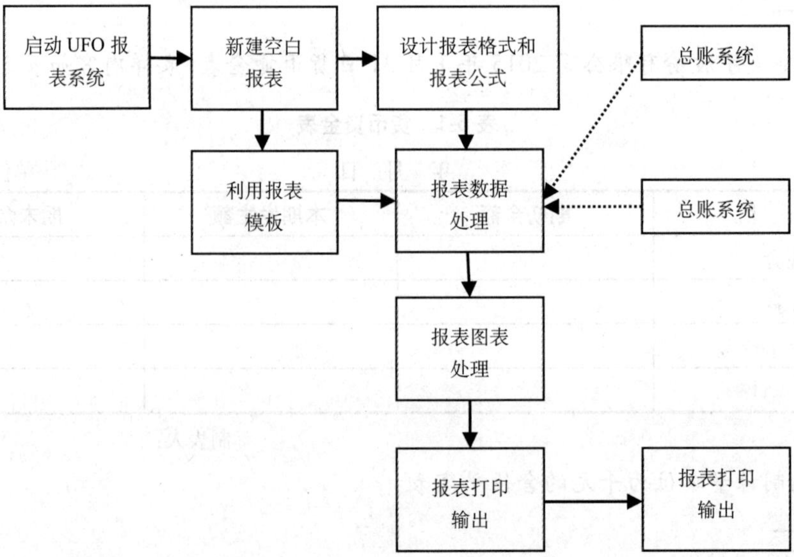

图 5-1　UFO 报表业务处理流程

三、报表管理系统中的相关概念

（一）报表结构

报表按照其结构的复杂性，可分为简单表和复合表两类。简单表由若干行和列组成二维表。复合表由若干张简单表组合而成。会计报表大多都是简单表，如资产负债表、利润表和现金流量表等。

简单表一般由4个基本要素组成：标题、表头、表体和表尾，如图5-2所示。

利润表　　标题

主管部门：　　　　　　　　　　　　　　　会工02表

编制单位：××公司　　2015年1月31日　　单位：元　　表头

项　目	行次	本期数	本期累计数
一、产品销售收入	1		
减：产品销售成本	2		
……			

表体

会计主管：　　　　　　制表人：　　表尾

图5-2　报表结构

（1）标题：即报表的名称。报表的标题可能不止一行，有时有副标题、修饰线等内容。

（2）表头：包括编制单位名称、编制日期、计量单位、报表栏目等。

（3）表体：是报表的主体。表体由若干表行与表列组成。

（4）表尾：是表体以下进行辅助说明的部分，如编制人、审核人等内容。

（二）基本术语

1. 单元

报表中由行和列构成的方格称为单元，它是组成报表的最小单位，每个单元都用它所在的列号和行号共同表示，称为单元名。如用A3表示报表中的第1列第3行所对应的单元。

2. 单元属性

单元属性包括单元类型、对齐方式、字体图案及边框。

（1）单元类型：分为数值型、字符型和表样型三种。

- 数值型单元：用于存放报表的数据，可以直接输入也可以由单元公式运算生成。建立一个新表时，所有单元的单元类型均默认为数值型。
- 字符型单元：可存储汉字、字母、数字及用键盘输入的字符串。字符型单元的内容可以直接输入，也可以由单元公式生成。

- 表样型单元：它是报表的格式，是在格式状态下输入的所有文字、符号或数字。表样型单元对所有的表页都有效。表样型单元只可以在格式状态下输入和修改，在数据状态下只能显示而不可以修改。

(2) 对齐方式：表明该单元的数据或字符在水平和垂直方向的对齐方式。

(3) 字体颜色：表明该单元的数据或字符所显示的颜色，可以根据具体需要设置。

(4) 边框：可设置该单元的边框。

3. 区域

是由一组相邻的单元组成的矩形块。最大的区域是一个表页的所有单元，最小的区域只包含一个单元。描述整个区域时将开始单元（左上角单元）的名称与结束单元（右下角单元）的名称用“:”连接起来。例如 C4 : D9 就表示从 C4 到 D9 的区域。

4. 表页

是由若干行和若干列组成的一个二维表。某页中单元的表示方法为：列行@页，如 C4@3，就表示是第 3 页的 C4 单元。

5. 报表文件：是以 · rep 为后缀的文件，由一个或多个表页组成

6. 关键字

关键字是游离于单元之外的特殊数据单元，可用于在大量表页中快速选择表页，每个表页可设置多个关键字，如：单位名称、单位编号、年、月、日等，关键字在报表格式状态下以红字显示。

7. 格式状态与数据状态

格式状态即设计报表格式的状态，包括调整表尺寸、行高、列宽、选择单元属性、组合单元、确定关键字、定义报表公式等，该状态下的操作对报表文件中的所有表页都有效，在该状态下只能看到报表格式而不能看到报表的数据。

数据状态即处理报表数据的状态，用来显示报表运算的结果，在该状态下不能修改报表格式，但能看到报表的格式和数据。

要进行“格式状态”与“数据状态”的切换，可以单击报表工作区左下角的“格式”/“状态”按钮。

任务一　自定义报表

操作提示

创建报表文件—定义报表格式—处理报表数据—保存报表。

操作步骤

一、创建报表文件

（一）启动 UFO 报表系统

1．单击“开始”|“所有程序”|“用友 U8V10.1”|“企业应用平台”。

2．以账套主管“001 张新”的身份注册登录，操作日期为“2015-01-31”。

3．选择“业务工作”|“财务会计”|“UFO 报表”，进入 UFO 报表系统。

（二）新建报表文件

在报表系统中，执行“文件”|“新建”命令，系统将自动创建一个空白的报表文件，系统默认文件名为“report1”，如图 5-3 所示。

图 5-3　新建报表窗口

二、定义报表格式

（一）定义报表尺寸

1．将报表状态切换至“格式”状态。

2．执行“格式”|“表尺寸”命令，弹出表尺寸窗口，录入行数和列数，如图 5-4 所示。

图 5-4　设置表尺寸

3．单击“确认”按钮。完成货币资金表尺寸设置

说明

表尺寸是指报表的行数与列数，在定义表尺寸时要将报表的表头（标题、编制单位、编制日期）、表体（报表的数据内容）、表尾（辅助说明）都考虑在内。

（二）定义行高和列宽

1．选择要设置行高的区域 A3：E7，单击“格式”|“行高”，在行高处填入所要设置的行高 10，单击确认。

2．选择要设置列宽的区域 A3：E7，单击“格式”|“列宽”，在列宽中填入所要设置的列宽 35，单击确认。

3．同样的方法可设置表头、表尾等处的行高和列宽。

说明

在 UFO 报表中应根据单元中文字及数据的多少来调整行高和列宽，调整的方法有两种，一种是使用格式菜单栏中的行高和列宽命令进行调整，另一种是使用鼠标拖动分割线的方法来完成。

（三）定义组合单元

1．打开组合单元命令。选取A1：E1 区域，执行“格式”|“组合单元”命令，将弹出组合单元窗口。如图 5-5 所示。

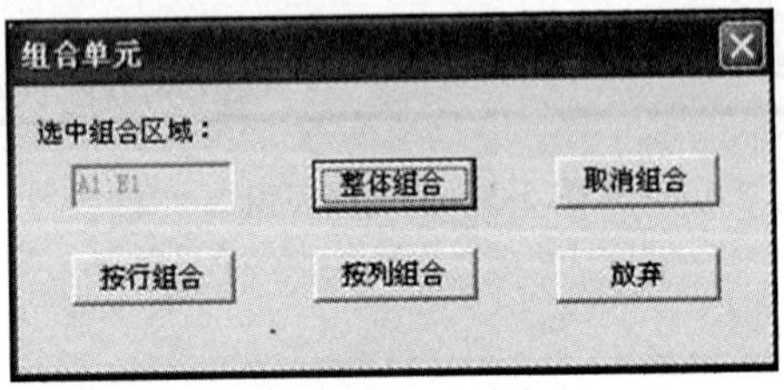

图 5-5　组合单元

2．选择组合方式。在窗口中单击“按行组合”，所选区域合并为一行。

说明

1．组合单元时可根据表格的样式选择整体组合、按行组合和按列组合中任意一种组合方式。

2．组合单元要具有相同的单元属性。

（四）画表格线

1．打开区域画线窗口。选取要画表格线的区域A3：E7，单击“格式”|“区域画线”，弹出区域画线窗口，如图 5-6 所示。

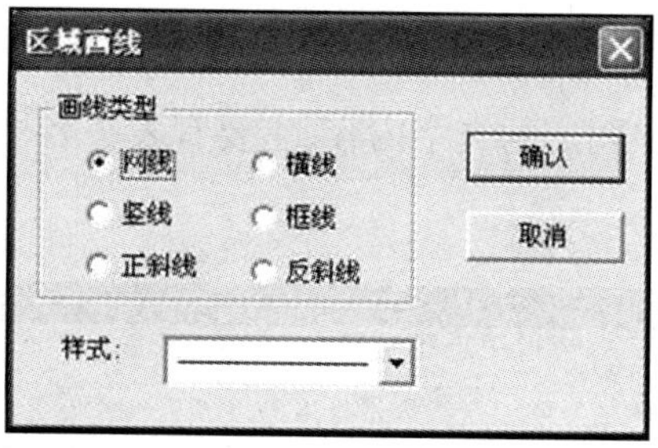

图 5-6　区域画线

2．选择线型。在区域画线窗口中选择“网线”，单击“确认”按钮，完成操作。

（五）设置单元格属性

1．打开单元格属性对话窗口。选中 A1：E1 区域，执行“格式”｜“单元属性”命令，如图 5-7 所示。

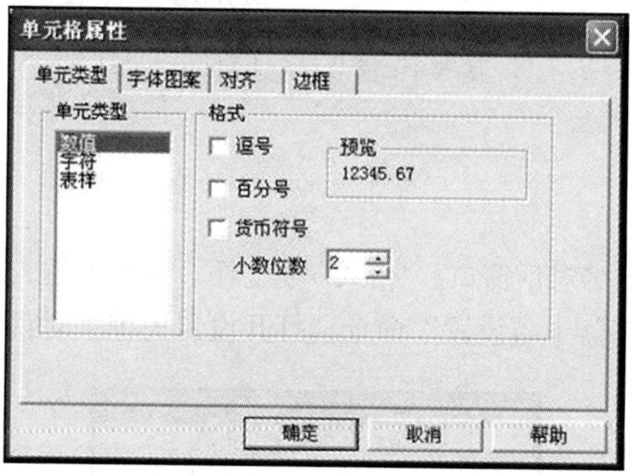

图 5-7　单元格属性

2．设置字体图案。单击“字体图案”选项卡，设置“字体”为“黑体”；“字型”为“粗体”；“字号”为“20”。

3．设置对齐方式。单击“对齐”选项卡，将水平方向及垂直方向的对齐方向设置为“居中”，单击“确定”，完成操作。

4．同样方法按需求设置其他区域的单元属性。

🕮 说明

1．单元类型包括数值型、字符型和表样型三种。

2．新建表格中的所有单元类型默认为数值型，可存入数值型数据。

3．格式状态下输入内容的单元均默认为是表样单元，在数据状态下只能显示，不能修改。

4．字符单元和数值单元输入后只对本表页有效，而表样单元输入后对所有表页都有效。

（六）输入表格内容

格式状态下输入报表中固定的文字内容，主要有表头名称、表体项目和表尾项目等，如图 5-8 所示。

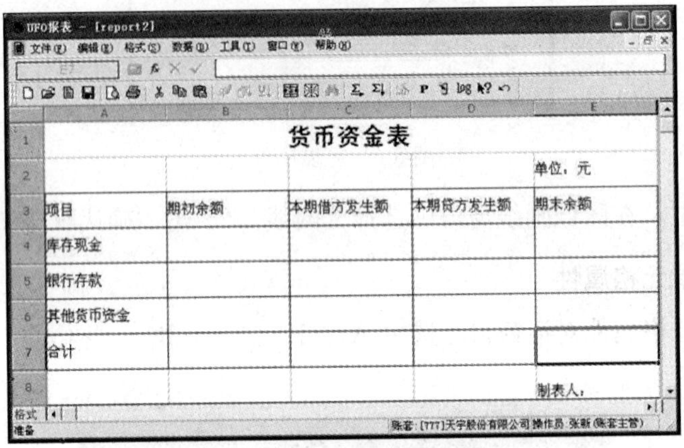

图 5-8　货币资金表（一）

（七）定义关键字

1．设置关键字

(1) 打开设置关键字对话窗口。“格式”状态下，选择要输入关键字的单元 A2，执行“数据”｜“关键字”｜“设置”命令，打开设置关键字对话窗口，如图 5-9 所示。

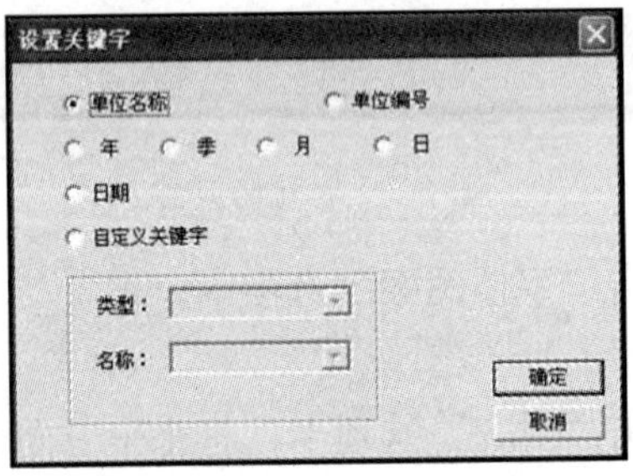

图 5-9　设置关键字

(2) 插入单位名称。在设置关键字窗口，选中“单位名称”，单击“确定”按钮。

(3) 设置其他关键字。选择 C2 单元，将“年”、“月”、“日”定义为关键字。

2．调整关键字位置

(1) 打开定义关键字偏移窗口。执行“数据”｜“关键字”｜“偏移”命令。

(2) 设置偏移量。在定义关键字偏移窗口，设置偏移量，如图 5-10 所示。

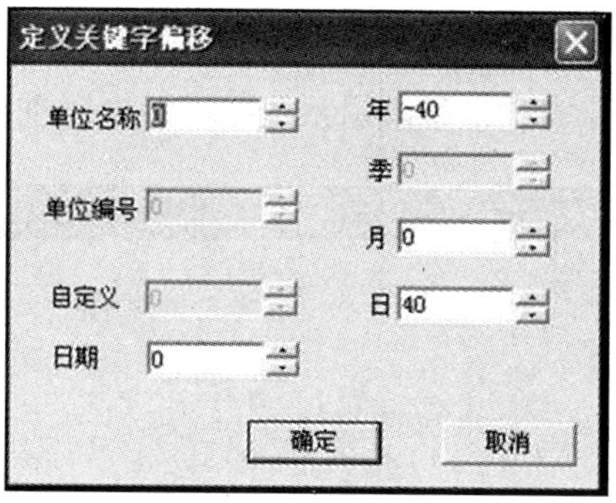

图 5-10　定义关键字偏移

📖 说明

1．每个报表可设置多个关键字。
2．如果要取消关键字，可执行“数据”｜“关键字”｜“取消”。
3．设置关键字偏移时，用正数表示向右移，用负数表示向左移。
4．格式状态下关键字显示为红色。

（八）定义报表公式

1．运用函数向导定义公式

（1）打开定义公式窗口。单击 C4 单元，即：“库存现金”的本期借方发生额单元，执行“数据”｜“编辑公式”｜“单元公式”命令（或单击“fx”按钮）。打开定义公式对话窗口。

（2）选取函数。单击“函数向导”按钮，进入函数向导窗口，在“函数分类”列表框中选择“用友账务函数”选项，在“函数名”列表框中选择“发生（FS）”选项，如图 5-11 所示。

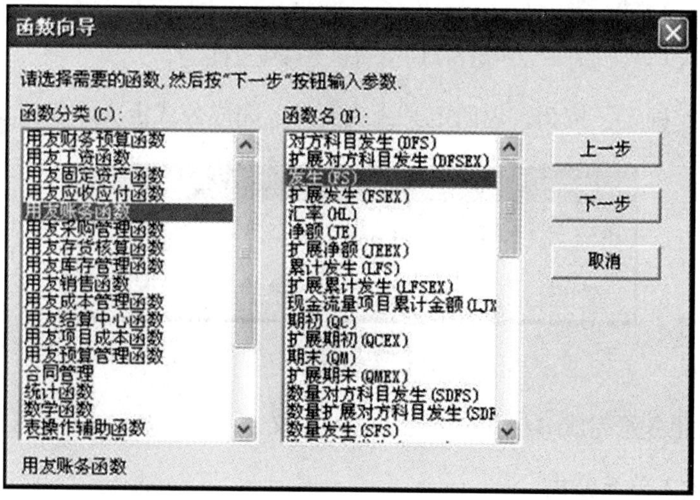

图 5-11　函数向导

（3）打开账务函数窗口。单击“下一步”按钮，进入用友账务函数窗口，如图 5-12 所示。此时可以直接录入公式。也可以用系统提供的参照进行录入。

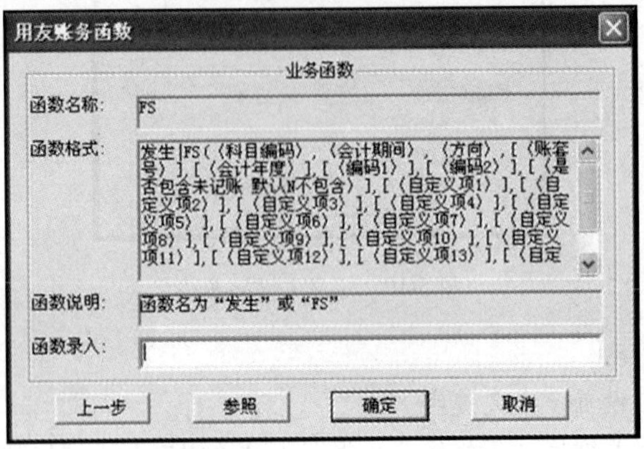

图 5-12　用友账务函数

（4）录入公式。单击“参照”按钮，进入账务函数参照窗口，科目选择“1001”，方向选择“借”，其他采用系统默认，如图 5-13 所示。

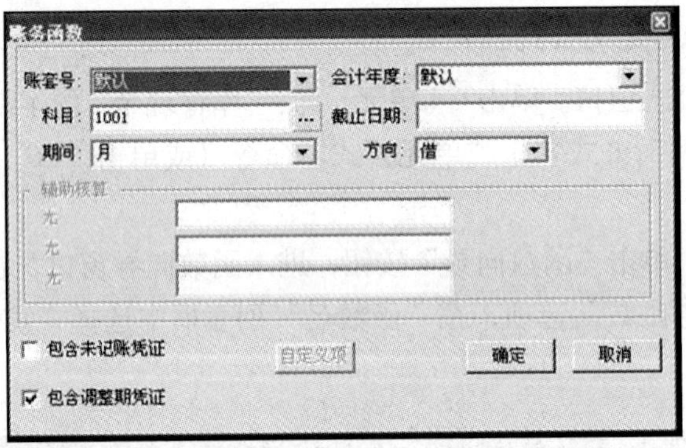

图 5-13　账务函数参照窗口

（5）单击“确定”按钮，返回定义公式窗口，完成公式定义，如图 5-14 所示。

图 5-14　定义公式（一）

（6）依据此方法完成 B4：E6 单元公式的定义。

2．直接输入单元公式

（1）选定单元。选中“B7”单元，即“期初余额”的合计数单元。

（2）打开定义公式窗口。执行“数据”｜“编辑公式”｜“单元公式”命令。

（3）输入单元公式。在定义公式窗口内直接输入：B4+B5+B6，单击“确认”按钮，如图 5-15 所示。

图 5-15　定义公式（二）

（4）依次输入其他单元公式。如图 5-16 所示。

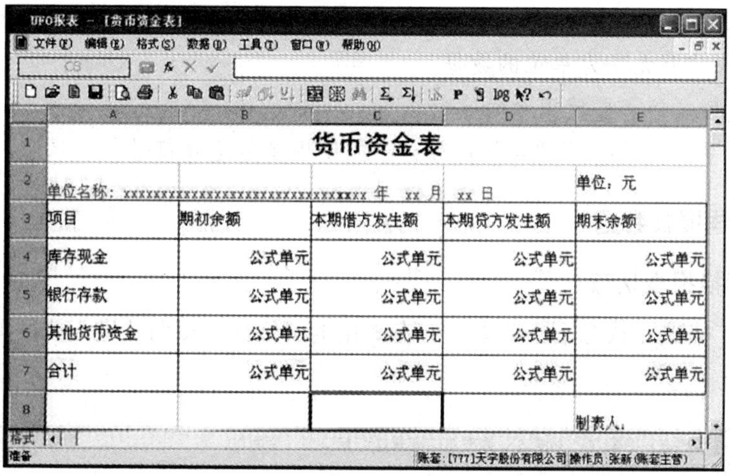

图 5-16　货币资金表（二）

说明

1．输入单元公式时要使用半角字符。

2．单击“fx”按钮或双击某公式单元或按“＝”键，都可以打开“定义公式”窗口。

3．定义舍位平衡公式

（1）打开舍位平衡公式。执行“数据”｜“编辑公式”｜“舍位公式”命令。

（2）设置舍位信息。舍位表名 SW，舍位范围“B4:E7”，舍位位数“3”，平衡公式“B7=B4+B5+B6,C7=C4+C5+C6,D7=D4+D5+D6,E7=E4+E5+E6”，如图 5-17 所示。单击“完成”按钮。

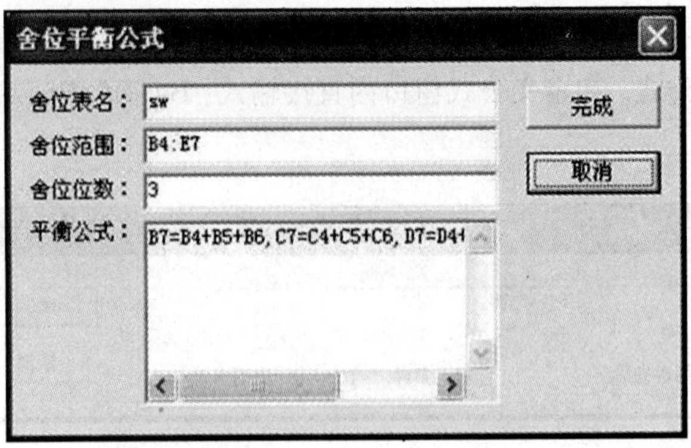

图 5-17　舍位平衡公式

📖 说明

1．舍位平衡公式通常在汇总数据时使用，可将以“元”为单位的报表数据转换为以“千元”或“万元”为单位的数据。

2．设置舍位信息要使用半角字符。

3．设置平衡公式“+”“—”符号，不能使用其他运算符号。

三、处理报表数据

（一）切换报表状态

在报表“格式”状态下，单击窗口左下角的“格式”按钮，进入“数据”状态，如图 5-18 所示。

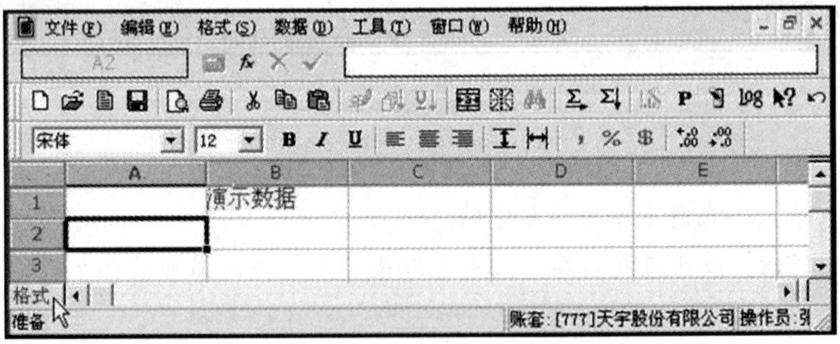

图 5-18　报表状态切换

（二）录入关键字

1．打开录入关键字窗口，执行“数据”｜“关键字”｜“录入”命令。

2．录入关键字。录入单位名称：“天宇股份有限公司”；年度：“2015”；月份：“1”；日期：“31”，如图 5-19 所示。

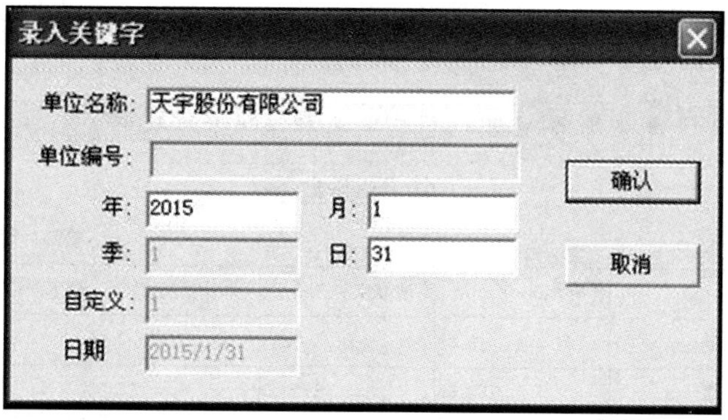

图 5-19　录入关键字

（三）生成报表

单击“确认”，系统提示“是否重算第 1 页？”，单击“是”即可生成货币资金表，如图 5-20 所示。

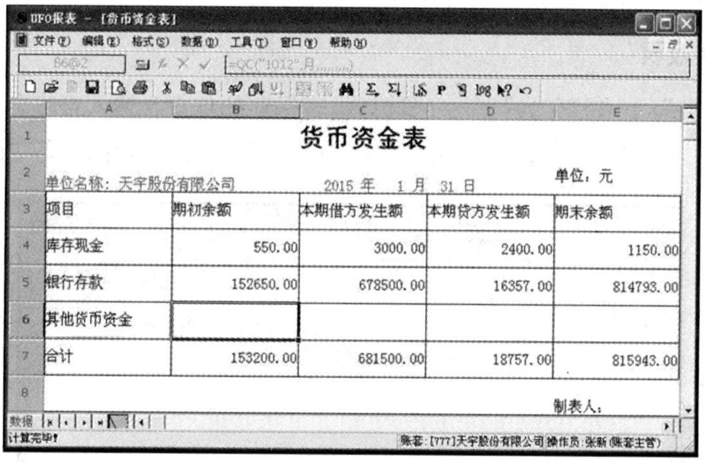

图 5-20　货币资金表（三）

📖 说明

1．报表数据处理必须在“数据”状态下进行。

2．如需增加表页可在“数据”状态下执行“编辑”｜“追加”｜“表页”命令，一张报表最多可能管理 99 999 张表页，但演示版最多为 4 页。

3．每一张表页均对应不同的关键字，日期关键字可以确认报表数据取数的时间范围。

4．对表页的查找、排序、汇总等管理均在“数据”状态下完成。

（四）生成舍位平衡表

1．切换报表状态。将报表切换至“数据”状态。

2．执行舍位平衡。执行“数据”｜“舍位平衡”命令，如图 5-21 所示。

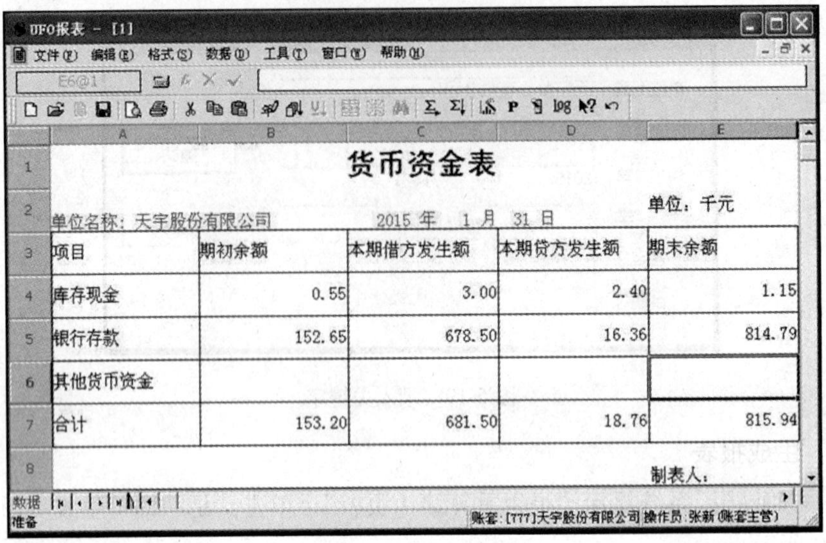

图 5-21　舍位平衡表

四、保存报表

执行“文件”｜“另存为”命令。选择报表保存的位置；输入报表名为“货币资金表”；选择文件类型为“*.rep”，单击“另存为”，完成操作，如图 5-22 所示。

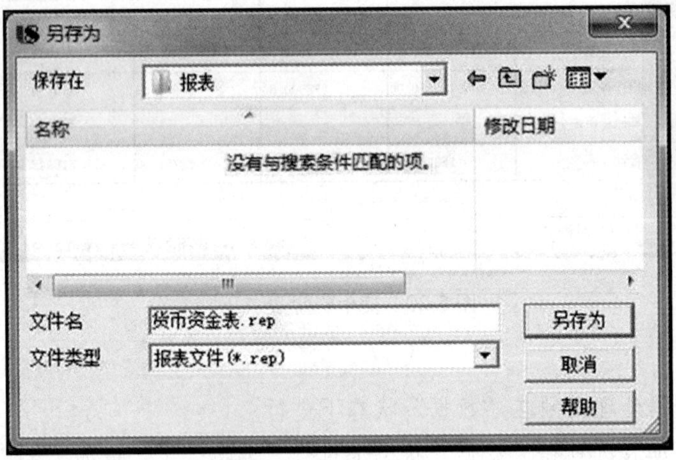

图 5-22　保存报表

任务二　调用报表模板生成报表

操作提示

创建报表文件—调用报表模板—修改报表模板—生成企业报表—保存报表。

操作步骤

一、创建报表文件

（一）启动 UFO 报表系统

1．单击“开始”|“所有程序”|“用友 U8V10.1”|“企业应用平台”。

2．以账套主管“001 张新”的身份注册登录，操作日期为“2015-01-31”。

3．选择“业务工作”|“财务会计”|“UFO 报表”，进入 UFO 报表系统。

（二）新建报表文件

在报表系统中，执行“文件”|“新建”命令，新建一个空白的报表文件。

二、调用报表模板

（一）调出报表模板

执行“格式”｜“报表模板”命令。打开报表模板。

（二）选择行业性质

在报表模板窗口中“您所在行业”处选择“2007 年新会计制度科目”，“财务报表”类型处选择“资产负债表”，如图 5-23 所示。

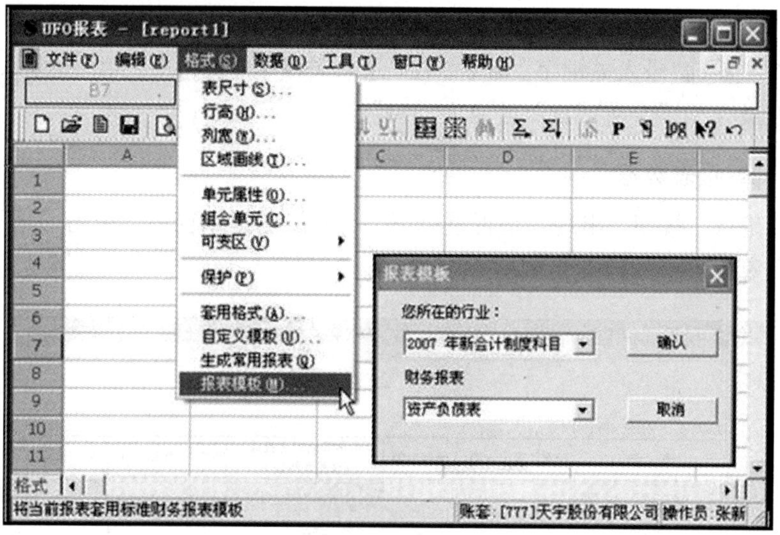

图 5-23　调用报表模板

（三）应用报表模板

单击确认，系统提示“模板格式将覆盖本表格式！是否继续？”单击“确定”，如图 5-24 所示。

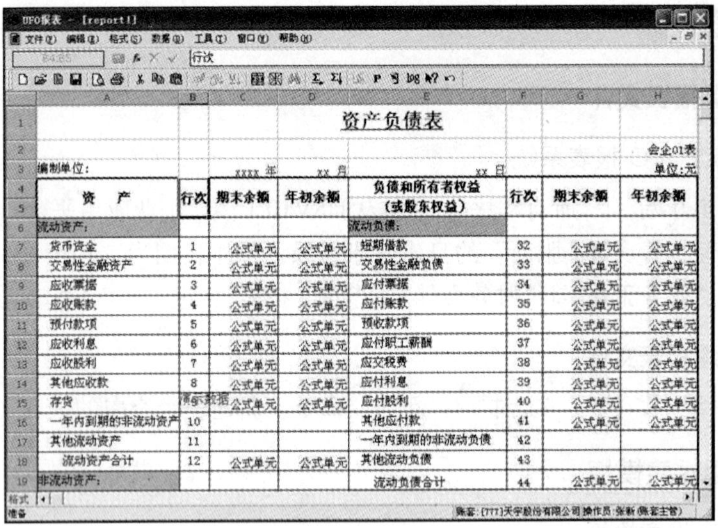

资产负债表

会企01表

编制单位:　　xxxx 年　xx 月　xx 日　　单位:元

资　产	行次	期末余额	年初余额	负债和所有者权益（或股东权益）	行次	期末余额	年初余额
流动资产:				流动负债:			
货币资金	1	公式单元	公式单元	短期借款	32	公式单元	公式单元
交易性金融资产	2	公式单元	公式单元	交易性金融负债	33	公式单元	公式单元
应收票据	3	公式单元	公式单元	应付票据	34	公式单元	公式单元
应收账款	4	公式单元	公式单元	应付账款	35	公式单元	公式单元
预付款项	5	公式单元	公式单元	预收款项	36	公式单元	公式单元
应收利息	6	公式单元	公式单元	应付职工薪酬	37	公式单元	公式单元
应收股利	7	公式单元	公式单元	应交税费	38	公式单元	公式单元
其他应收款	8	公式单元	公式单元	应付利息	39	公式单元	公式单元
存货	9	公式单元	公式单元	应付股利	40	公式单元	公式单元
一年内到期的非流动资产	10			其他应付款	41	公式单元	公式单元
其他流动资产	11			一年内到期的非流动负债	42		
流动资产合计	12	公式单元	公式单元	其他流动负债	43		
非流动资产:				流动负债合计	44	公式单元	公式单元

图 5-24　资产负债表（一）

三、生成资产负债表

（一）切换状态

单击本报表左下角的状态切换按钮，将“格式”状态切换成“数据”状态。

（二）录入关键字

执行“数据”|“录入关键字”命令，在“录入关键字”窗口中“年”处录入“2015”、在“月”处录入“1”、在“日”处录入“31”。

（三）计算报表数据

单击“确认”按钮，出现“是否重算第一页？”的提示窗口，单击“是”按钮，系统会自动计算报表中的数据，如图 5-25 所示。

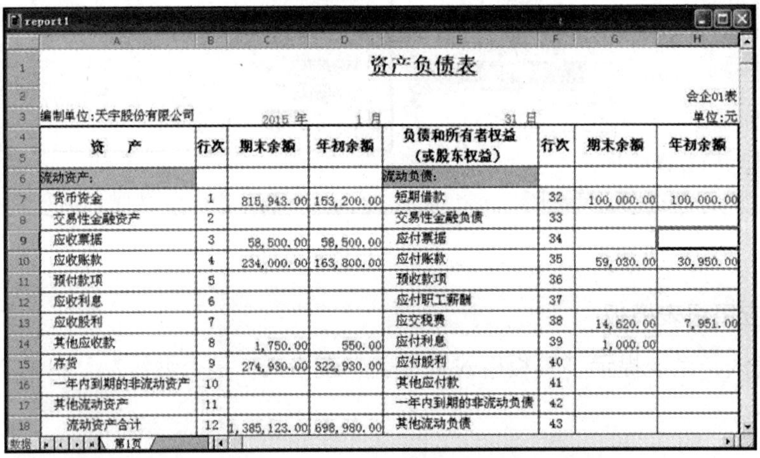

资产负债表

会企01表

编制单位:天宇股份有限公司　　2015 年　1 月　31 日　　单位:元

资　产	行次	期末余额	年初余额	负债和所有者权益（或股东权益）	行次	期末余额	年初余额
流动资产:				流动负债:			
货币资金	1	815,943.00	153,200.00	短期借款	32	100,000.00	100,000.00
交易性金融资产	2			交易性金融负债	33		
应收票据	3	58,500.00	58,500.00	应付票据	34		
应收账款	4	234,000.00	163,800.00	应付账款	35	59,030.00	30,950.00
预付款项	5			预收款项	36		
应收利息	6			应付职工薪酬	37		
应收股利	7			应交税费	38	14,620.00	7,951.00
其他应收款	8	1,750.00	550.00	应付利息	39	1,000.00	
存货	9	274,930.00	322,930.00	应付股利	40		
一年内到期的非流动资产	10			其他应付款	41		
其他流动资产	11			一年内到期的非流动负债	42		
流动资产合计	12	1,385,123.00	698,980.00	其他流动负债	43		

图 5-25　资产负债表（二）

说明

1．第一次调用报表模板生成资产负债表之后，需要检查资产负债表中每个项目取数是否正确，资产合计是否等于负债加所有者权益合计。如有错误可在“格式”状态下修改报表模板。

2．切换成“数据”状态后，如果在某个单元中出现“##########”，表明这个单元的列宽不够，可通过加大列宽进行调整。

四、生成利润表

同样的方法可利用报表模板生成利润表。如图 5-26 所示。

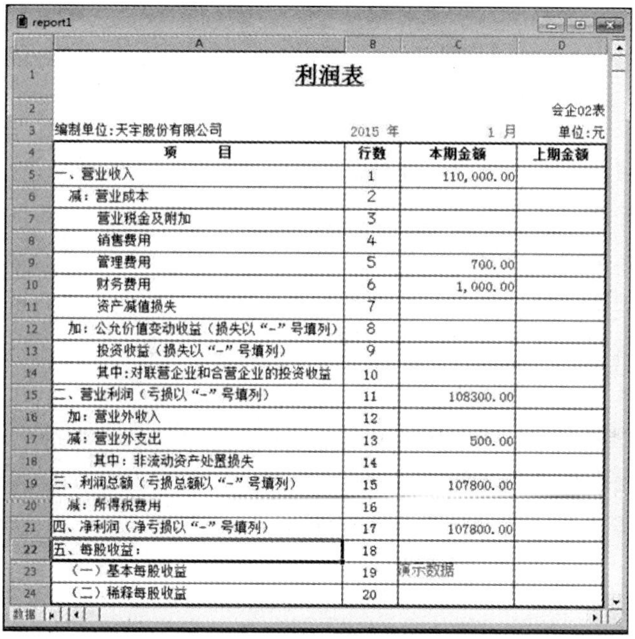

利润表

会企02表

编制单位：天宇股份有限公司 2015 年 1 月 单位：元

项　目	行数	本期金额	上期金额
一、营业收入	1	110,000.00	
减：营业成本	2		
营业税金及附加	3		
销售费用	4		
管理费用	5	700.00	
财务费用	6	1,000.00	
资产减值损失	7		
加：公允价值变动收益（损失以“-”号填列）	8		
投资收益（损失以“-”号填列）	9		
其中：对联营企业和合营企业的投资收益	10		
二、营业利润（亏损以“-”号填列）	11	108300.00	
加：营业外收入	12		
减：营业外支出	13	500.00	
其中：非流动资产处置损失	14		
三、利润总额（亏损总额以“-”号填列）	15	107800.00	
减：所得税费用	16		
四、净利润（净亏损以“-”号填列）	17	107800.00	
五、每股收益：	18		
（一）基本每股收益	19	演示数据	
（二）稀释每股收益	20		

图 5-26 利润表

项目六

应用薪资管理系统

知识目标

- 熟悉薪资管理系统的功能与操作流程。
- 掌握薪资管理系统初始设置的方法。
- 掌握工资账套与企业账套的区别。
- 掌握进行工资项目设置及公式设置的方法。
- 掌握扣缴所得税设置方法。
- 掌握工资数据的计算方法。
- 掌握工资分摊设置方法并生成转账凭证。
- 掌握月末处理的操作方法。
- 掌握常用工资数据统计分析的操作方法。

技能目标

- 能够根据企业实际情况设置工资项目和计算公式。
- 能够增加、修改人员档案。
- 能够熟练进行工资数据的计算。
- 能够进行工资分摊设置并生成转账凭证。
- 能够根据工资数据进行统计分析。

项目资料

尽管各个单位的工资核算有很多共性，但是也存在一些差异。通过薪资初始设置，可以根据企业需要建立工资账套数据，设置薪资管理系统运行所需要的各项基础信息，为日常数据处理建立应用环境。

一、准备工作

（1）在电脑的E盘777账套文件夹下建立“项目六（薪资管理系统）”文件夹。

（2）将系统日期修改为2015年1月1日。

（3）引入“项目四　任务一”的备份数据。

（4）以账套主管“001 张新”的身份注册进入企业应用平台，操作日期为2015年1月1日。启用“薪资管理”系统，启用日期为2015年1月1日，并进行薪资管理系统的初始设置操作。

（5）在“人员类别”中增加“车间管理人员”，档案编码：1010104，档案名称：车间管理人员，其他参数默认。

一车间增加一个人：人员编码：201002；姓名：张三三；人员类别：车间管理人员；雇用状态：在职；是否业务员：是；性别：男；其他参数默认。

二车间增加一个人：人员编码：202002；姓名：李四四；人员类别：车间管理人员；雇用状态：在职；是否业务员：是；性别：男；其他参数默认。

二、建立工资账套

工资账套参数如下所述。

（1）工资类别个数：2个；核算币种：不核算计件工资。

（2）代扣个人所得税。

（3）不进行扣零处理。

三、人员附加信息设置

附加信息为“性别”、“学历”、“职称”、“职务”。

四、工资项目设置

新增工资项目（见表6-1）。

表6-1　工资项目

工资项目名称	类　型	长　度	小　数	增减项
基本工资	数字	8	2	增项
职务补贴	数字	8	2	增项
工龄工资	数字	8	2	增项
奖金	数字	8	2	增项
加班费	数字	8	2	增项
事假天数	数字	8	2	其他
事假扣款	数字	8	2	减项
养老保险	数字	8	2	减项
医疗保险	数字	8	2	减项

五、银行档案

设置银行名称，银行名称为“中国工商银行”；账号长度：12；自动带出账号长度：8。

六、建立工资类别

工资类别为：“在职人员”，所属部门为所有部门；“临时人员”，所属部门为“销售部”和“生产部”。

七、“在编人员”工资类别的人员档案设置（见表 6-2 和表 6-3）

表 6-2　人员档案

人员编码	人员姓名	行政部门名称	雇用状态	人员类别	性　别	审核标志
101001	姜成	办公室	在职	管理人员	男	未处理
101002	王志	办公室	在职	管理人员	男	未处理
102001	肖剑	人力资源部	在职	管理人员	男	未处理
103001	张新	财务部	在职	管理人员	男	未处理
103002	王力	财务部	在职	管理人员	女	未处理
103003	李红	财务部	在职	管理人员	女	未处理
201001	赵斌	一车间	在职	工人	男	未处理
201002	张三三	一车间	在职	车间管理人员	男	未处理
202001	孙浩	二车间	在职	工人	男	未处理
202002	李四四	二车间	在职	车间管理人员	男	未处理
301001	吴萍	采购部	在职	营销人员	女	未处理
302001	周爽	销售部	在职	营销人员	女	未处理
303001	郑忠	售后部	在职	营销人员	男	未处理
400001	陈明	离退休事务部	在职	离休人员	男	未处理
400002	李刚	离退休事务部	在职	退休人员	男	未处理
400003	陈静	离退休事务部	在职	退休人员	女	未处理
400004	沈海	离退休事务部	在职	退休人员	男	未处理

表 6-3　人员附加信息

人员编码	人员姓名	银行账号	学　历	职　称	职　务
101001	姜成	000000101001	本科	经济师	总经理
101002	王志	000000101002	研究生	高技会计师	会计主管
102001	肖剑	000000102001	本科	经济师	人事主管
103001	张新	000000103001	本科	会计师	财务主管

续表

人员编码	人员姓名	银行账号	学 历	职 称	职 务
103002	王力	000000103002	本科	会计师	会计
103003	李红	000000103003	本科	助理会计师	出纳
201001	赵斌	000000201001	大专	助师	生产人员
201002	张三三	000000201002	本科	经济师	生产主管
202001	孙浩	000000202001	大专	助理师	生产人员
202002	李四四	000000202002	本科	工程师	生产主管
301001	吴萍	000000301001	本科	技术员	采购人员
302001	周爽	000000301002	本科	营销师	营销人员
303001	郑忠	000000301003	本科	工程师	售后主管
400001	陈明	000000400001	本科	经济师	主管
400002	李刚	000000400002	本科	经济师	科员
400003	陈静	000000400003	本科	经济师	科员
400004	沈海	000000400004	本科	经济师	科员

八、在编人员工资项目设置

在编人员工资项目包括所有工资项目。

九、在编人员公式设置

(1) 职务补贴=iff [人员类别=“管理人员”, 600, iff (人员类别=“车间管理人员”, 500,300)]。

(2) 事假扣款=（基本工资+职务补贴）/22×事假天数。

(3) 养老保险=iff（基本工资>3 025，基本工资×0.08242)

(4) 医疗保险=基本工资×0.02

十、个人所得税扣税设置

将“在编人员”的个人所得税计提基数修改为 3 500，修改计算公式为 7 级超额累进税率（见表 6-4)。

表 6-4 7 级超额累进税率

级 次	应纳税所得额下限	应纳税所得额上限	税率（%）	速算扣除数
1	0.00	1 500.00	3.00	0.00
2	1 500.00	4 500.00	10.00	105.00
3	4 500.00	9 000.00	20.00	555.00
4	9 000.00	35 000.00	25.00	1 005.00

续表

级　次	应纳税所得额下限	应纳税所得额上限	税率（%）	速算扣除数
5	35 000.00	55 000.00	30.00	2 755.00
6	55 000.00	80 000.00	35.00	5 505.00
7	80 000.00	—	45.00	13 505.00

十一、数据权限分配

给操作员“003 李红”进行记录级数据权限分配，业务对象为“工资权限”，使其拥有所有工资类别的、所有部门的工资权限，以及工资项目的“查询”、“录入”权限。

十二、工资数据录入（见表 6-5）

表 6-5　2015 年 1 月工资数据

人员编号	姓名	部门	人员类别	基本工资	工龄工资	奖金	加班费	事假天数
101001	姜成	办公室	管理人员	6 500	150	150	200	
101002	王志	办公室	管理人员	5 000	230	150	120	
102001	肖剑	人力资源部	管理人员	3 300	100	150		
103001	张新	财务部	管理人员	2 700	120	150		
103002	王力	财务部	管理人员	3 300	100	150		1
103003	李红	财务部	管理人员	3 100	80	150	300	
201001	赵斌	一车间	工人	2 600	60	150		3
201002	张三三	一车间	车间管理人员	3 100	90	150		
202001	孙浩	二车间	工人	2 600	60	150		
202002	李四四	二车间	车间管理人员	3 000	170	150		
301001	吴萍	采购部	营销人员	3 100	160	150		
302001	周爽	销售部	营销人员	2 300	90	150	400	
303001	郑忠	售后部	营销人员	3 100	150	150		
400001	陈明	离退休事务部	离休人员	2 500				
400002	李刚	离退休事务部	退休人员	2 500				
400003	陈静	离退休事务部	退休人员	2 500				
400004	沈海	离退休事务部	退休人员	2 500				

十三、查看扣缴个人所得税表

十四、银行代发工资

十五、工资分摊设置（见表 6-6）

表 6-6　工资分摊

分摊类型	部门名称	人员类别	借方科目	贷方科目
工资	办公室、人力资源部、财务部	管理人员	管理费用/工资（660203）	应付职工薪酬/应付工资（221101）
	一车间、二车间	车间管理人员	制造费用/工资（510102）	
	一车间、二车间	工人	生产成本/工资（500102）	
	采购部、售后部	营销人员	管理费用/工资（660203）	
	销售部	营销人员	销售费用（6601）	
职工福利	办公室、人力资源部、财务部	管理人员	管理费用/福利费（660205）	应付职工薪酬/应付福利费（221102）
	一车间、二车间	车间管理人员	制造费用/工资（510102）	
	一车间、二车间	工人	生产成本/工资（500102）	
	采购部、售后部	营销人员	管理费用/福利费（660205）	
	销售部	营销人员	销售费用（6601）	
工会经费	办公室、人力资源部、财务部	管理人员	管理费用/工会经费（660208）	应付职工薪酬/应付工会经费（221103）
	一车间、二车间	车间管理人员		
	一车间、二车间	工人		
	采购部、售后部、销售部	营销人员		
职工教育经费	办公室、人力资源部、财务部	管理人员	管理费用/职工教育经费（660209）	应付职工薪酬/应付职工教育经费（221104）
	一车间、二车间	车间管理人员		
	一车间、二车间	工人		
	采购部、售后部、销售部	营销人员		

工资=应发合计×100%

职工福利=应发合计×14%

工会经费=应发合计×2%

职工教育经费=应发合计×2.5%

十六、工资分摊并生成转账凭证月末处理

十七、清理处理的项目：加班费、事假天数

十八、反结账。反结账成功后，要重新进行月末处理

十九、查看工资发放签名表

二十、查看工资项目分析表（按部门）

二十一、删除“工会经费”的转账凭证

二十二、账套备份（账套输出）

将账套数据备份到“E:\777 账套\项目六（应用薪资管理系统）”文件夹中。

项目分析

前面的操作中我们为天宇公司建立了账套、设置了用户、分配了权限；同时还在企业应用平台设置了天宇公司的基础信息资料，接下来又处理了总账系统的日常经济业务。这次我们学习的内容是一个全新的子系统——薪资管理系统。在这个子系统中，我们主要解决以下问题。

1．薪资管理系统参数

系统提供工资类别个数、工资核算比重、是否核算计件工资、个人所得税扣税处理、扣零处理等参数设置。

2．基础档案设置

（1）系统提供人员附加信息设置。

（2）人员类别、部门选择设置。

（3）人员档案设置。

（4）代发工资的银行名称设置。

3．业务处理

（1）对人员增减、工资变动进行处理。

（2）自动计算、汇总工资数据。

（3）自动计算个人所得税。

（4）自动完成工资分摊和相关费用计提，并可以直接凭证传递到总账系统。

（5）提供对不同工资类别的数据进行汇总的功能，从而实现统一工资核算。

4．统计分析

工资核算的结果最终是通过报表和凭证来体现。系统提供了各种工资表、工资分析表、汇总表、明细表等，并提供了凭证查询功能，可以满足企业多层次、多角度查询的需要。

知识储备

1. 基础数据设置

薪资管理系统中需要进行的基础设置内容包括：人员内服加信息设置、人员类别设置、工资项目设置、银行名称设置、部门设置、人员档案设置、计件工资设置（如需要使用计件工资）和计件工资方案设置（如需要使用计件工资）等。

2. 报表

薪资管理系统中可以进行工资分钱清单查询、工资表（工资发放签名表和工资变动明细表等）查询、工资分析表（部门工资项目构成分析表和工资增长情况分析等）和凭证查询。

3. 操作流程

(1) 首先注册进入薪资管理系统，如果是第一次使用薪资管理系统，则需要进行基础数据设置（如扣零设置、扣税设置、部门档案设置和人员档案设置等）和选项设置。

(2) 如果是多类别工资的情况，还需要进行工资类别的设置和工资计算公式设置。如使用计件工资方案，则需要进行计件工资方案设置。

(3) 处理日常工作，主要是对本月工资的变动项进行更改，因为薪资管理系统会自动将上月工资项目内的数据复制至本月作为基础工资数据。

(4) 月末时处理各个所得税率的扣除工作，如果是进行银行代发工资，则将工资数据输出到银行指定的报表格式以报送银行，如果是进行现金发放，可以查询并打印出分钱清单。

工资分钱清单是指核算单位在进行了工资计算以后，在工资发放时的分钱票面额清单，该功能适合工资发放时，以现金形式的核算单位使用。

(5) 进行工资分摊，生成凭证传递到总账系统中。

(6) 查询各种工资报表，进行月末处理，开始下一个月的工作。

任务一　启用“薪资管理”系统

操作步骤

1．单击“开始”|“所有程序”|“用友 U8V10.1”|“企业应用平台”，进入系统注册界面，操作员处输入前面填加的操作员，编码为“001”、输入密码“空”、选择账套“777”、会计年度“2015”操作日期“2015-01-01”单击“确定”按钮。

2．在企业应用平台的“基础设置”选项卡中，双击“基本信息”|“系统启用”，打开“系统启用”窗口。

3．选择“薪资管理”系统，启用日期为“2015 年 1 月 1 日”。如图 6-1 所示。

4．确定启用“薪资管理”系统，单击“是”，系统启用。如图 6-2 所示。

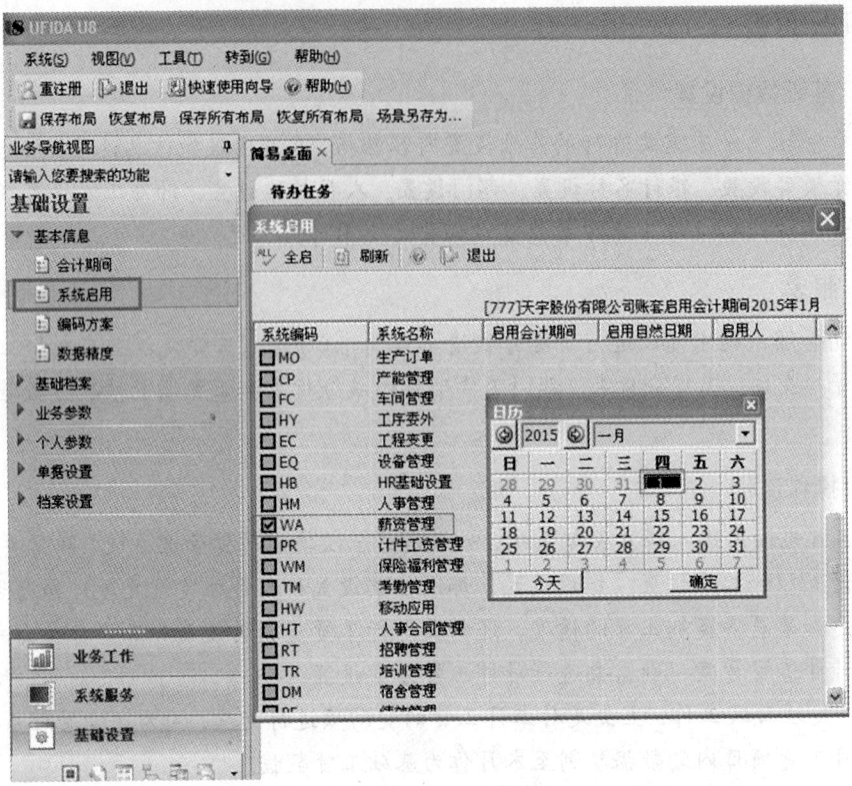

图 6-1　启用薪资管理

5．单击“退出”按钮，退出“系统启用”窗口。

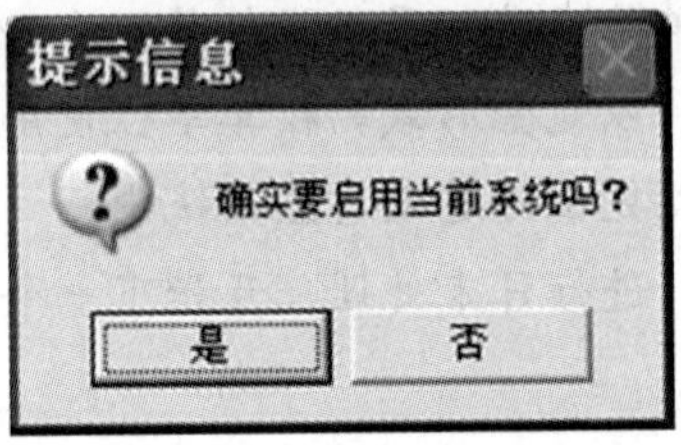

图 6-2　确定启用薪资管理

任务二　建立工资账套

操作提示

工资账套和企业核算账套是两个不同的概念，企业核算账套是在系统管理中建立，针对整个用友 ERP 系统而言的，而工资账套只针对用友 ERP 系统中的薪资管理系统。也就是说，工资账套是企业核算账套的一个组成部分。所以，在建立工资账套之前，必须首先在系统管理中建立企业核算账套。

操作步骤

1．在企业应用平台的“业务工作”选项卡中，双击“人力资源”|“薪资管理”，弹出系统提示信息“请先设置工资类别”，单击“确定”按钮，打开“建立工资账套——参数设置”窗口。

2．选择工资类别个数为“多个”，币别为“人民币 RMB”，如图 6-3 所示。

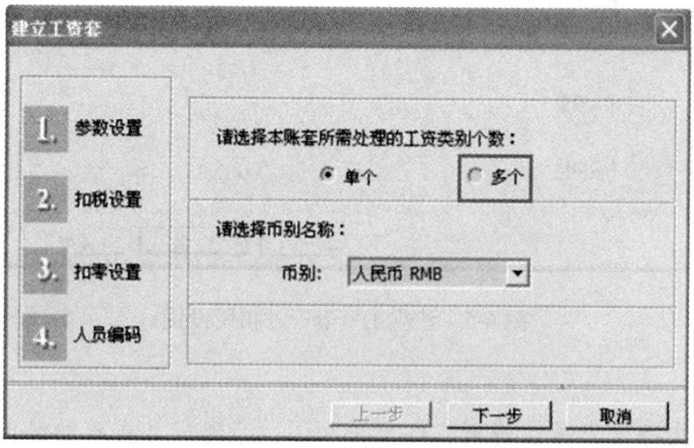

图 6-3 建立工资账套——参数设置

说明

工资类别有两类：“单个”和“多个”。如果核算单位对所有人员的工资实行统一管理，而人员的工资项目、工资计算公式全部相同时，选择“单个”类别；如果核算单位每月多次发放工资，以及不同职工发放工资的项目不同时，计算公式也不同，但是需要统一管理时，选择“多个”类别。

3．单击“下一步”按钮，打开“建立工资套——扣税设置”窗口，选中“是否从工资中代扣个人所得税”复选框，如图 6-4 所示。

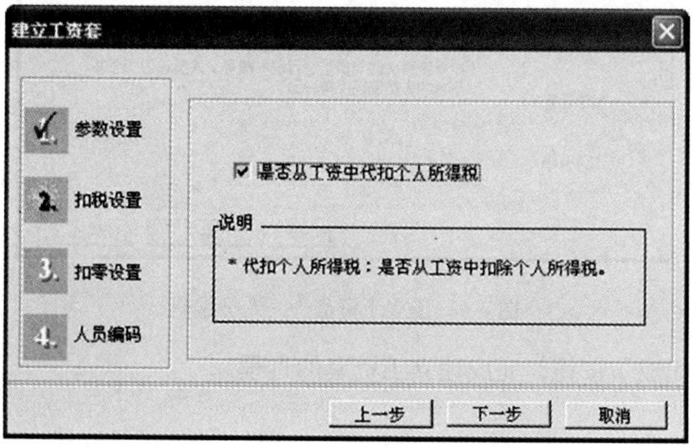

图 6-4 建立工资套——扣税设置

4．单击“下一步”按钮，打开“建立工资账套——扣零设置”窗口，不选“扣零”，如图 6-5 所示。

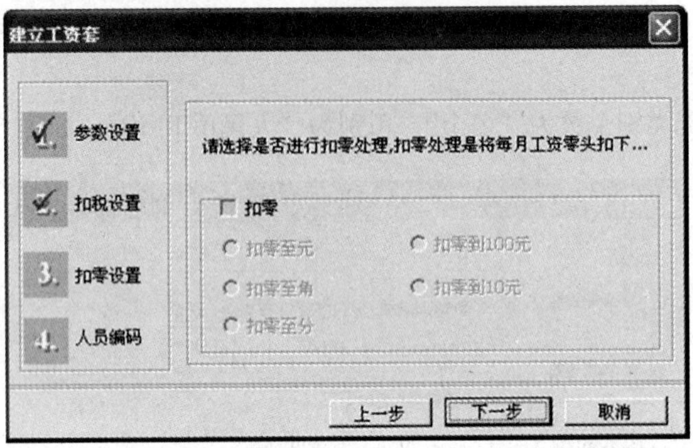

图 6-5　建立工资套——扣税设置

说明

扣零设置是在每次发放工资时，将零头扣下，等到积累成整数时再补上。用户选择“扣零”后，系统自动在工资项目中生成工资项目“本月扣零”和“上月扣零”，用户不必在计算公式中设置有关扣零处理的计算公式，系统自动设置并计算所扣零头。

需要注意的是，“应发合计”中不包括“上月扣零；“扣款合计”中不包括“本月扣零”。

5．单击“下一步”按钮，打开“建立工资套——人员编码”窗口，如图 6-6 所示。

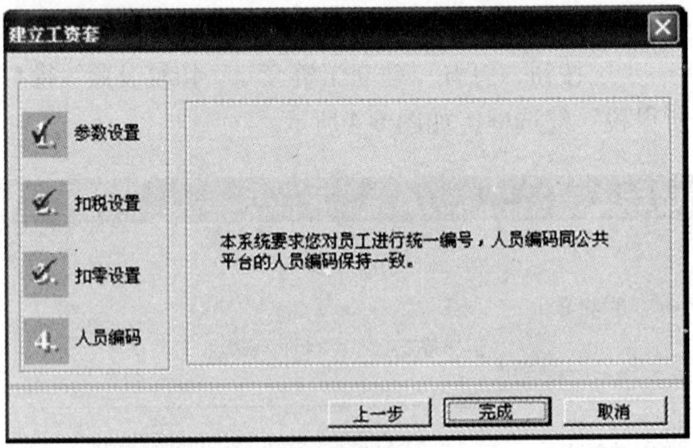

图 6-6　建立工资套——人员编码

6．单击“完成”按钮，完成建立工资套的过程。

任务三 人员附加信息设置

操作步骤

1．选择“薪资管理”|“设置”，双击“人员附加信息设置”，打开“人员附加信息设置”窗口。

2．单击“增加”按钮，在“栏目参照”的下拉框中选择“性别”或者在“信息名称”栏录入“性别”。

3．单击“增加”按钮，如图 6-7 所示。

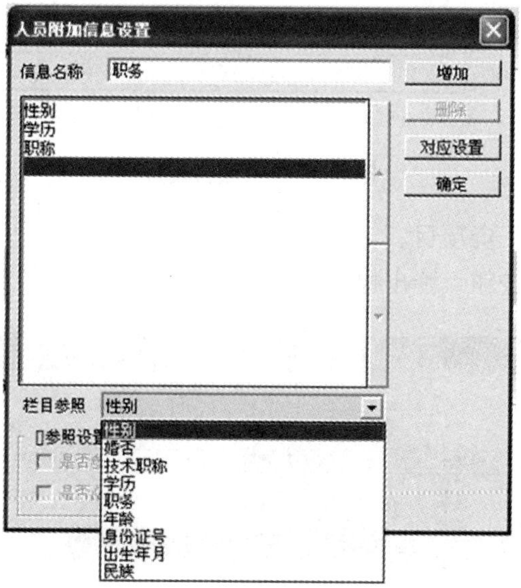

图 6-7 人员附加信息设置

4．同理，增加其他附加信息：“学历”、“职称”、“职务”。

5．单击“确定”按钮退出。

任务四 工资项目设置

操作步骤

1．选择“薪资管理”|“设置”，双击“工资项目设置”，打开“工资项目设置”窗口。

2．单击“增加”按钮，录入或从“名称参照”下拉列表中选择“基本工资”，设置“基本工资”的类型为“数值”型，长度为“8”，小数位数为“2”，增减项为“增项”，如图 6-8 所示。

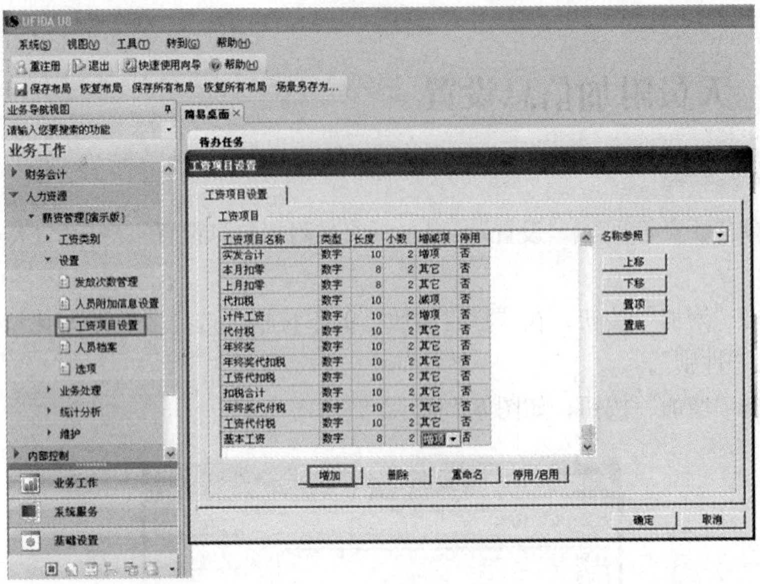

图 6-8　工资项目设置

3．继续增加其他工资项目。

4．单击“确定“按钮，弹出提示信息，如图 6-9 所示。

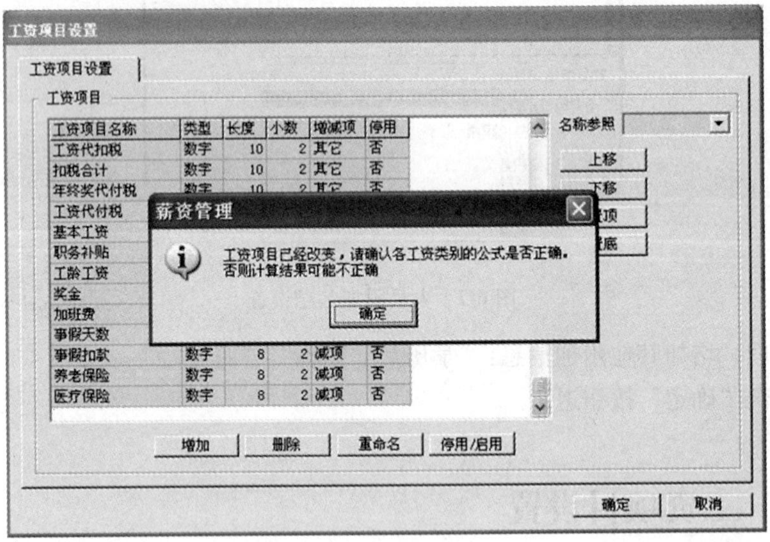

图 6-9　薪资管理提示

5．单击“确定”按钮。

说明

1．工资项目设置是针对单个工资类别而言的，就是这个工资账套所使用的全部工资项目。而对于多个工资类别的工资账套而言，在没有打开任何工资类别时，是针对所

有工资类别所需要使用的全部工资项目进行设置；在打开某工资类别时，是针对所打开工资类别进行工资项目设置的。虽然两者的操作路径相同，都是“设置”|“工资项目设置”，但是实际启用的功能是不同的。

2．工资项目名称必须唯一。

3．已经使用的工资项目是不可以删除的，不能修改数据类型。

4．系统提供的固定工资项目不能修改、删除。

5．数据类型分为“数字”和“字符”两种：“数字”类型的数据，彼此之间是可以进行数学运算的，比如加、减、乘、除；而“字符”类型的数据，彼此之间是不能进行数学运算的。

6．增减项分为“增项”、“减项”和“其他”。“增项”类型的数据是工资的增加项目，即多发给职工的薪酬，计量单位是人民币“元”；“减项”类型的数据是工资的减少项目，即少发给职工的薪酬，计量单位是人民币“元”；而“其他”类型的数据是不直接参与工资项目计算的，它的单位往往不是人民币“元”。比如：“事假天数”的“增减项”是“其他”，他的计量单位是“天”，而不是人民币“元”。

任务五 银行档案设置

操作步骤

1．在企业应用平台的“基础设置”选项卡中，选择“基础档案”|“收付结算”，双击“银行档案”，打开“银行档案”窗口，如图 6-10 所示。

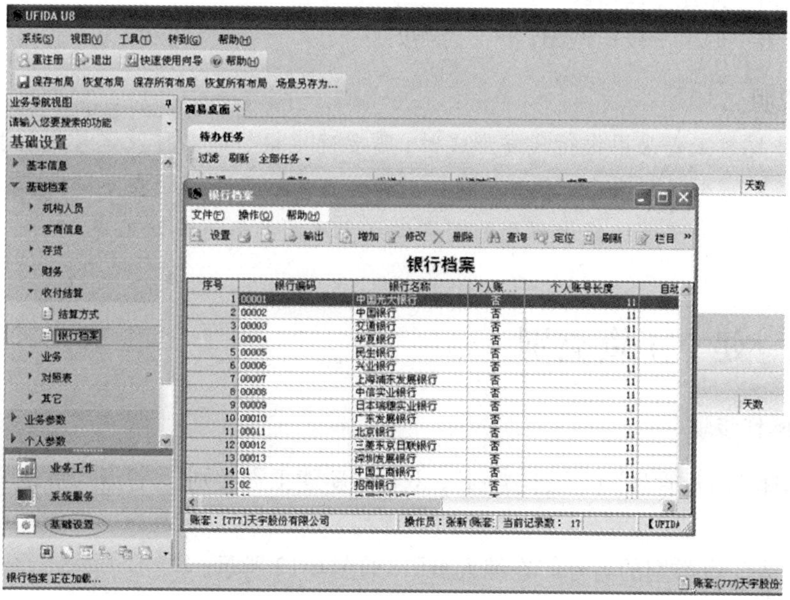

图 6-10 银行档案

2．选择已经有的“中国工商银行”，单击“修改”按钮，打开“修改银行档案”窗口。

3．选中“个人账户规则”中的“定长”复选框，设置账号长度为“12”，自动带出账号为“8”，如图 6-11 所示。

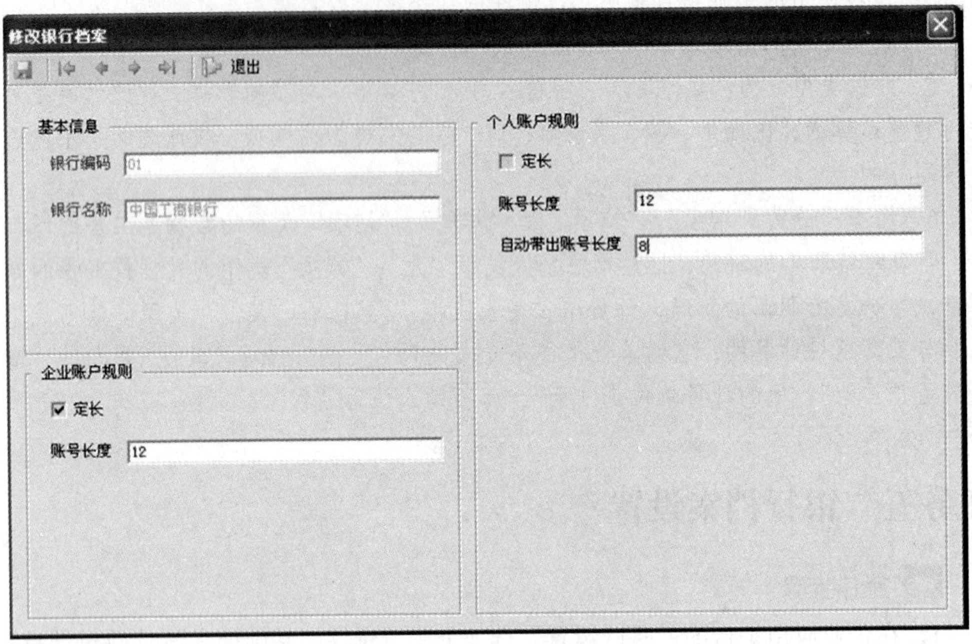

图 6-11　修改银行档案

4．单击“保存”按钮。

5．单击“退出”按钮退出。

说明

当企业发放工资采用银行代发形式时，需要确定银行的名称及账号的长度。发放工资的银行可按需要设置多个。例如，同一工资类别中的人员由于在不同的工作地点，需要不同的银行代发工资；或者不同的工资类别由不同的银行代发工资。

任务六　建立工资类别

操作步骤

1．选择“薪资管理”|“工资类别”，双击“新建工资类别”，打开“新建工资类别”窗口。

2．输入工资类别的名称“在编人员”，如图 6-12 所示。

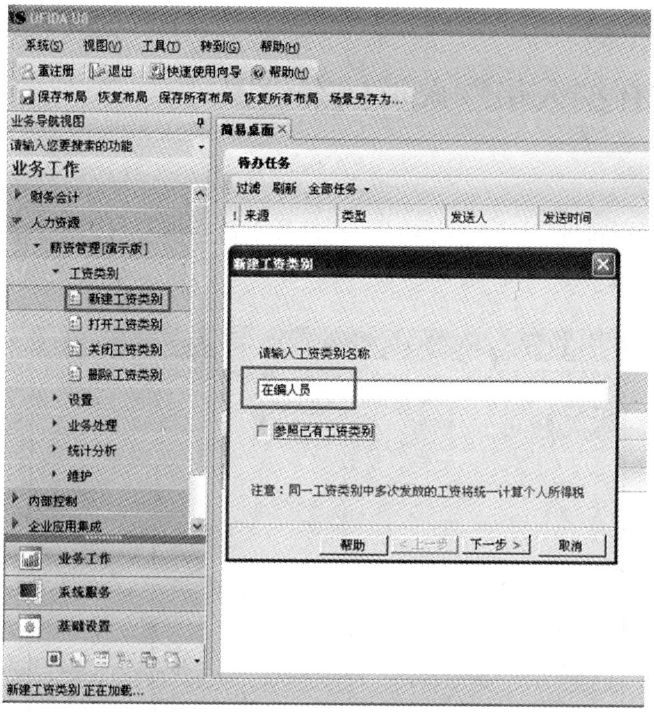

图 6-12　新建工资类别——选择部门

3．单击“下一步”按钮，打开“新建工资类别——选择部门”窗口。

4．分别单击选中各个部门，或者单击“选定全部部门”按钮，如图 6-13 所示。

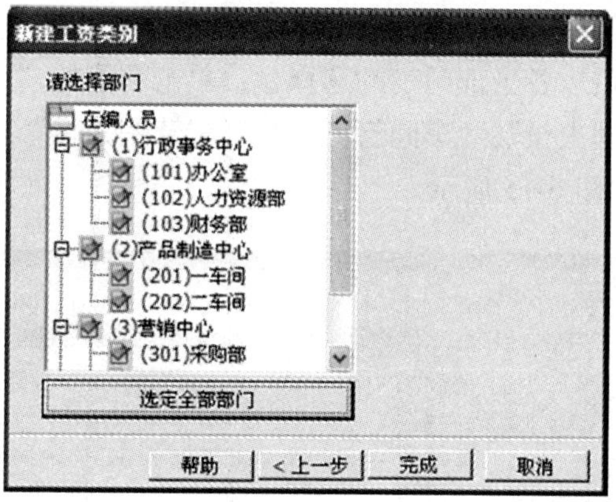

图 6-13　新建工资类别——选择部门

5．单击“完成”按钮，弹出系统提示信息“是否以 2015-01-01 为当前工资类别的启用日期？”

6．单击“是”按钮返回。

7．双击“工资类别”|“关闭工资类别”，关闭“在编人员”工资类别。

8．同理，新建“临时人员”工资类别。

任务七　“在编人员”人员档案设置

操作步骤

1．双击“薪资管理”|“工资类别”|“打开工资类别”，打开“打开工资类别”窗口，如图 6-14 所示。

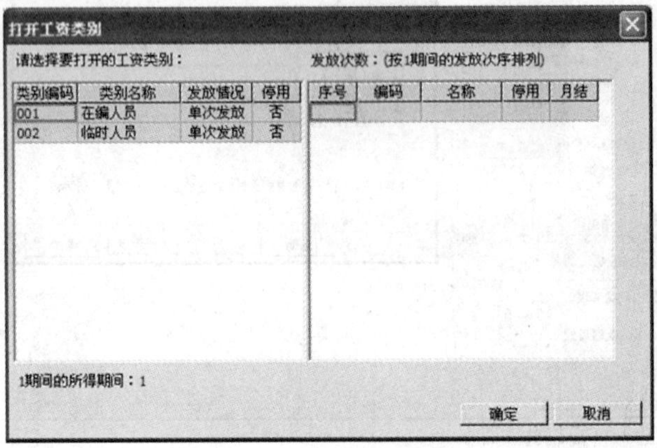

图 6-14　打开工资类别

2．选择“在编人员”工资类别，单击“确定”按钮。

3．双击“薪资类别”|“设置”|“人员档案”，打开“人员档案”窗口。

4．单击“批增”按钮，打开“人员批量增加”窗口。

5．单击“在编人员”各个部门前的选择栏；单击右侧的“查询”按钮，单击“全选”按钮，此时，“管理人员”、“车间管理人员”、“营销人员”、“工人”人员类别前的选择栏已经被勾选，如图 6-15 所示。

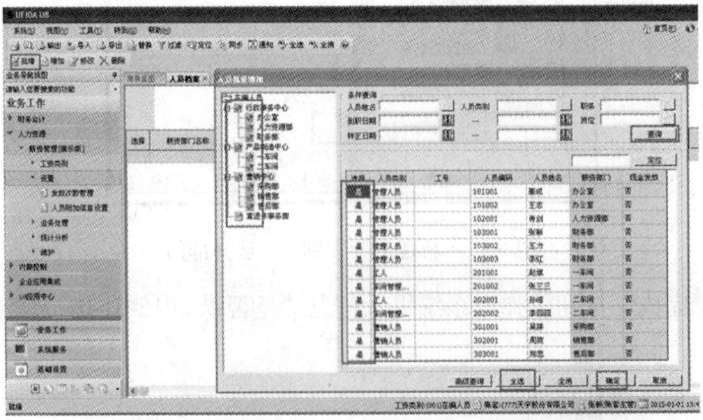

图 6-15　人员批量增加

📖 **说明**

在这里不要选择“离退休事务部”中的四个职工，因为在这个部门中的“人员类别”中有两类：“离休人员”、“退休人员”，他们只发放“基本工资”，没有其他薪酬收入与支出，如果不慎增加了他们四个人的数据，则需要删除。

6．单击“确定”按钮，返回“人员档案”窗口。

7．在“人员档案”窗口选定“101001”号人员，单击“修改”按钮，修改人员的账号、性别、学历、职称、职务信息，如图 6-16、图 6-17 所示。

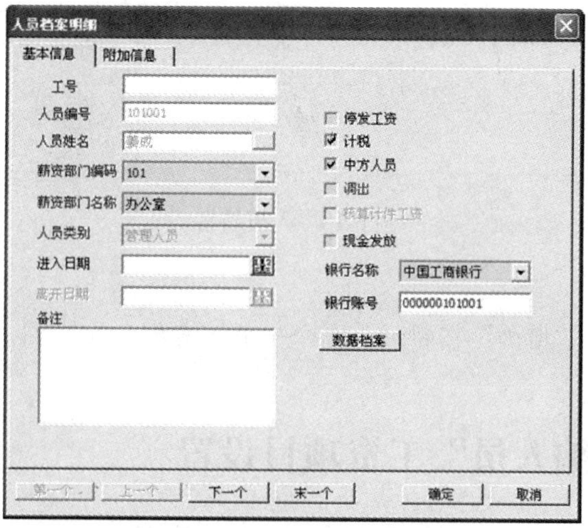

图 6-16　修改基本信息

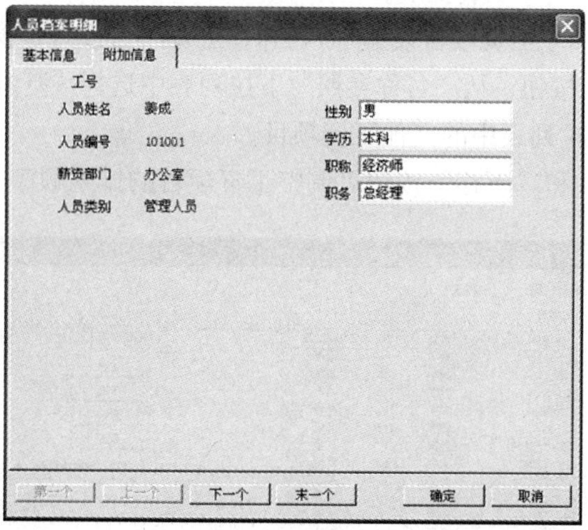

图 6-17　修改附加信息

8．单击“确定”按钮，弹出系统提示信息“写入该人员档案信息吗？”单击“确定”按钮。

9．继续修改其他人员的信息，修改完后如图 6-18 所示。

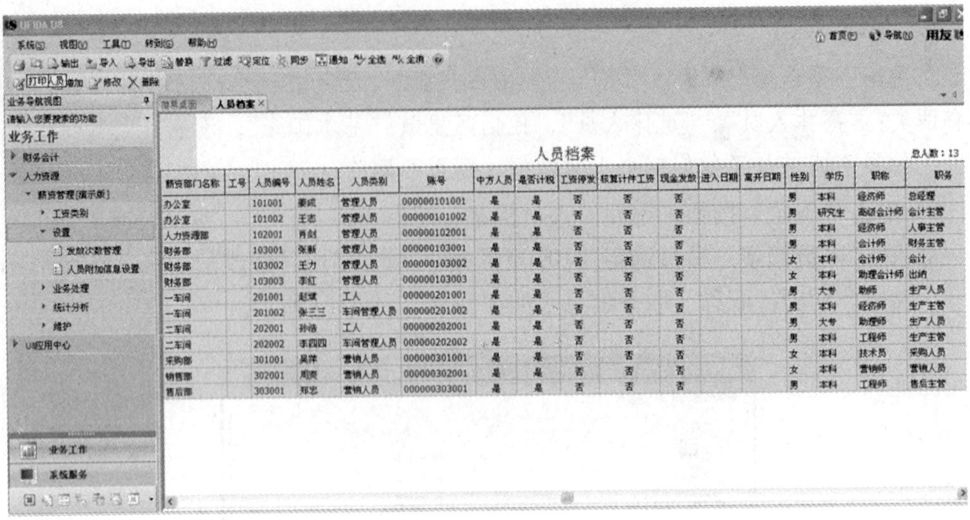

图 6-18　人员档案

📖 **说明**

也可以通过单击“增加”按钮后，一个一个地增加人员档案。

任务八　“在编人员”工资项目设置

操作步骤

1．打开“在编人员”工资类别。

2．双击“设置”|“工资项目设置”，打开“工资项目设置”窗口。

3．单击“增加”按钮，从“名称参照”下拉列表中选择“基本工资”，再用此方法增加“名称参照”下拉列表中的其他工资项目。

4．通过“上移”和“下移”按钮可调整工资项目的排列顺序，如图 6-19 所示。

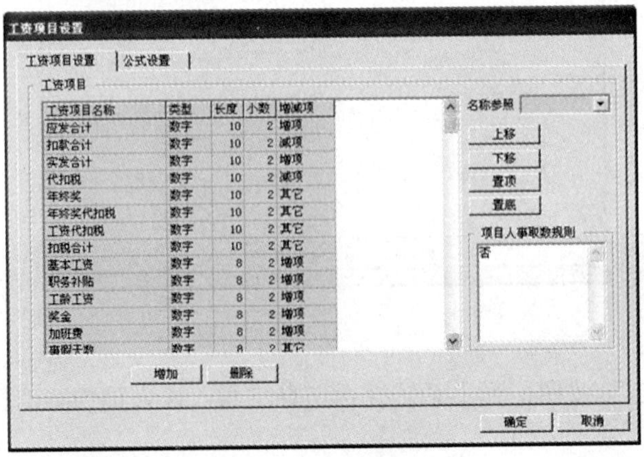

图 6-19　工资项目设置

📖 **说明**

1．必须先对所有工资类别设置需要使用的全部工资项目以后，才能打开各个工资类别，再对各个工资类别分别增加它所需要的项目。前者为后者提供备选项，后者只能从工资项目设置的“名称参照”中选择工资项目，而不能增加工资项目。

2．工资项目不能重复选择。

3．工资项目的排列顺序不影响计算结果。

任务九　“在编人员”公式设置

操作步骤

一、“职务补贴”公式设置（函数向导法）

1．在图 6-19 的“工资项目设置”窗口中，单击“公式设置”选项卡，打开“工资项目设置——公式设置”窗口。

2．单击“增加”按钮，从下拉条列表中选择“职务补贴”。

3．单击“函数公式向导输入”按钮，打开“函数向导——步骤之 1”窗口。

4．单击“函数名”列表中的“iff”函数，如图 6-20 所示。我们需要完成公式设置：职务补贴=iff[人员类别=“管理人员”，600，iff(人员类别=“车间管理人员”，500,300)]。

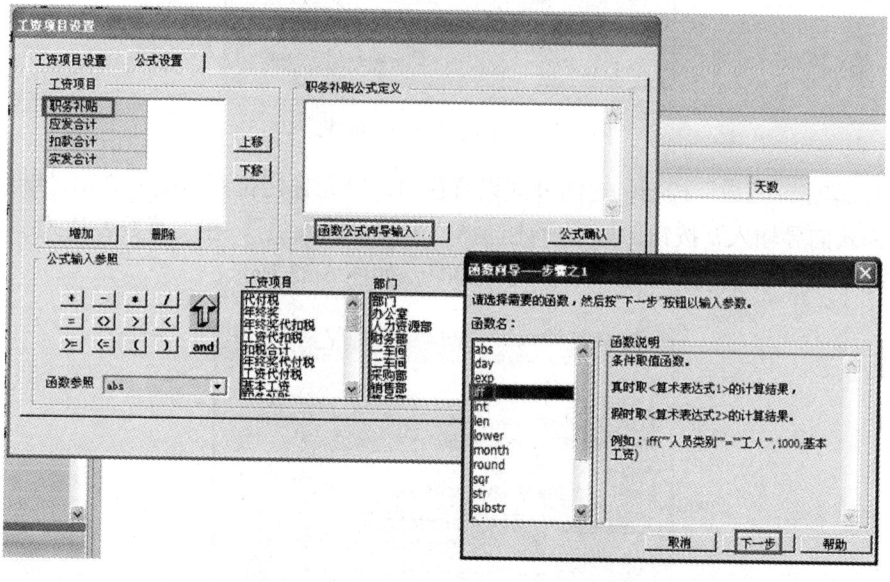

图 6-20　函数向导——步骤之 1

5．单击“下一步”按钮，打开“函数向导——步骤之 2”窗口。

6．单击“逻辑表达式”栏的参照按钮，打开“逻辑表达式参照”窗口。

7. 单击“参照列表”栏的下三角按钮，选择“人员类别”，再单击选中“管理人员”，如图 6-21 所示。

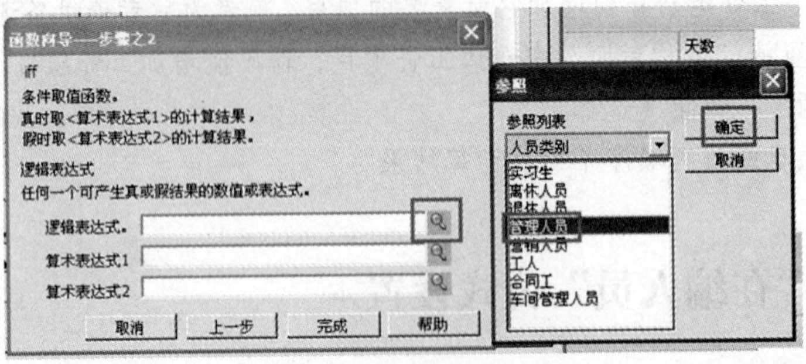

图 6-21　逻辑表达式——参照

8. 单击“确定”按钮，返回“函数向导——步骤之 2”窗口。

9. 在“算术表达式 1”文本框中输入“600”，如图 6-22 所示。

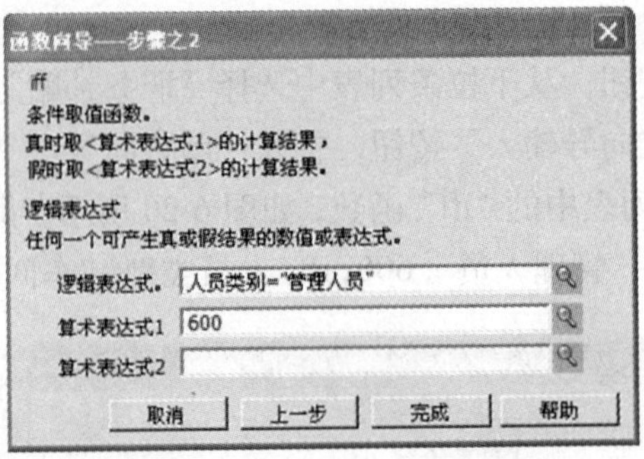

图 6-22　函数向导——步骤之 2

10. 单击“完成”按钮，返回公式设置窗口。将光标定位到右括号之前，继续单击“函数公式向导输入”按钮，如前所述选择“车间管理人员”，在“算数表达式 1”中输入 500，在“算数表达式 2”中输入“300”，如图 6-23 所示。

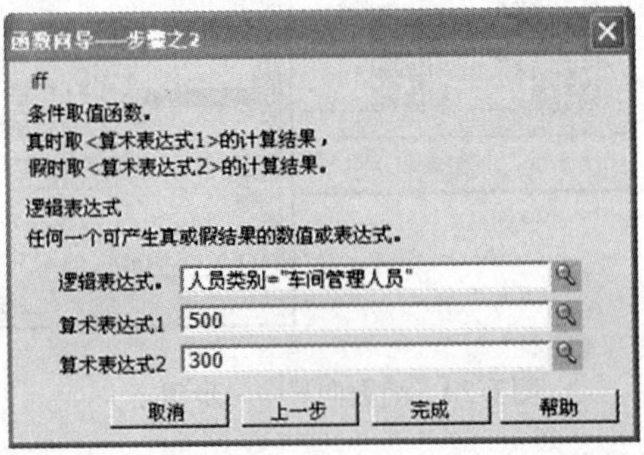

图 6-23　嵌套的 iff 函数向导——步骤之 2

11．单击“公式确认”，然后“完成”按钮返回公式设置界面，如图 6-24 所示。注意的问题是定义完公式后要单击“公式确认”按钮。

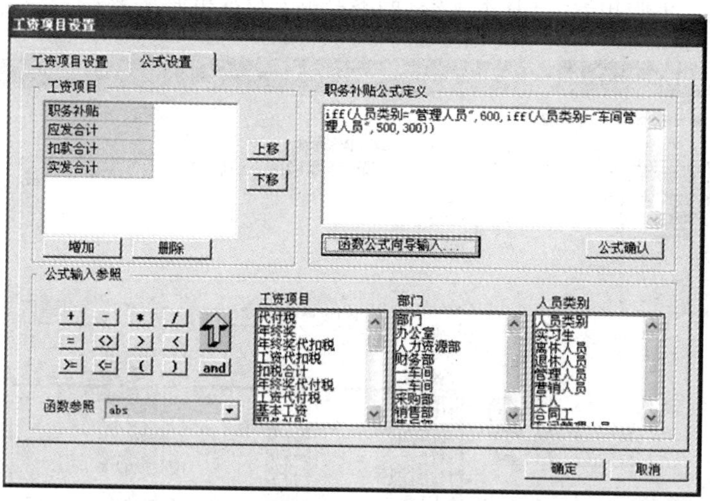

图 6-24　职务补贴公式设置

12．单击“公式确认”按钮。

13．公式定义完成以后，单击“确定”按钮保存并退出窗口。

说明

1．函数向导法设置公式适用于那些能用公式直接表达的薪酬项目，如果套用不上系统自带的公式，就需要用第二种方法——直接录入法。

2．只用在打开工资类别之后，“工资项目设置”窗口才会出现“公式设置”选项卡。

3．在定义公式时，可以使用函数公式向导输入、函数参照、工资项目参照、部门参照和人员类别参照编辑输入该工资项目的计算公式。

4．工资项目中没有的项目不允许在公式中出现。

5．公式中可以引用已设置公式的项目。

6．职务补贴=iff［人员类别=“管理人员”，600，iff（人员类别=“车间管理人员”，500,300）］这个公式的含义是：如果某职工的人员类别是“管理人员”的话，这个人的“职务补贴”就是 600 元；如果某职工的人员类别是“车间管理人员”的话，这个人的“职务补贴”就是 500 元；如果某职工的人员类别既不是“管理人员”又不是“车间管理人员”的话，这个人的“职务补贴”就是 300 元。

二、其他公式设置（直接录入法）

1．在“工资项目设置——公式设置”窗口中，继续单击“增加”按钮，从下拉列表中选择“事假扣款”。

2．单击“事假扣款公式定义”区域，单击左下角的“公式输入参照”中的“左括号”按钮（或者在英文状态下用键盘录入），在下方的“工资项目”列表中选择“基本工资”，在选择或者录入“+”，以此方法设置公式余下的项目，如图 6-25 所示。在这里需要完成公式：事假扣款=（基本工资+职务补贴）/22×事假天数。

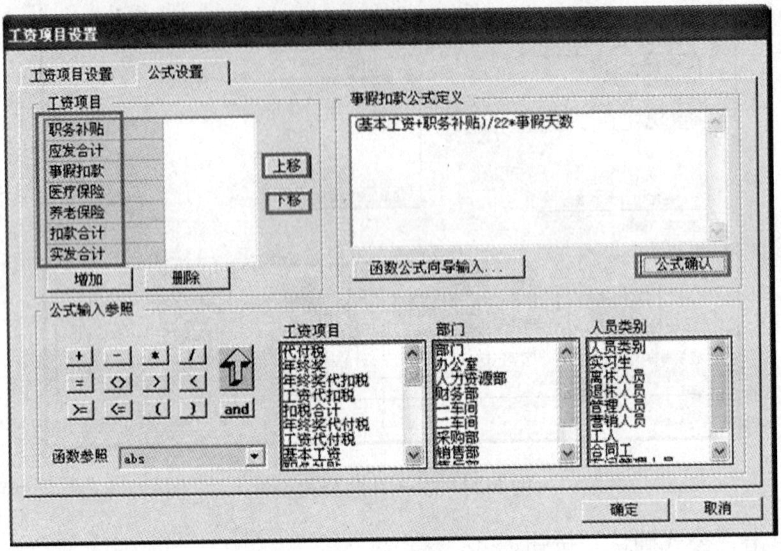

图 6-25 事假扣款公式设置

3．单击“公式确认”按钮。

4．同理，可以设置养老保险、医疗保险的公式。

5．公式定义完成以后，单击“确定”按钮退出窗口。

说明

1．在这里的“工资项目”要注意顺序，免得计算数据出现不必要的麻烦。凡是属于“增项”的“工资项目”，通过“上移”、“下移”按钮将其放置在“应发合计”的上面，例如“职务补贴”就是这样；凡是属于“减项”的“工资项目”，通过“上移”、“下移”按钮将其放置在“应发合计”和“扣款合计”之间。

2．在薪资管理系统及其他系统中，如果需要录入文字及符号，注意的问题是：除了汉字以外，其他全部都用英文半角输入，包括“引号”、“加号”、“冒号”、“除号”等都需要在英文半角状态下录入。百分数要表达成小数形式，比如“2%”表达成“0.02”。

任务十 个人所得税扣税设置

操作步骤

1．在打开“在编人员”工资后，选择“薪资管理”|“设置”，双击“选项”，打开“选项”窗口。

2．单击“扣税设置”选项卡，单击“编辑”按钮，如图 6-26 所示。

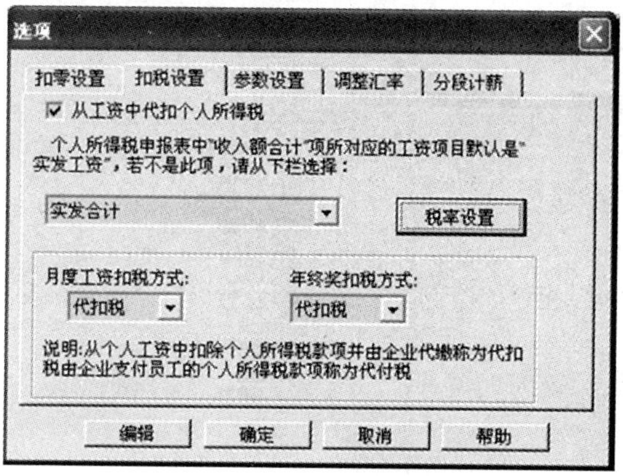

图 6-26 选项——扣税设置

3．单击“税率设置”按钮，打开“个人所得税申报表——税率表”窗口。

4．查看“基数”栏“3 500”及其他信息，如图 6-27 所示。

图 6-27 个人所得税申报表——税率表

5．单击“确定”按钮退出。

任务十一 数据权限分配

操作步骤

1．以系统管理员的身份注册进入“系统管理”，对操作员“002 王力”进行再次授权，单击“权限”|“权限”，打开授权界面，选中“002 王力”，单击工具栏的“修改”按钮，在右侧的“人力资源”前勾选，然后单击保存并退出，如图 6-28 所示。

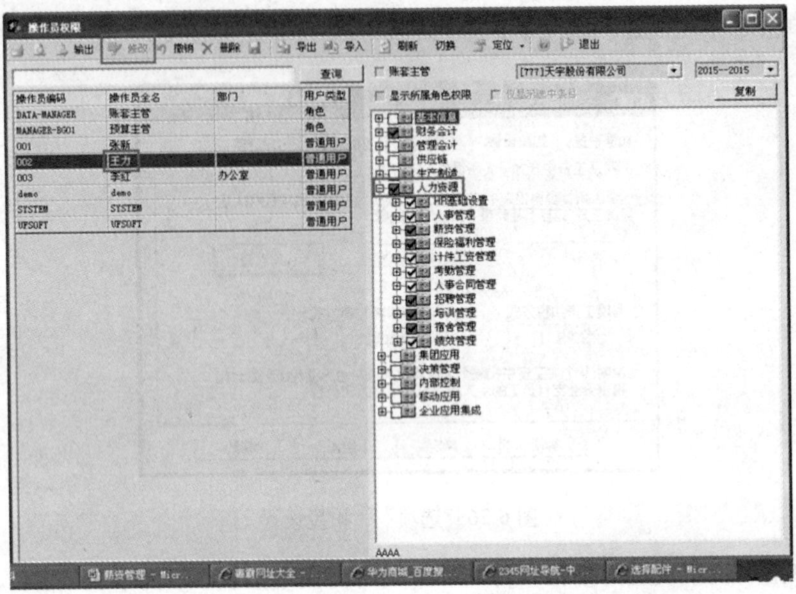

图 6-28　授权

以账套主管“001 张新”的身份重新注册进入企业应用平台，操作日期为“2015 年 1 月 1 日”。在企业应用平台左下方有“系统服务”选项卡，单击即可打开，双击打开“系统服务”|“权限”|“数据权限控制设置”，在“记录级”选项卡里的“工资权限”前勾选，如图 6-29 所示。之后，单击“确定”即可退出。

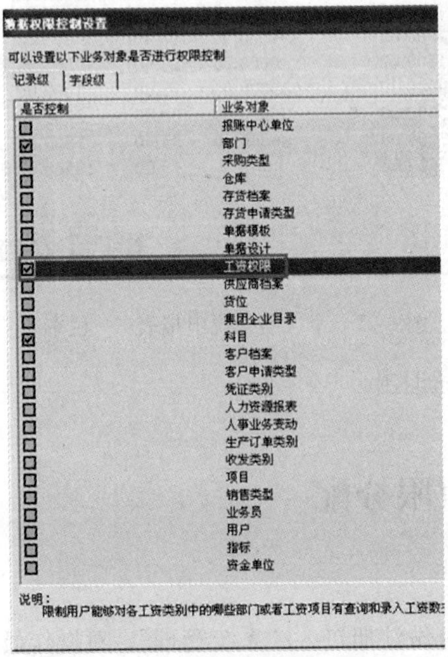

图 6-29　数据权限控制设置

2．在企业应用平台“业务工作”选项卡中，选择“财务会计”|“总账”|“设置”，

双击“数据权限分配”（或者在“系统服务”选项卡中，双击“权限”|“数据权限分配”），打开“权限浏览”窗口。

3．单击选择用户操作员“002 王力”，单击选择“记录”选项卡，如图 6-30 所示。

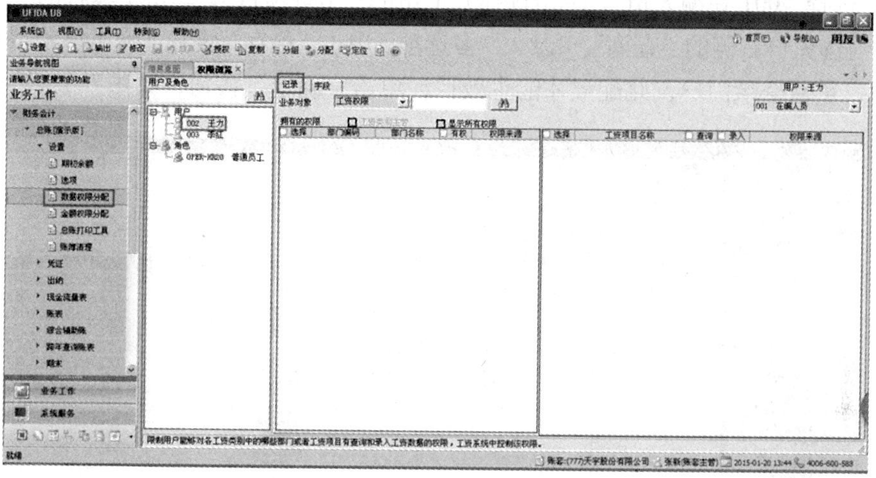

图 6-30　权限浏览

4．单击“授权”按钮，打开“记录权限设置”窗口。

5．在“业务对象”后面的下拉列表中选择“工资权限”；在右上角的下拉列表中选择“001 在编人员”；单击选择右上角的“部门”；单击“»”按钮，将“禁用”的部门全部移至“可用”栏，如图 6-31 所示。

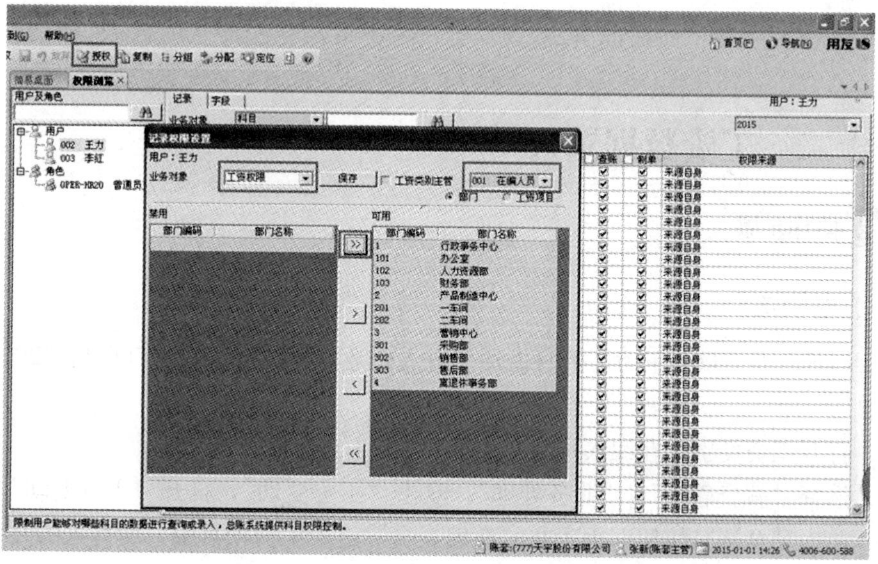

图 6-31　记录权限设置

6．单击“保存”按钮，弹出信息提示“保存成功，重新登录门户，此配置才能生效!"，单击“确定”按钮。

7．同理，在右上角的下拉列表中选择“002 临时人员”，将禁用部门变为可用部门并保存。

8．选择“001 在编人员”，单击选择右上角的“工资项目”，单击工具栏的“修改”按钮，勾选窗口右侧的“查询”、“录入”多选项。单击“保存”按钮，弹出提示信息“保存成功，重新登录门户，此配置才能生效!”，单击“确定”按钮，如图 6-32 所示。

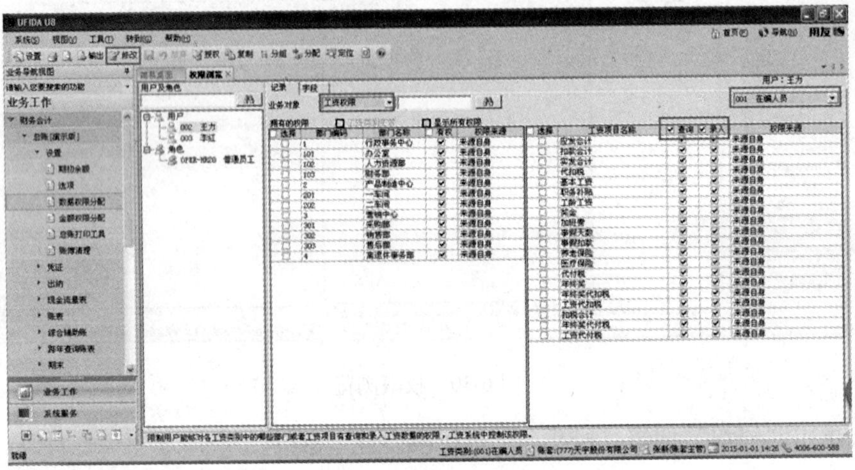

图 6-32　修改查询、录入

9．同理，选择“002 临时人员”，设置“工资项目”的“查询”和“录入”权限并保存。

10．单击“关闭”按钮退出。

任务十二　工资数据录入

操作步骤

一、替换法

1．以操作员“002 王力”的身份注册进入企业应用平台，操作日期是“2015 年 1 月 31 日”。

2．打开工资类别“在编人员”。

3．选择“薪资管理”|“业务处理”，双击“工资变动”，打开“工资变动”窗口。

4．单击“全选”按钮，因为在“在编人员”这个工资项目中，所有人的奖金都是相同的。

5．单击“替换”按钮，打开“工资项数据替换”窗口。

6．单击“将工资项目”栏的下三角按钮，在下拉菜单中选择“奖金”，在“替换成”

文本框中输入“150”，如图 6-33 所示。

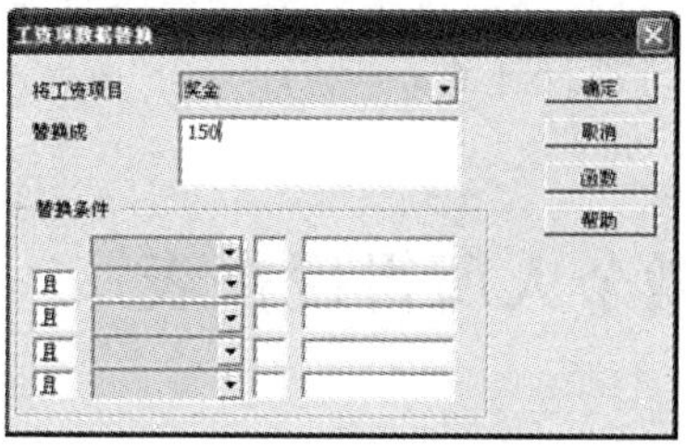

图 6-33　工资项数据替换

7．单击“确定”按钮，弹出提示信息“数据替换后将不可恢复。是否继续？”。

8．单击“是”按钮，系统提示“13 条记录被替换，是否重新计算？”。

9．单击“是”按钮返回。

二、直接录入法

1．直接录入其他工资数据。

2．单击“计算”按钮，单击“汇总”按钮，计算和汇总后的工资数据如图 6-34 所示。

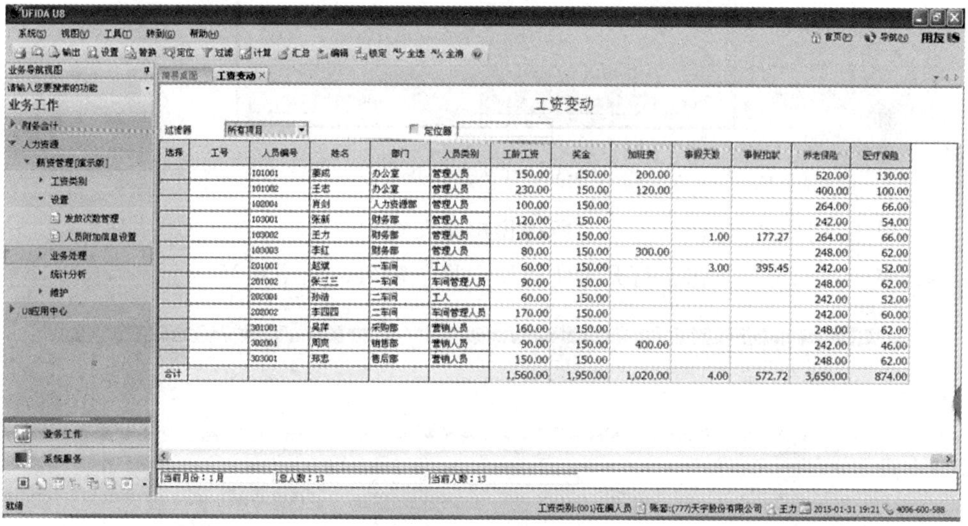

图 6-34　录入工资数据

3．单击“关闭”按钮退出“工资变动”窗口。

📖 说明

1．在修改了某些数据、重新设置了计算公式，进行了数据替换或者在个人所得税中执行了自动扣税等操作后，必须调用“计算”和“汇总”功能对个人工资数据重新计算汇总，以保证数据的正确性。

2．如果不执行重算工作，在退出工资变动时，系统会自动提示重新计算。

3．在工资变动窗口，右击鼠标、从中选择“动态计算”打上对勾，则在工资数据项目发生变动后，系统将自动进行计算。

任务十三　查看扣缴个人所得税报表

操作步骤

1．选择“薪资管理”|“业务处理”，双击“扣缴所得税”，打开“个人所得税申报模板”窗口。

2．在“请选择所得地区名”后的下拉菜单中选择“系统”，单击选中报表类型“扣缴个人所得税报表”行，如图 6-35 所示。

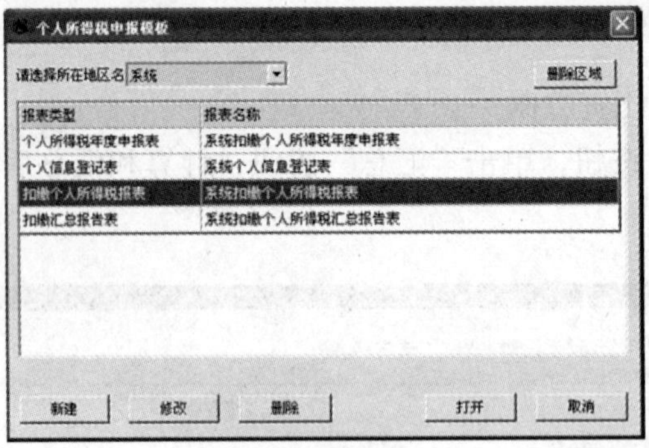

图 6-35　个人所得税申报

3．单击“打开”按钮，打开“所得税申报”窗口。

4．单击“确定”按钮，打开“所得税申报”窗口，如图 6-36 所示。

系统扣缴个人所得税报表

2015年1月 ~ 2015年1月

总人数：13

序号	纳税义务...	身份证照...	身份证号码	国家与地区	职业编码	所得项目	所得期间	收入额	免税收入额	允许扣除...	费用扣除...	准予扣除...	应纳税所...	税率	应扣税额	已扣税额	备注
1	秦成	身份证					1	7600.00			3500.00		3450.00	10	240.00	240.00	
2	王志	身份证					1	6100.00			3500.00		2100.00	10	105.00	105.00	
3	肖剑	身份证					1	4150.00			3500.00		320.00	3	9.60	9.60	
4	张新	身份证					1	3570.00			3500.00		0.00	0	0.00	0.00	
5	王力	身份证					1	4150.00			3500.00		142.73	3	4.28	4.28	
6	李红	身份证					1	4230.00			3500.00		420.00	3	12.60	12.60	
7	赵斌	身份证					1	3110.00			3500.00		0.00	0	0.00	0.00	
8	张三丰	身份证					1	3840.00			3500.00		30.00	3	0.90	0.90	
9	孙涛	身份证					1	3110.00			3500.00		0.00	0	0.00	0.00	
10	李四四	身份证					1	3820.00			3500.00		18.00	3	0.54	0.54	
11	吴萍	身份证					1	3710.00			3500.00		0.00	0	0.00	0.00	
12	周燕	身份证					1	3240.00			3500.00		0.00	0	0.00	0.00	
13	郑杰	身份证					1	3700.00			3500.00		0.00	0	0.00	0.00	
合计								54330.00			45500.00		6480.73		372.92	372.92	

图 6-36　所得税申报

5．查看完后，单击“退出”按钮或“关闭”按钮退出。

任务十四 银行代发工资

操作步骤

1．选择“薪资管理”|“业务处理”，双击“银行代发”，之后，在“请选择部门范围”窗口勾选下面的“选定下级部门”，之后勾选对应部门：行政事务中心、产品制造中心、营销中心，打开“请选择部门范围”窗口，如图 6-37 所示。

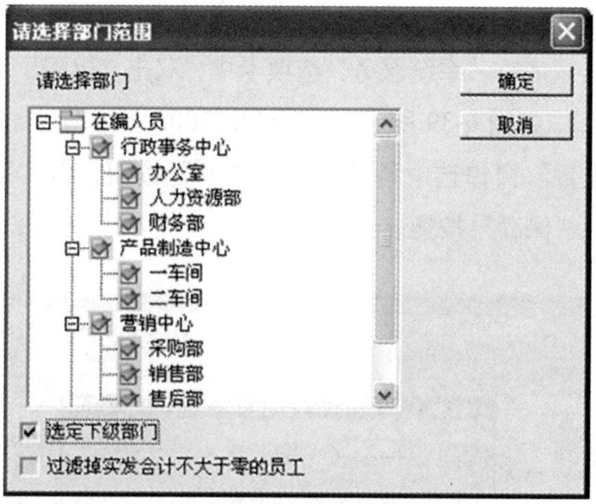

图 6-37 选定下级部门

2．按照提示，单击“确定”打开“银行代发”窗口，如图 6-38 所示。

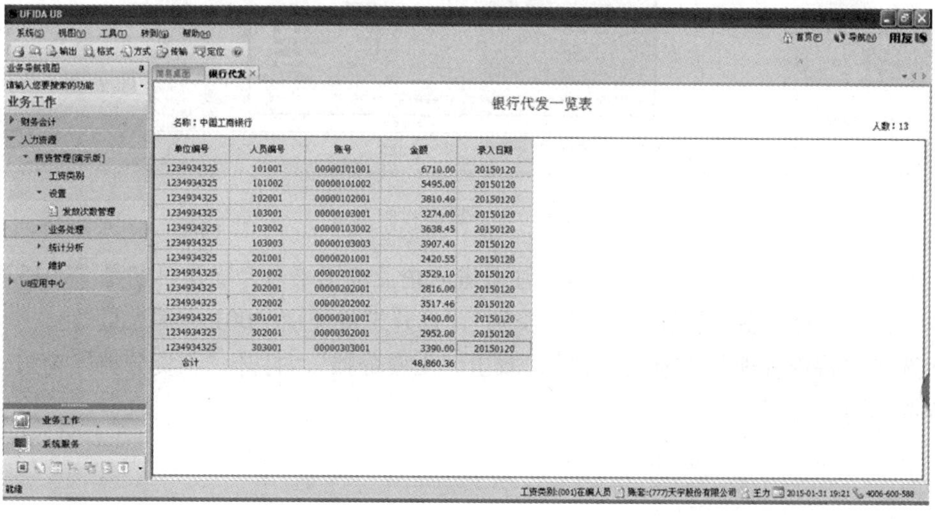

图 6-38 “银行代发”窗口

任务十五　工资分摊设置

操作步骤

1．以“001 张新”的身份，重新注册“企业门户”，登录日期为“2015 年 1 月 31 日”，在“基础设置”|“基础档案”|“财务”|“会计科目”，新增会计科目：管理费用——工会经费、管理费用——职工教育经费、应付职工薪酬——应付工会经费、应付职工薪酬——应付职工教育经费，他们的科目代码分别为：660208、660209、221103、221104。

在企业应用平台“业务工作”选项卡中，选择“财务会计”|“总账”|“设置”，双击“数据权限分配”（或者在“系统服务”选项卡中，双击“权限”|“数据权限分配”），打开“权限浏览”窗口，如图 6-39 所示。单击选中“002 王力”，单击工具栏的“授权”，之后在“记录权限设置”窗口选中科目，单击“»”按钮，将“禁用”的部门全部移至“可用”栏，单击“保存”按钮。

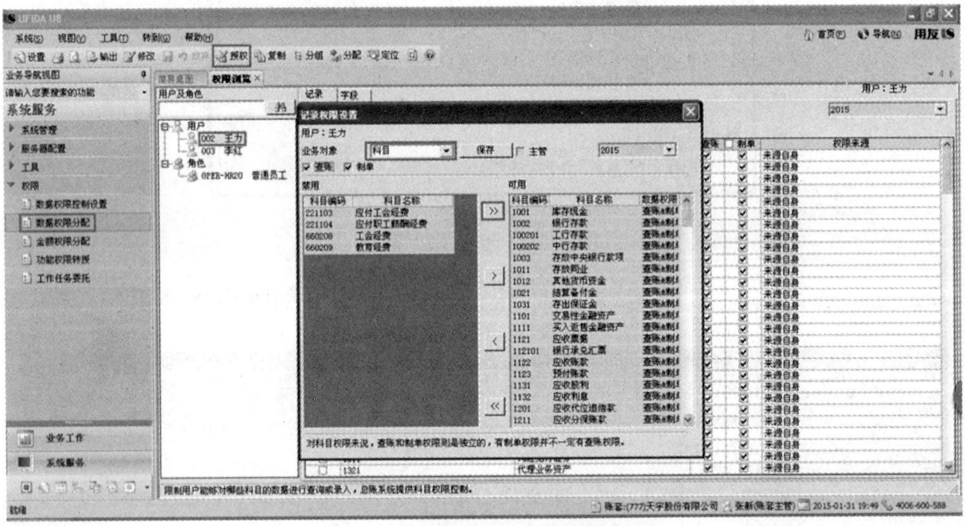

图 6-39　会计科目权限浏览

2．以操作员“002 王力”的身份注册进入企业应用平台，操作日期是“2015 年 1 月 31 日”，选择“薪资管理”|“工资类别”，打开工资类别“001 在编人员”。

选择“薪资管理”|“业务处理”，双击“工资分摊”，打开“工资分摊”窗口，如图 6-40 所示。

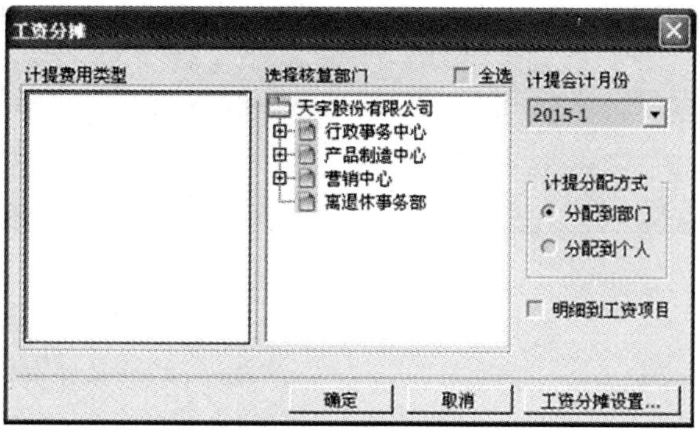

图 6-40　工资分摊

3．单击“工资分摊设置”按钮，打开“工资分摊设置”窗口。

4．单击“增加”按钮，打开“分摊计提比例设置”窗口。

5．在“计提类型名称”栏录入“工资”，在“分摊计提比例”栏录入“100%”，如图 6-41 所示。

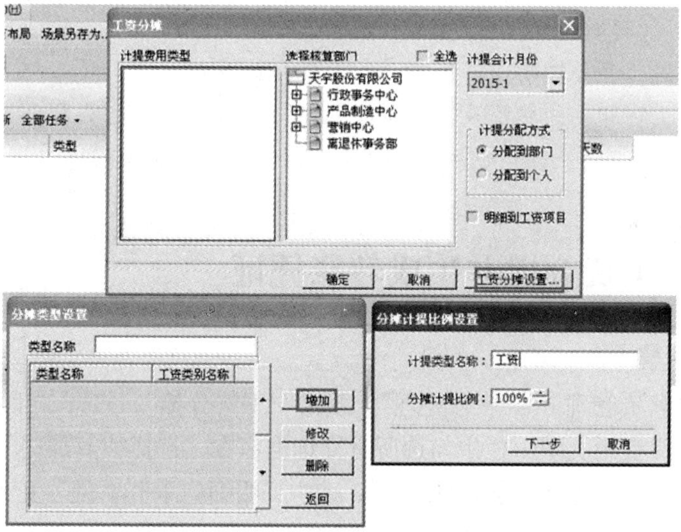

图 6-41　工资分摊设置

6．单击“下一步”按钮，打开“分摊构成设置”窗口。在窗口中，选择分摊构成的各项内容，如图 6-42 所示。注意借方科目“500102”需要选择“借方项目大类——生成成本”、“借方科目——1#产品”。

7．单击“完成”按钮，返回“分摊类型设置”窗口。

8．单击“增加”按钮，在“计提类型名称”栏录入“职工福利”，在“分摊计提比例”录入“14%”。

9．单击“下一步”按钮，参照工资分摊的操作步骤，完成职工福利、工会经费、职工教育经费的分摊设置。

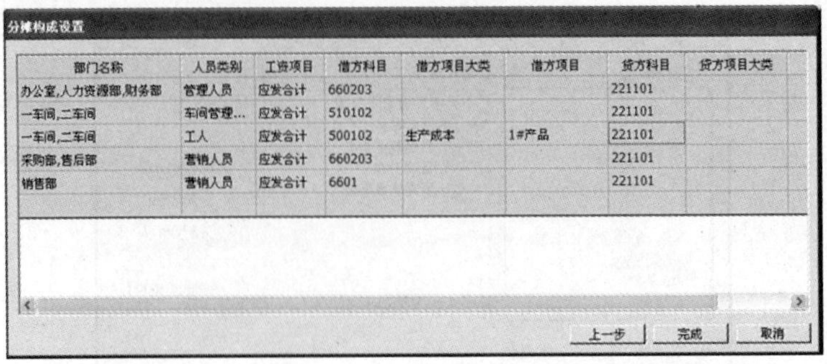

图 6-42　分摊构成设置

10．单击“完成”按钮，返回“分摊类型设置”窗口。

11．单击“返回”按钮，再单击“取消”按钮，退出“工资分摊”窗口，暂不进行分摊操作。

📖 **说明**

1．工资分摊是指对当月发生的工资费用进行工资总额的计算、分配及各种经费的计提，并制作自动转账凭证，传递到总账系统供登账使用。

2．首次使用工资分摊功能，应先进行工资分摊设置。

3．所有与工资相关的费用及基金需建立相应的分摊类型名称及分摊比例，如职工福利、职工教育经费、工会经费、养老保险金、住房公积金等。

任务十六　工资分摊并生成转账凭证

操作步骤

1．选择“薪资管理”|“业务处理”，双击“工资分摊”，打开“工资分摊”窗口。

2．在“计提费用类型”栏中勾选所有复选框；在“选择核算部门”栏选中所有部门；“计提分配方式”选择“分配到部门”；选中“明细到工资项目”复选款，如图 6-43 所示。

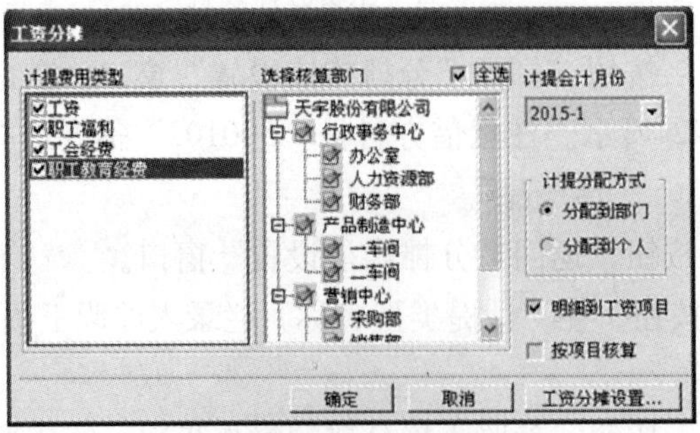

图 6-43　工资分摊

3．单击“确定”按钮，进入“工资一览表”窗口，选中“合并科目相同、辅助项相同的分录”，如图 6-44 所示。

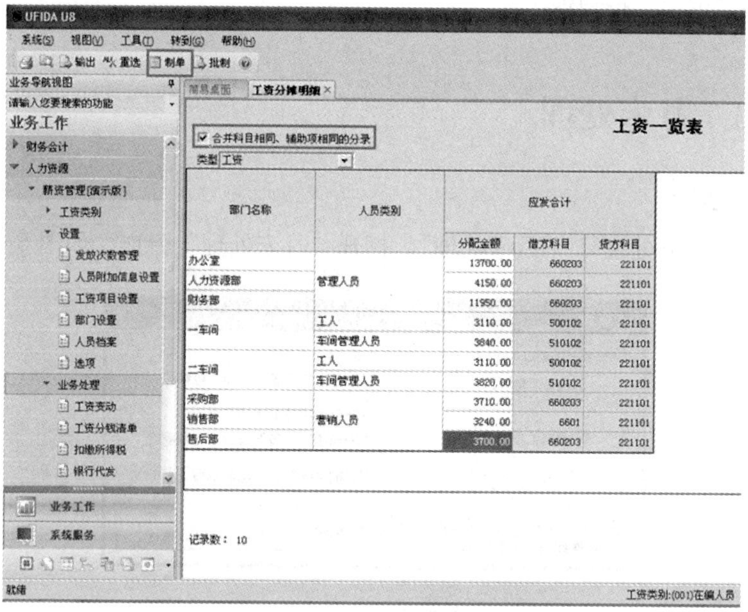

图 6-44　工资一览表

4．单击“制单”按钮，选择凭证类别为“转账凭证”，单击“保存”按钮，该凭证将传递到总账系统中，如图 6-45 所示。需要将凭证体中的会计科目“生成成本——直接人工”的辅助核算项目补充完整，“项目名称”为“1#号产品”。

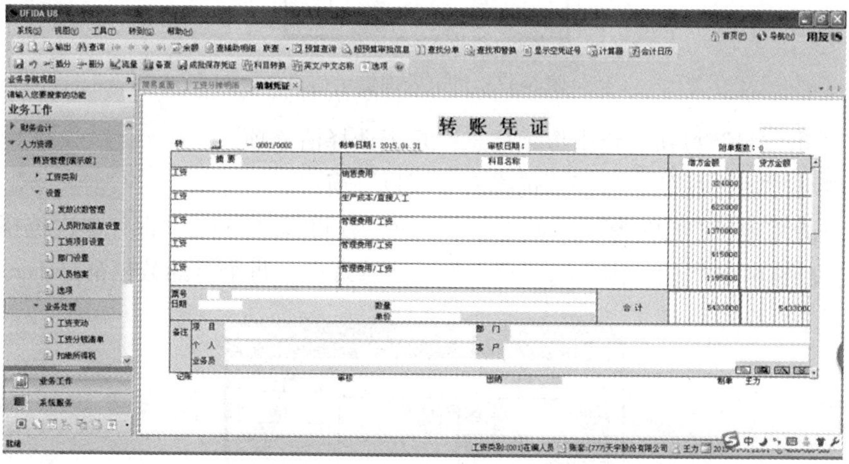

图 6-45　转账凭证

5．单击“退出”按钮，返回“工资分摊明细”窗口。

6．单击“批制”按钮。

7．选择批制类别为“转账凭证”，单击“保存”按钮。

8．单击“下张凭证”按钮或者“上张凭证”按钮，将另外两张凭证保存。

9．单击“退出”按钮退出。

任务十七　月末处理

操作步骤

1．双击“业务处理”|“月末处理”，打开“月末处理”窗口，如图 6-46 所示。

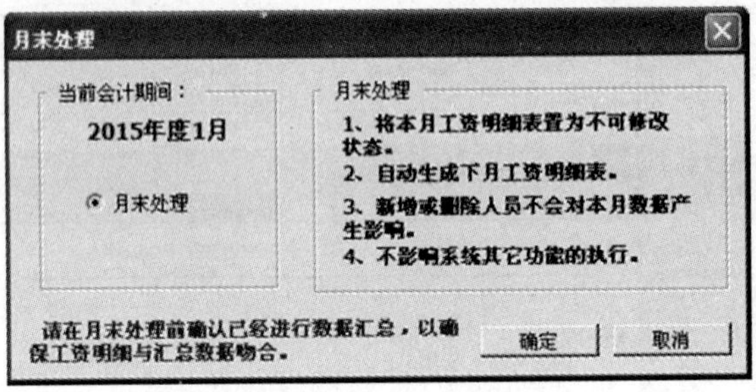
月末处理
当前会计期间：
2015年度1月
月末处理
月末处理
1、将本月工资明细表置为不可修改状态。
2、自动生成下月工资明细表。
3、新增或删除人员不会对本月数据产生影响。
4、不影响系统其它功能的执行。
请在月末处理前确认已经进行数据汇总，以确保工资明细与汇总数据吻合。
确定
取消

图 6-46　月末处理

2．单击“确定”按钮，弹出提示信息，如图 6-47 所示。

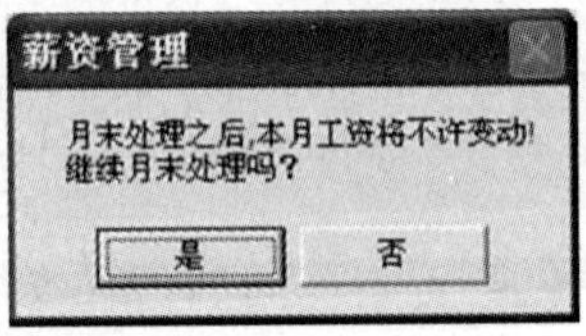
薪资管理
月末处理之后,本月工资将不许变动!
继续月末处理吗？
是
否

图 6-47　月末处理提示信息

3．单击“是”按钮，弹出提示信息“是否选择清零项”。

4．单击“是”按钮，打开“选择清零项目”窗口。

5．将清零项目“加班费”“事假天数”添加到右侧框内，选中“保存本次选择结果”复选框，如图 6-48 所示。因为这些项目在薪酬管理中，每个月的数据都是不同的。

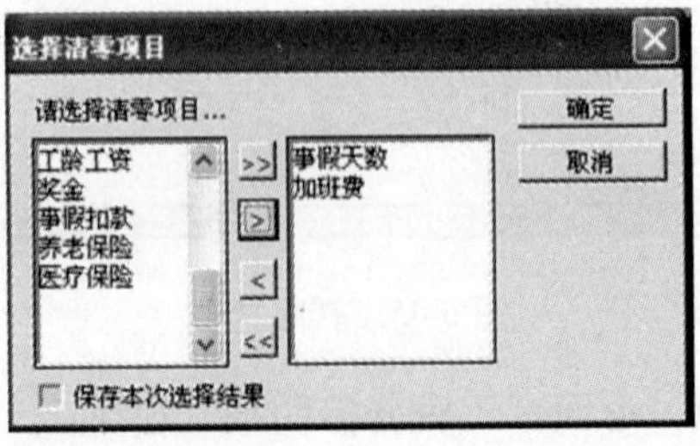
选择清零项目
请选择清零项目...
工龄工资
奖金
事假扣款
养老保险
医疗保险
事假天数
加班费
确定
取消
保存本次选择结果

图 6-48　清零项目设置

6．单击“确定”按钮，弹出提示信息“月末处理完毕!”。
7．单击“确定”按钮。

📖 **说明**

1．月末处理即月末结账，是将当月数据经过处理后结转至下月。

2．由于在工资项目中，有的项目是变动的，也就是每月的数据都不相同，因此在每月进行工资处理时，都需要将其数据进行清零，而后输入当月的数据，此类项目即为清零项目。若不进行清零操作，则下月项目将完全复制当前月份的数据。

任务十八　反结账

操作步骤

1．以操作员“002 王力”的身份注册进入企业应用平台，操作日期是“2015 年 2 月 1 日”。

2．选择“薪资管理”|“业务处理”，双击“反结账”，打开“反结账-1”窗口，选择“在编人员”工资类别，如图 6-49 所示。

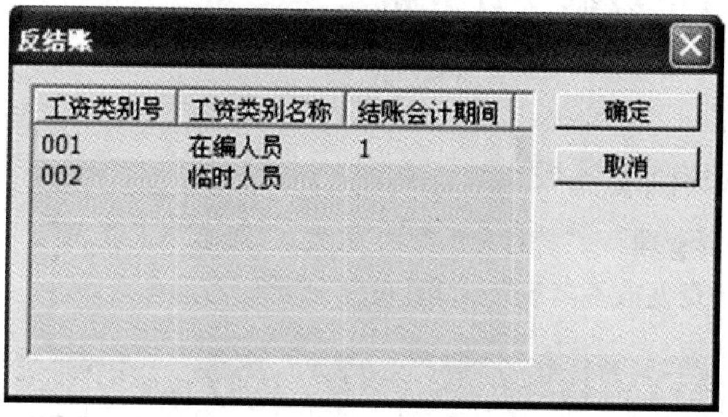

图 6-49　反结账-1

3．单击“确定”按钮，打开“反结账-2”窗口，如图 6-50 所示。

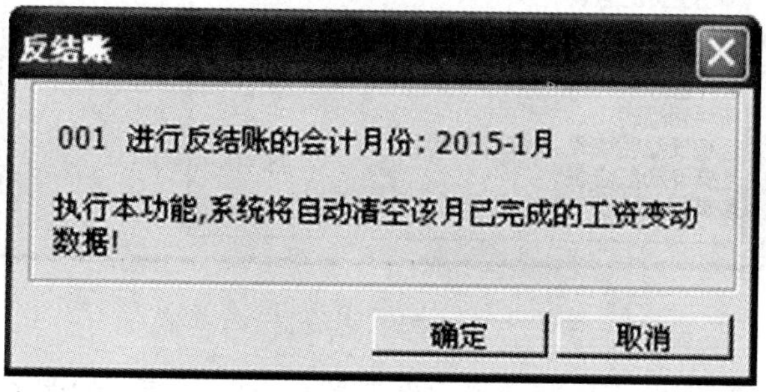

图 6-50　反结账-2

4．单击“确定”，弹出提示信息“反结账已成功完成”，单击“确定”按钮。

说明

1．在薪资管理系统结账后，若发现还有一些业务或者其他事项需要在已经结账月进行账务处理，此时需要使用反结账功能取消已结账标志。

2．反结账由账套主管或者有操作权限的人进行操作，操作日期为反结账月份的下月的日期。

3．有下列情况之一的，不允许反结账：

（1）总账系统已经结账。

（2）成本管理系统已经结账。

（3）汇总工资类别的会计月份等于反结账会计月，而且包括需要反结账的工资类别。

（4）本月工资分摊、计提凭证传输到总账系统，如果总账系统已经制单并记账，需要做红字冲销凭证后，才能反结账；如果总账系统未做任何操作，只需要删除此凭证即可。如果凭证已经由出纳签字、审核签字或者主管签字，需要取消相应的签字并删除该张凭证后，才能反结账。

任务十九　薪资数据统计分析

操作步骤

一、查看工资发放签名表

1．选择“薪资管理”|“统计分析”|“账表”，双击“工资表”，打开“工资表”窗口，单击选择“工资发放签名表”，如图 6-51 所示。

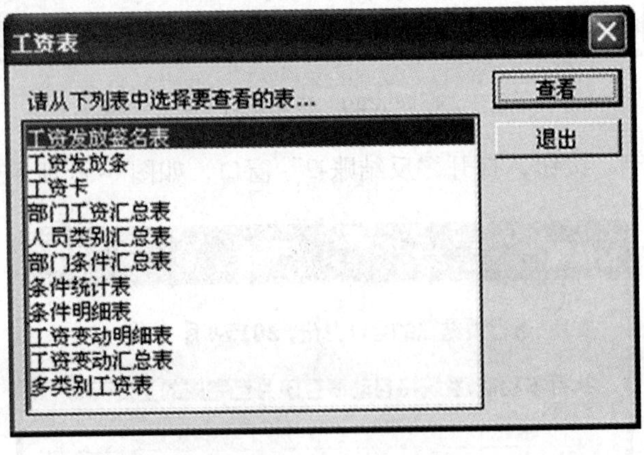

图 6-51　工资表

2．单击“查看”按钮，打开“工资发放签名表”查看，如图 6-52 所示。

图 6-52　选择分析部门

3．单击“确定”按钮，打开“工资发放签名表”窗口，如图 6-53 所示。

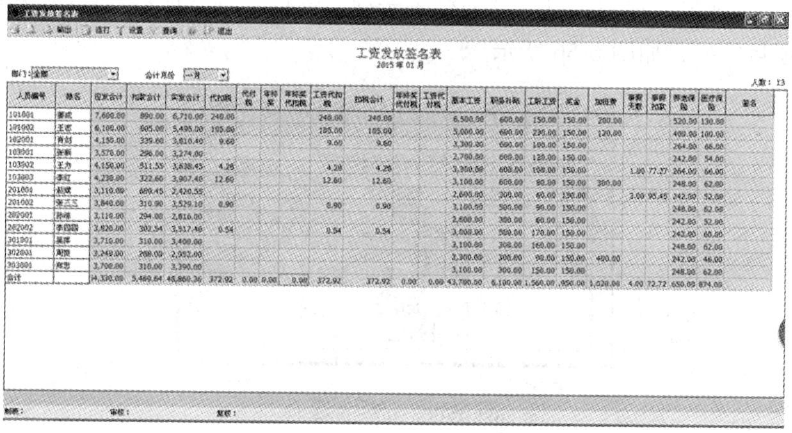

图 6-53　工资发放签名表

4．查看完毕后，单击“退出”或“关闭”按钮。

二、查看工资项目分析表（按部门）

1．选择“薪资管理”|“统计分析”|“账表“，双击“工资分析表”，打开“工资分析表”窗口，单击选择“工资项目分析表（按部门）”，如图 6-54 所示。

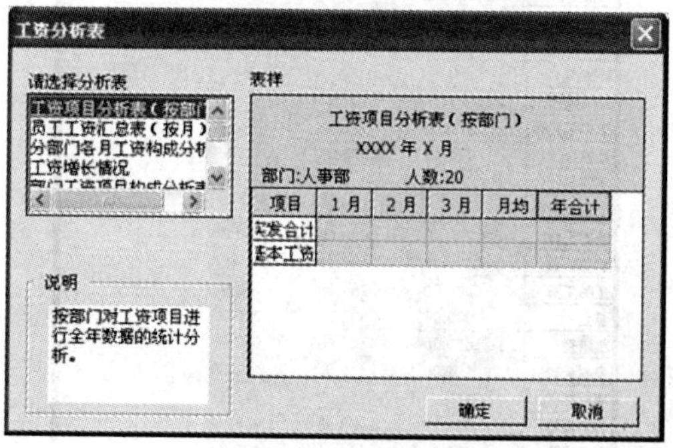

图 6-54　工资分析表

2．单击“确定”按钮，打开“请选择分析部门”窗口，选择所有的部门（包括下级部门），如图 6-55 所示。

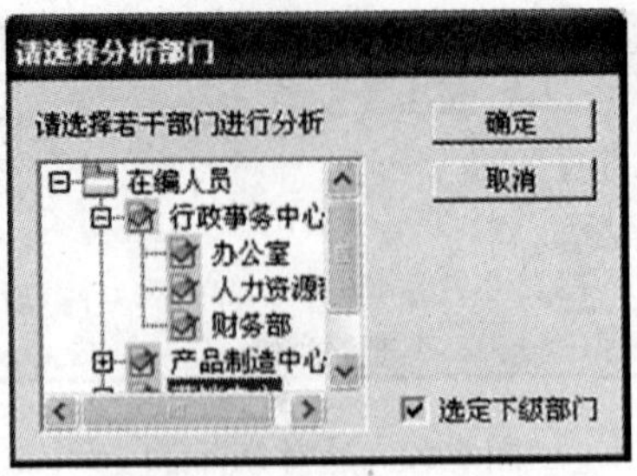

图 6-55　请选择分析部门

3．单击“确定”按钮，打开“分析表选项”窗口，将“项目”栏内的所有项目移至“已选项目”栏，如图 6-56 所示。

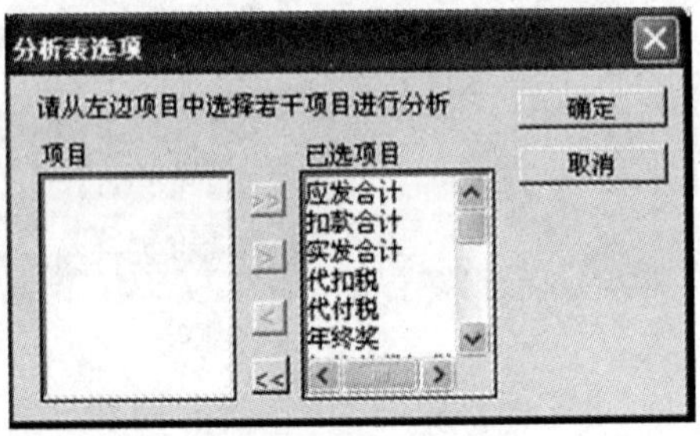

图 6-56　分析表选项

4．单击“确定”按钮，打开“工资项目分析表（按部门）”窗口，如图 6-57 所示。

项目	1月	月均	年度合计
应发合计	29,800.00	29,800.00	29,800.00
扣款合计	2,964.75	2,964.75	2,964.75
实发合计	26,835.25	26,835.25	26,835.25
代扣税	371.48	371.48	371.48
代付税			
年终奖			
年终奖代扣			
工资代扣税	371.48	371.48	371.48
扣税合计	371.48	371.48	371.48
年终奖代付			
工资代付税			
基本工资	23,900.00	23,900.00	23,900.00
职务补贴	3,600.00	3,600.00	3,600.00
工龄工资	780.00	780.00	780.00
奖金	900.00	900.00	900.00
加班费	620.00	620.00	620.00
事假天数	1.00	1.00	1.00
事假扣款	177.27	177.27	177.27
养老保险	1,938.00	1,938.00	1,938.00
医疗保险	478.00	478.00	478.00

图 6-57　工资项目分析表（按部门）——行政事务中心

5．可选择其他部门查看数据，查看完毕后，单击“退出”按钮。

三、删除“工会经费”的转账凭证

1．选择“薪资管理”|“统计分析”，双击“凭证查询”，打开“凭证查询”窗口，单击选中“工会经费”凭证所得的行，如图 6-58 所示。

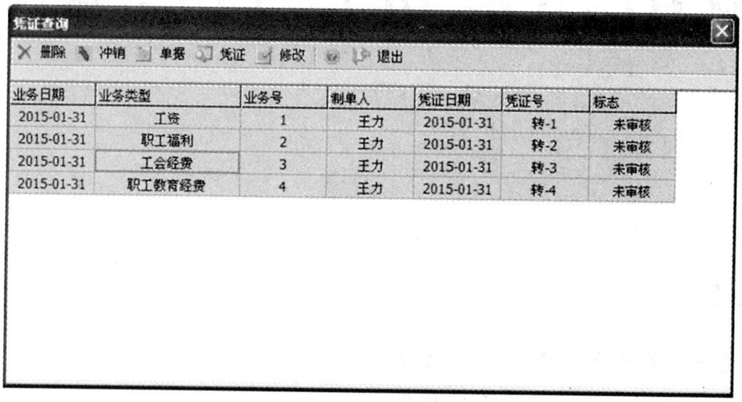

图 6-58　凭证查询

2．单击“删除”按钮，弹出提示信息“是否要删除当前凭证”。

3．单击“是”按钮，删除所选的凭证。

4．单击“退出”按钮。

5．由操作员“002 王力”重新注册，选择“总账”|“凭证”，双击“填制凭证”，在“填制凭证”的界面整理凭证。

项目七

应用固定资产管理系统

知识目标

- 掌握建立固定资产账套的操作方法。
- 掌握部门对应折旧科目设置的操作方法。
- 掌握资产类别设置的操作方法。
- 掌握增减方式设置的操作方法。
- 掌握原始卡片的录入方法。

技能目标

- 能够对固定资产账套参数进行修改、设置。
- 能够进行增减方式设置的操作。
- 能够录入原始卡片的数据。

项目资料

固定资产系统初始设置是用户第一次使用该系统时，根据单位的具体情况，建立一个适合本单位需要的固定资产账套的过程，它是使用固定资产系统管理的基础。

初始设置包括固定资产初始化、基础设置和原始卡片录入三项内容。

一、准备工作

(1) 在电脑的E盘777账套文件夹下建立“项目七应用固定资产管理系统”文件夹。

(2) 将系统日期修改为“2015年1月1日”。

(3) 引入“项目四　任务一”的备份数据。

(4) 以账套主管“001 张新”的身份注册进入企业应用平台，操作日期为“2015年1月1日”。启用“固定资产管理”系统，启用日期为“2015年1月1日”，并进行固定资产管理系统的初始设置操作。对操作员“002 王力”授权，使其拥有固定资产管理权限，对操作员“003 李红”授权，使其拥有出纳签字权限。

（5）以账套主管“002 王力”的身份注册进入企业应用平台，操作日期为“2015年1月1日”。

二、固定资产账套初始化

账套初始化参数如下所述：

（1）账套启用月份：2015年1月。

（2）主要折旧方法：年限平均法（一）；折旧汇总分配周期：1个月；当（月初已计提月份=可使用月份−1）时将剩余折旧全部提足。

（3）资产类别编码方式2-1-1-2；固定资产编码方式：自动编码；编码方式：类别编号+序号；序号长度：4。

（4）与账务系统对账：固定资产对账科目：1601 固定资产；累计折旧对账科目：1602 累计折旧；在对账不平情况下不允许固定资产月末结账。

三、固定资产选项设置

1.“与账务系统接口”选项卡。

（1）固定资产默认入账科目：1601 固定资产。

（2）累计折旧默认入账科目：1602 累计折旧。

（3）月末结账前一定要完成制单登账业务。

2.“编码方式”选项卡。

将“固定资产编码方式”的“序号长度”修改为“2”。

四、部门对应折旧科目设置（见表7-1）

表7-1 部门对应折旧科目

部门名称	折旧科目
行政事务中心	
办公室	管理费用—折旧费（660201）
人力资源部	管理费用—折旧费（660201）
财务部	管理费用—折旧费（660201）
产品制造中心	
一车间	制造费用—折旧费（510101）
二车间	制造费用—折旧费（510101）
营销中心	
采购部	管理费用—折旧费（660201）

续表

部门名称	折旧科目
销售部	销售费用（6601）
售后部	管理费用—折旧费（660201）
离休退休事务部	

五、资产类别设置（见表 7-2）

表 7-2　资产类别

类别编码	类别名称	使用年限	净残值率	计提属性	折旧方法	卡片样式
01	房屋建筑物	30 年	1%	正常计提	年限平均法（一）	通用样式
011	行政楼	30 年	1%	正常计提	年限平均法（一）	通用样式
012	厂房	30 年	1%	正常计提	年限平均法（一）	通用样式
02	生产线		3%	正常计提	年限平均法（一）	通用样式
021	1 号生产线	10 年	3%	正常计提	年限平均法（一）	通用样式
022	2 号生产线	8 年	3%	正常计提	年限平均法（一）	通用样式
03	设备			正常计提	年限平均法（一）	通用样式
031	交通运输设备	10 年	5%	正常计提	年限平均法（一）	通用样式
032	办公设备	5 年	2%	正常计提	年限平均法（一）	通用样式

六、增减方式设置（见表 7-3）

表 7-3　增减方式及对应入账科目

增加方式	对应入账科目	减少方式	对应入账科目
直接购入	银行存款—工行存款（100201）	出售	固定资产清理（1606）
投资者投入	实收资本（400101）	盘亏	待处理财产损溢（1901）
捐赠	营业外收入（6301）	投资转出	长期股权投资（1606）
盘盈	待处理财产损溢（1901）	捐赠转出	固定资产清理（1606）
在建工程转入	在建工程（1604）	报废	固定资产清理（1606）

七、录入固定资产原始卡片（见表 7-4）

表 7-4　固定资产原始卡片

卡片编号	00001	00002	00003	00004	00005
固定资产编号	01101	01201	02101	02201	03101
固定资产名称	办公楼	区厂房	硬件生产线	主生产线	汽车

续表

卡片编号	00001	00002	00003	00004	00005
类别编号	011	012	021	022	031
类别名称	行政楼	厂房	1 号生产线	2 号生产线	交通运输设备
使用部门	办公室/人力资源部/财务部/销售部（各占 20%），采购部/售后部（各占 10%）	二车间	一车间	二车间	人力资源部
增加方式	在建工程转入	在建工程转入	在建工程转入	直接购入	直接购入
使用状况	在用	在用	在用	在用	在用
使用年限	360 月	360 月	120 月	96 月	120 月
折旧方法	年限平均法（一）	年限平均法（一）	年限平均法（一）	年限平均法（一）	年限平均法（一）
开始使用日期	2013 年 3 月 10 日	2013 年 3 月 28 日	2014 年 5 月 30 日	2013 年 4 月 10 日	2014 年 3 月 10 日
原值	20 000	40 000	60 000	160 000	90 000
净残值率	1%	1%	3%	3%	5%
累计折旧	1 176	2 352	3402	30 461.6	668.4
月折旧率	0.0028	0.0028	0.0081	0.0101	0.0079
月折旧额	56	112	486	2 538.47	71.1
对应折旧科目	办公室/人力资源部/财务部/采购部/售后部：管理费用—折旧费（660201）；销售部：销售费用（6601）	制造费用—折旧费（510101）	制造费用—折旧费（510101）	制造费用—折旧费（510101）	管理费用—折旧费（660201）

八、修改固定资产卡片

2015 年 1 月 10 日发现情况，将“00005”号固定资产的增加方式由“直接购入”修改为“投资者投入”。

九、增加固定资产

2015 年 1 月 17 日，直接购入并交付使用了以下设备。

(1) 电脑 2 台。其中，销售部一台，采购部一台，预计使用年限为 5 年，原值 5 950 元，净残值率 2%，采用“年限平均法（一）”计提折旧。

(2) 打印机 1 台，财务部使用，预计使用年限为 8 年，原值 6 000 元，净残值率 2%，采用“年限平均法（一）”计提折旧。

（3）空调一台，人力资源部使用，预计使用年限为 8 年，原值 6 000 元，净残值率 2%，采用“年限平均法（一）”计提折旧。

十、计提固定资产折旧

本资料操作日期为：2015 年 1 月 31 日。

十一、批量制单

生成增加固定资产和计提折旧的凭证。

十二、删除凭证

（1）删除计提折旧的凭证。

（2）重新计提折旧。

十三、将生成的凭证审核并记账。

（1）由“003 李红”在总账系统中进行出纳签字。

（2）由“001 张新”在总账系统中进行主管审核签字、审核并记账。

十四、对账

在固定资产系统中进行对账。

十五、结账

十六、查看“固定资产及累计折旧表（一）”

十七、计提 2 月的固定资产折旧并生成凭证

十八、减少固定资产

将人力资源部使用的汽车“000005”号固定资产投资转出。

十九、固定资产变动

（1）原值增加。

2015 年 2 月对一车间使用的硬件生产线“00003”号固定资产进行改良，原值增加 100 000 元。

（2）部门转移。

2015 年 2 月 28 日，因内部调配，将人力资源部使用的空调“00009”号固定资产转移至销售部。

二十、账套备份（账套输出）

将账套数据备份到“E:\777 账套\项目七应用固定资产管理系统”文件夹中。

项目分析

前面的操作中我们为天宇股份有限公司建立了账套、设置了用户、分配了权限；同时还在企业应用平台上设置了天宇公司的基础信息资料，接下来又处理了总账系统的日常经济业务。这次我们学习的内容是一个全新的子系统——固定资产管理系统。在这个子系统中，我们主要解决以下问题：

1. 初始设置

初始设置包括固定资产初始化、基础设置和原始卡片录入三项内容。

2. 日常业务处理

(1) 系统提供人员附加信息设置。

(2) 人员类别、部门选择设置。

(3) 人员档案设置。

(4) 代发工资的银行名称设置等。

知识储备

1. 初始设置

可以自定义资产分类编码方式和资产类别，同时定义该类别资产的使用年限、残值率和缺省入账科目等信息；可定义部门核算的科目，转账时自动生成凭证；可自定义使用状况，并增加折旧属性；适应行政单位固定资产管理的需要，提供整套账簿计提折旧功能。

2. 业务处理

提供资产附属设备和辅助信息的管理；提供按类别定义卡片样式，使用不同企业定制样式的需要；提供固定资产卡片批量复制、批量变动及从其他账套引入的功能；提供原值变动表，启用部门转移记录、大修记录、清理信息等附表；处理各种资产变动业务，包括原值变动、部门转移、使用状况变动、使用年限调整、折旧方法调整、净残值（率）调整、工作总量调整、累计折旧调整、资产类别调整等；提供对固定资产的评估功能，包括对原值、使用年限、净残值率、折旧方法等进行评估。

3. 计提折旧

提供自定义折旧分配周期，满足不同行业的需要；提供折旧公式自定义功能，并按分配表自动生成记账凭证；提供两种平均年限法（计算公式不同）计提折旧；提供平均年限法（一）、平均年限法（二）、工作量法、年数总和法、双倍余额递减法计提折旧；考虑原值、累计折旧、使用年限、净残值和净残值率、折旧方法的变动对折旧计提的影响，系统自动更改折旧计算，计提折旧，生成折旧分配表，并按分配表自动生成记账凭证。

4．账表输出

提供账簿、分析表、统计表、折旧表、减值准备表等账表查询及打印功能。

任务一　启用“固定资产”系统

操作步骤

1．以账套主管“001 张新”的身份注册进入企业应用平台，操作日期是“2015 年 1 月 1 日”。

2．在企业应用平台的“基础设置”选项卡中，双击“基本信息”|“系统启用”，打开“系统启用”窗口。

3．选择“固定资产”系统，启用日期为“2015 年 1 月 1 日”。

4．单击“退出”按钮，退出“系统启用”窗口。

5．登录系统管理，对操作员“002 王力”授权，使其拥有固定资产模块权限，如图 7-1 所示。单击“保存”按钮，退出“系统管理”窗口。

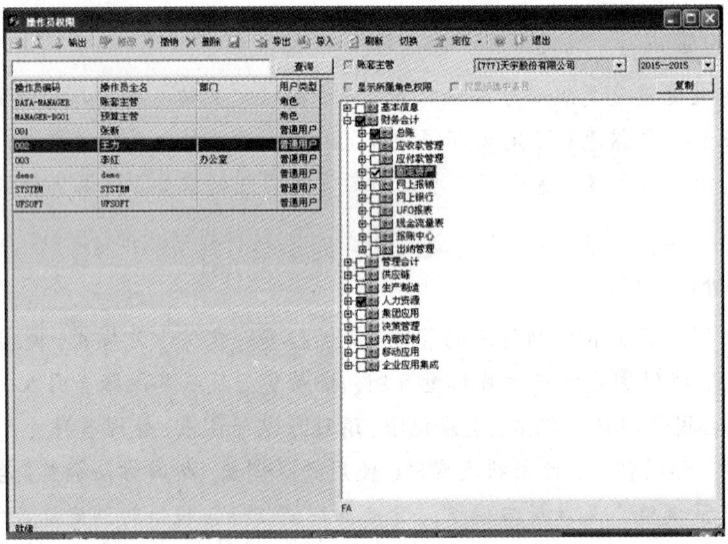

图 7-1　操作员授权

任务二　固定资产账套初始化

操作步骤

1．以操作员“002 王力”身份注册进入企业应用平台，操作日期为“2015 年 1 月 1 日”。

2．在企业应用平台的“业务工作”选项卡中，双击“财务会计”|“固定资产”，弹出提示信息，如图 7-2 所示。

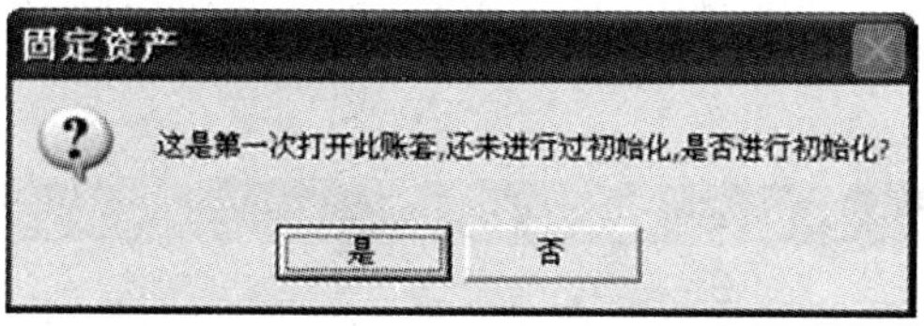
固定资产
这是第一次打开此账套,还未进行过初始化,是否进行初始化?
是
否

图 7-2　固定资产初始化提示信息

3．单击“是”按钮，打开“初始化账套向导——约定及说明”窗口，选中“我同意”，如图 7-3 所示。

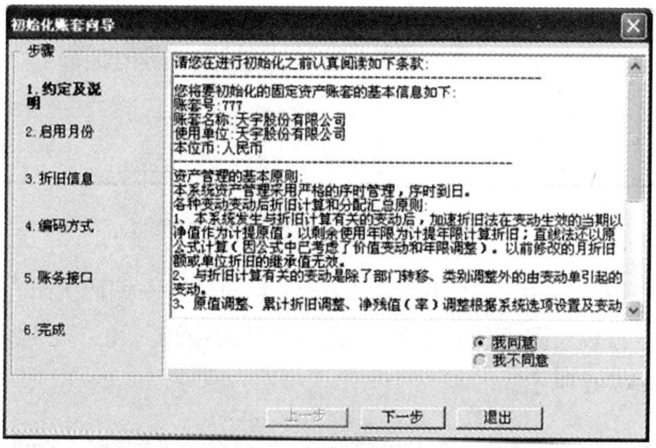
初始化账套向导
步骤
1. 约定及说明
2. 启用月份
3. 折旧信息
4. 编码方式
5. 账务接口
6. 完成
请您在进行初始化之前认真阅读如下条款:
您将要初始化的固定资产账套的基本信息如下:
账套号:777
账套名称:天宇股份有限公司
使用单位:天宇股份有限公司
本位币:人民币
资产管理的基本原则:
本系统资产管理采用严格的序时管理，序时到日。
各种变动变动后折旧计算和分配汇总原则:
1、本系统发生与折旧计算有关的变动后，加速折旧法在变动生效的当期以净值作为计提原值，以剩余使用年限为计提年限计算折旧；直线法还以原公式计算（因公式中已考虑了价值变动和年限调整）。以前修改的月折旧额或单位折旧的继承值无效。
2、与折旧计算有关的变动是除了部门转移、类别调整外的由变动单引起的变动。
3、原值调整、累计折旧调整、净残值（率）调整根据系统选项设置及变动
我同意
我不同意
上一步
下一步
退出

图 7-3　初始化账套向导——约定及说明

4．单击“下一步”按钮，打开“初始化账套向导——启用月份”窗口，如图 7-4 所示。

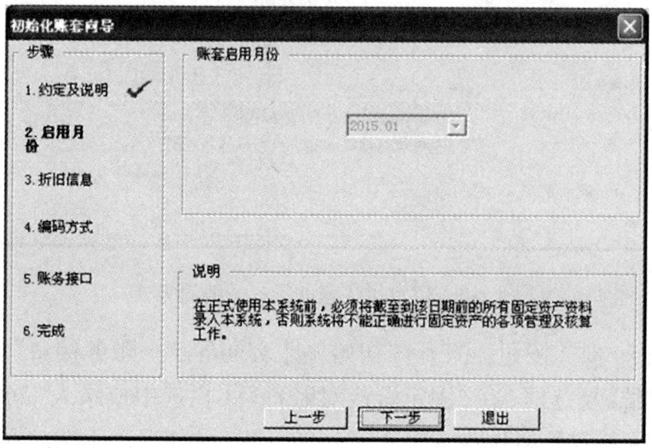
初始化账套向导
步骤
1. 约定及说明
2. 启用月份
3. 折旧信息
4. 编码方式
5. 账务接口
6. 完成
账套启用月份
2015.01
说明
在正式使用本系统前，必须将截至到该日期前的所有固定资产资料录入本系统，否则系统将不能正确进行固定资产的各项管理及核算工作。
上一步
下一步
退出

图 7-4　初始化账套向导——启用月份

5．单击“下一步”按钮，打开“初始化账套向导——折旧信息”窗口。选中“本账套计提折旧”复选框，选择主要折旧方法为“平均年限法（一）”，折旧汇总分配周期为“1 个月”，当（月初已计提月份=可使用月份-1）时将剩余折旧全部提足，如图 7-5 所示。

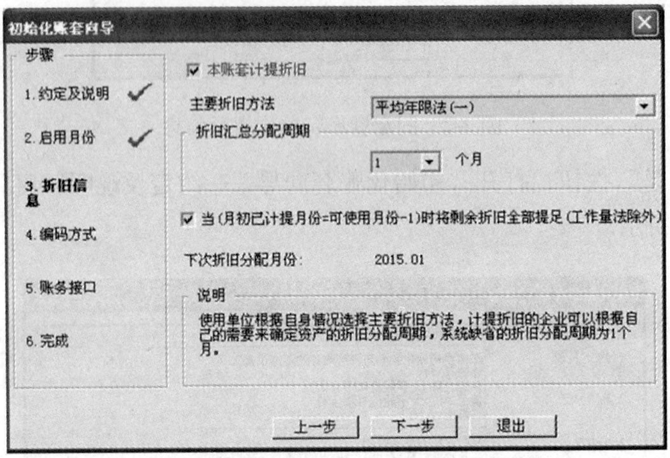

图 7-5 初始化账套向导——折旧信息

6．单击“下一步”按钮，打开“初始化账套向导——编码方式”窗口。设置资产类别编码方式为：2112；固定资产编码方式为“自动编码”和“类别编码+序号”，序号长度为“4”，如图 7-6 所示。

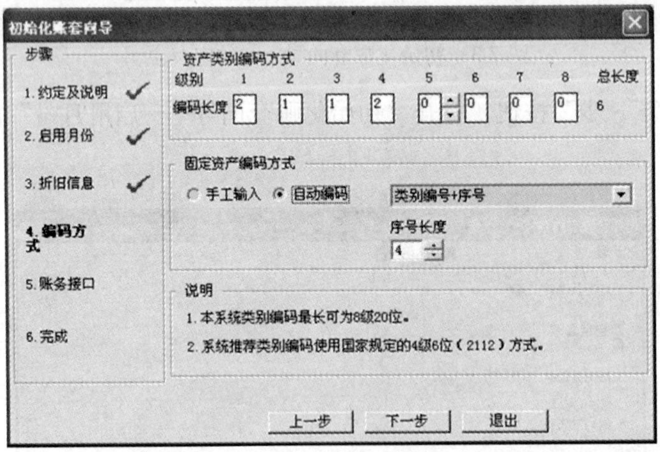

图 7-6 初始化账套向导——编码方式

7．单击“下一步”按钮，打开“初始化账套向导——账务接口”窗口。选中“与账务系统进行对账”复选框，在“固定资产对账科目”栏选中或录入“1601，固定资产”，在“累计折旧对账科目”栏选中或录入“1602，累计折旧”，不选“在对账不平情况下允许固定资产月末结账”，如图 7-7 所示。

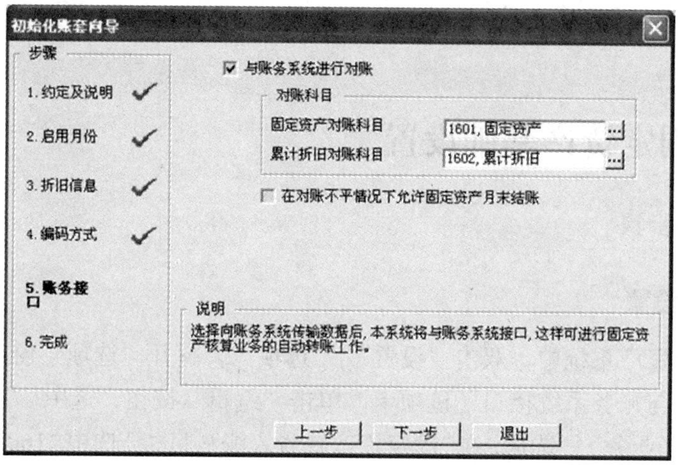

图 7-7　初始化账套向导——账务接口

8．单击“下一步”按钮，打开“初始化账套向导——完成”窗口，如图 7-8 所示。

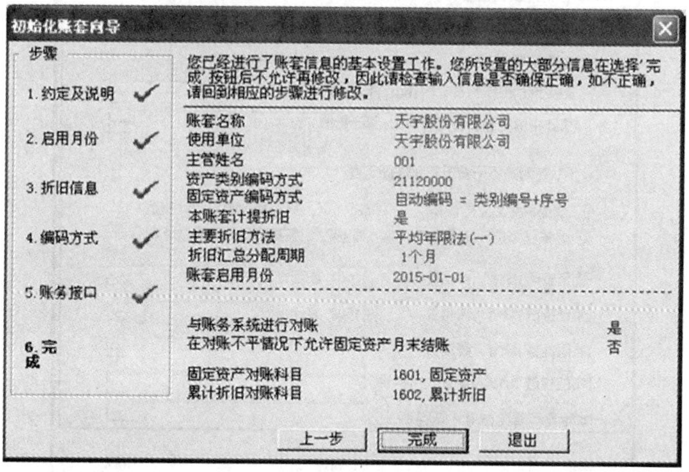

图 7-8　初始化账套向导——完成

9．单击“完成”按钮，如图 7-9 所示。

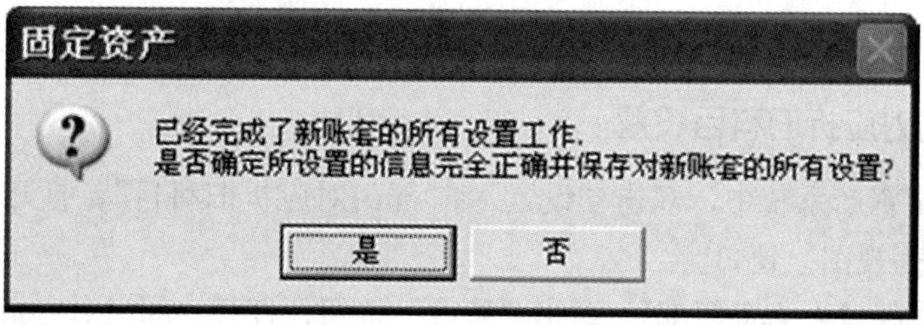

图 7-9　固定资产信息提示

10．单击“是”按钮。

11．单击“确定”按钮。

任务三　固定资产基础设置

操作步骤

一、选项设置

1．在固定资产系统中，双击“设置”|”选项“，打开“选项”窗口。

2．单击“与账务系统接口”选项卡，单击“编辑”按钮，选中“月末结账前一定要完成制单登账业务”复选框，在“固定资产缺省入账科目栏”选中“1601，固定资产”，在“累计折旧缺省入账科目栏”选择“1602，累计折旧”，如图 7-10 所示。

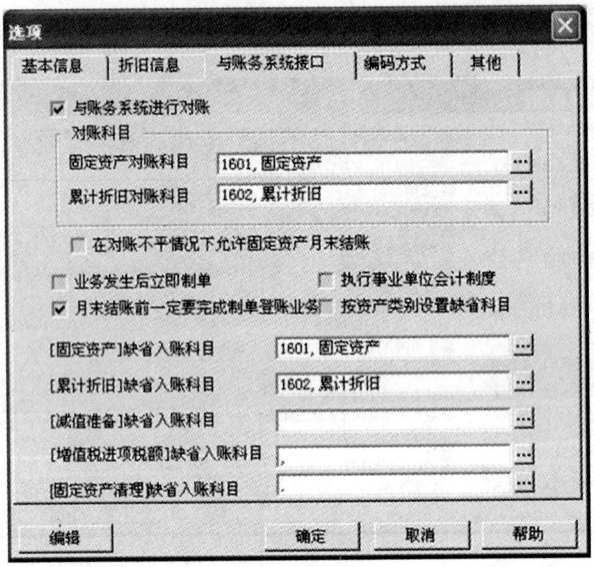

图 7-10　固定资产选项设置

3．单击“编码方式”选项卡，将“固定资产编码方式”的“序号长度”修改为“2”。

4．单击“确定”按钮。

二、部门对应折旧科目设置

1．在固定资产系统中，双击“设置”|“部门对应折旧科目”，打开“部门对应折旧科目——列表视图”窗口。

2．单击选择“人力资源部”，单击“修改”按钮，打开“部门对应折旧科目——单张视图”窗口，在“折旧科目”栏选择或录入“660201”，如图 7-11 所示。

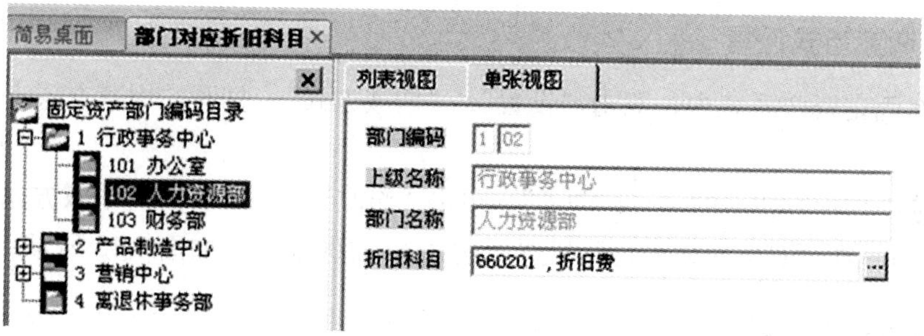

图 7-11　人力资源部部门对应折旧科目——单张视图

3．单击“保存”按钮，

4．参照表 7-1，以此方法继续设置其他部门对应折旧科目。

三、资产类别设置

1．在固定资产系统中，双击“设置”|“资产类别”，打开“资产类别——列表视图”窗口。

2．单击“增加”按钮，打开“资产类别——单张视图”窗口。在“类别名称”栏录入“房屋建筑物”，在“使用年限”的“年”栏录入“30”，在“净残值率”栏录入“1”，卡片样式选择“通用样式”，如图 7-12 所示。

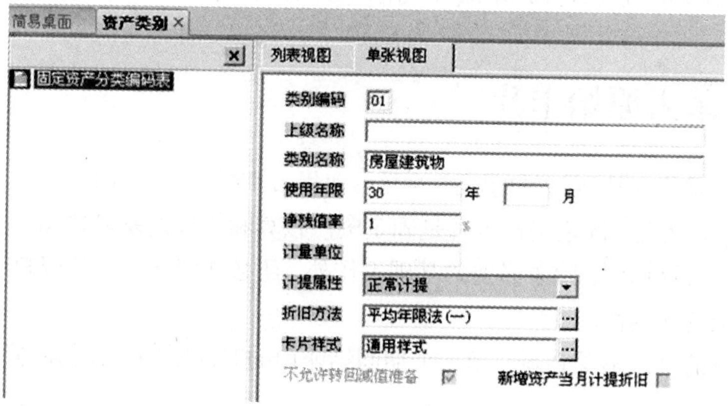

图 7-12　资产类别——单张视图

3．单击“保存”按钮。

4．以此方法继续录入 02 号、03 号资产类别信息并保存。

5．单击“放弃”按钮，系统提示“是否取消本次操作？”，单击“是”按钮。

6．选中“01 房屋建筑物”分类，再单击“增加”按钮，在“类别名称”栏录入“行政楼”。

7．单击“保存”按钮。

8．以此方法继续录入其他固定资产类别信息。

四、增减方式设置

1．在固定资产系统中，双击“设置”|“增减方式”，打开“增减方式——列表视图”窗口。

2．选中增加方式中的“直接购入”，单击“修改”按钮，打开“增减方式——单张视图”窗口，在“对应入账科目”栏选择或录入“100201”，如图 7-13 所示。

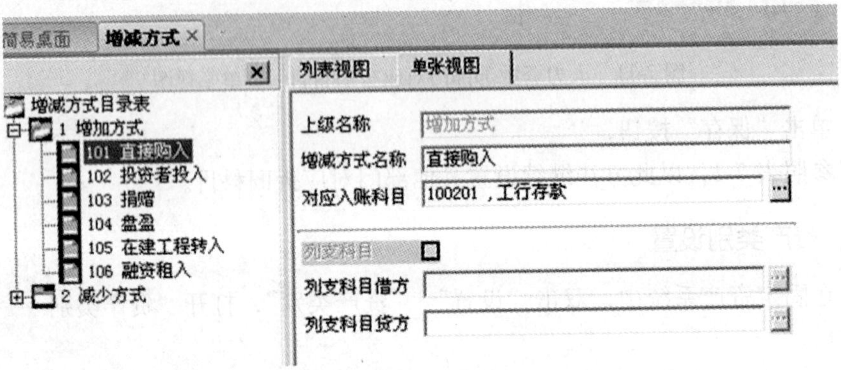

图 7-13　增减方式——单张视图

3．单击“保存”按钮。

4．以此方法继续设置其他增减方式的对应入账科目。

任务四　录入原始卡片

原始卡片是指卡片所记录的资产的开始使用日期的月份先于固定资产系统的启用月份的固定资产卡片。固定资产卡片是固定资产核算和管理的基础依据，在使用固定资产管理系统进行核算前，除了必要的基础工作外，还必须将原始卡片资料录入系统，以保持历史数据的连续性。

原始卡片的录入不受必须在第一个期间结账前的时间限制，任何时候都可以录入。

一、录入“多部门使用”的原始卡片（第 00001 号卡片）

操作步骤

1．在固定资产系统中，双击“卡片”|“录入原始卡片”，打开“固定资产类别档案”窗口。

2．勾选“011 行政楼”复选框，单击“确定”按钮，打开“固定资产卡片”窗口。

3．在“固定资产名称”栏录入“办公楼”。

4．单击“使用部门”栏，再单击“使用部门”按钮，打开“固定资产——本资产部门使用方式”窗口，选择“多部门使用”，如图 7-14 所示。

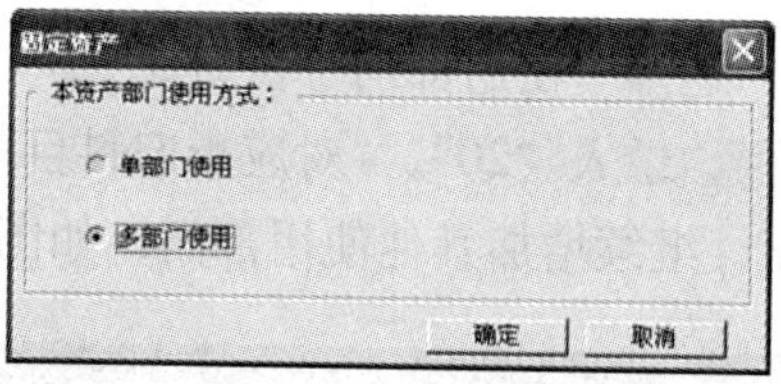

图 7-14 固定资产——本资产部门使用方式

5．单击“确定”按钮，打开“使用部门”窗口。

6．单击“增加”按钮，自动添加序号为“1”的一个空行，如图 7-15 所示。

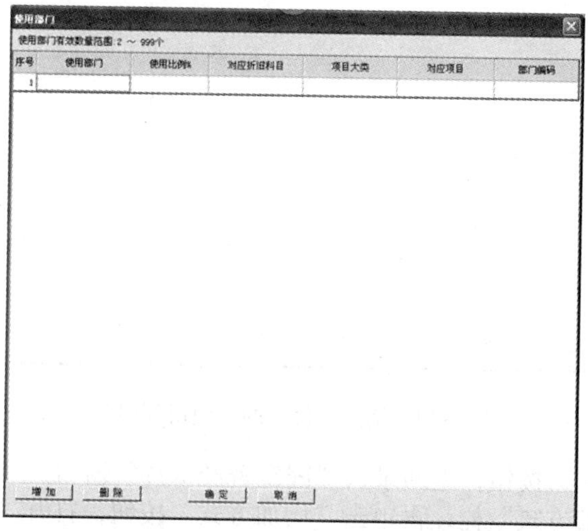

图 7-15 多部门使用的“使用部门”

7．双击“1”行的使用部门，再单击参照按钮，打开“部门基本参照”窗口，勾选“人力资源部”，如图 7-16 所示。

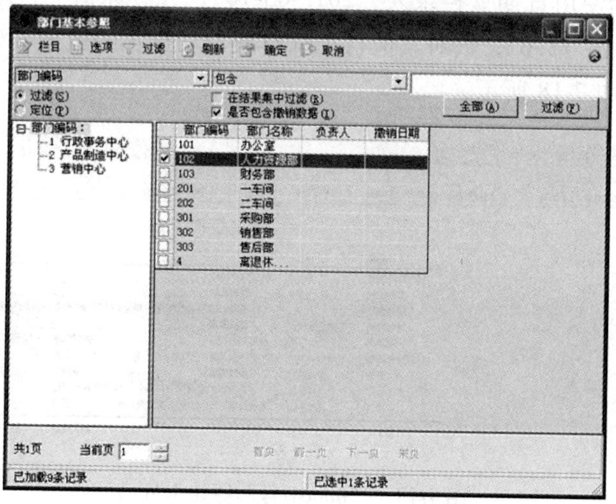

图 7-16 使用部门——部门基本参照

8．单击“确定”按钮，返回“使用部门”窗口。

9．双击“使用比例”栏，录入“20”，“对应折旧科目”设为“660201 折旧费”。

10．单击“增加”按钮，继续增加其他使用部门，如图 7-17 所示。

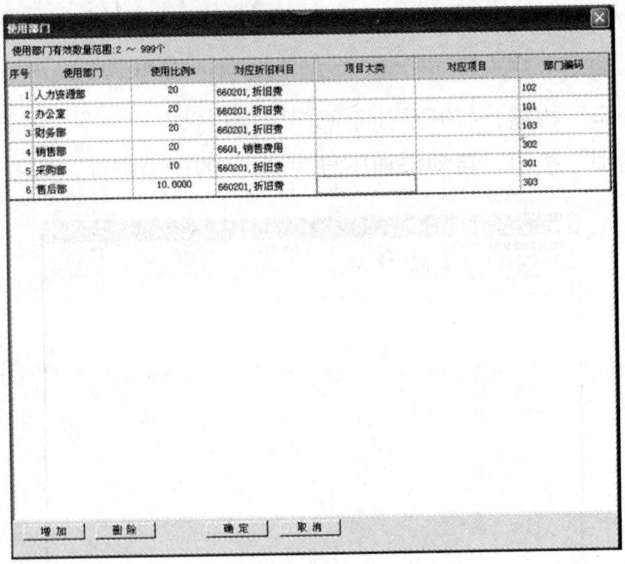

图 7-17 增加完信息的“使用部门”

11．单击“确定”按钮，返回录入“固定资产卡片”窗口。

12．单击“增加方式”栏，再单击“增加方式”按钮，打开“固定资产增加方式”窗口，选择“105 在建工程转入”，单击“确定”按钮返回。

13．单击“使用状况”栏，再单击“使用状况”按钮，打开“使用状况参照”窗口，选择“1001 在用”，单击“确定”按钮返回。

14．在“开始使用日期”栏录入“2013-03-10”，在“原值”栏录入“20000”，在“累计折旧”栏录入“1176”，核对其他自动计算或自动显示的数据（对应折旧科目只能显示出一个），如图 7-18 所示。

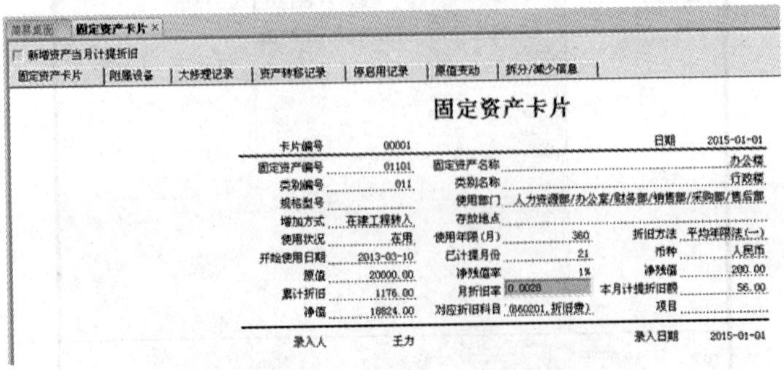

图 7-18 “00001 号”原始卡片

15．单击“保存”按钮，系统显示“数据保存成功!”，单击“确定”按钮，自动增加一张新的原始卡片。

二、录入“单部门使用”的原始卡片（第 00002～00005 号卡片）

继续上面的操作。

1．单击“类别编号”栏，删除原数据，再单击“类别编号”按钮，打开“固定资产类别档案”窗口，选择“012 厂房”，单击“确定”按钮返回。

2．在“固定资产名称”栏录入“区厂房”。

3．单击“使用部门”栏，再单击“使用部门”按钮，打开“部门基本参照”窗口。

4．选中“单部门使用”，单击“确定”按钮，打开“部门基本参照”窗口。

5．选择“二车间”，单击“确定”按钮。

6．单击“增加方式”栏，再单击“增加方式”按钮，打开“固定资产增加方式”窗口，选择“105 在建工程转入”，单击“确定”按钮返回。

7．单击“使用状况”栏，再单击“使用状况”按钮，打开“使用状况参照”窗口，选择“1001 在用”，单击“确定”按钮返回。

8．在“开始使用日期”栏录入“2013-03-28”，在“原值”栏录入“40000”，在“累计折旧”栏录入“2352”，核对其他自动计算或自动显示的数据，如图 7-19 所示。

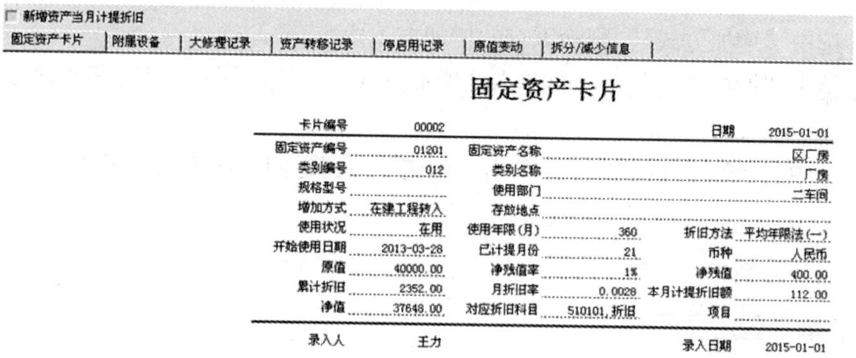

图 7-19 “00002 号”原始卡片

9．单击“保存”按钮，系统提示“数据保存成功!”，单击“确定”按钮，自动增加一张新的原始卡片。

10．以此方法继续录入第 00003-00005 号卡片。

说明

在固定资产卡片窗口中，除主卡“固定资产卡片”外，还有若干附属选项卡，附属选项卡上的信息只供参考，不参与计算，也不追溯。

任务五　固定资产系统日常业务处理

操作步骤

一、修改固定资产卡片

1．以操作员“002 王力”注册进入企业应用平台，操作日期为“2015 年 1 月 10 日”。

2．在固定资产系统中，双击“卡片”|“卡片管理”，去掉“开始使用日期”前的钩，打开“卡片管理”窗口，如图 7-20 所示。

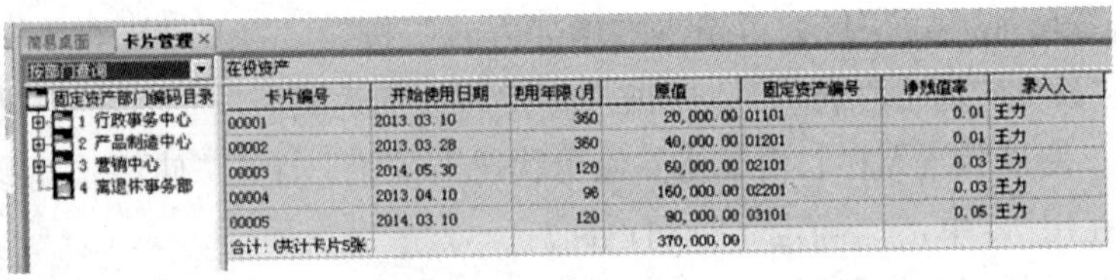

图 7-20　卡片管理

3．单击选中“00005”号卡片，单击“修改”按钮，打开“固定资产卡片”窗口。

4．选中“增加方式”，删除原有的增加方式内容。

5．单击“增加方式”栏，再单击“增加方式”按钮，打开“固定资产增加方式”窗口。

6．选中“102 投资者投入”，单击“确定”按钮返回“固定资产卡片”窗口。

7．单击“保存”按钮，系统提示“数据保存成功”。

8．单击“确定”按钮。

二、增加固定资产

1．以操作员“002 王力”注册进入企业应用平台，操作日期为“2015 年 1 月 17 日”。

2．双击“固定资产”|“卡片”|“资产增加”，打开“固定资产类别档案”窗口。

3．选择“032 办公设备”，单击“确定”按钮，打开“固定资产卡片”窗口。

4．在“固定资产名称”栏录入“电脑”；选择使用部门为“销售一部”；增加方式为“直接购入”；使用状况为“在用”；在“原值”栏录入“5950”；核对其他信息，如图 7-21 所示。

5．单击“保存”按钮，系统提示“数据保存成功”。

6．单击“确定”按钮。

7．以此方法继续增加其他固定资产：采购部的电脑、财务部的打印机、人力资源部的空调。

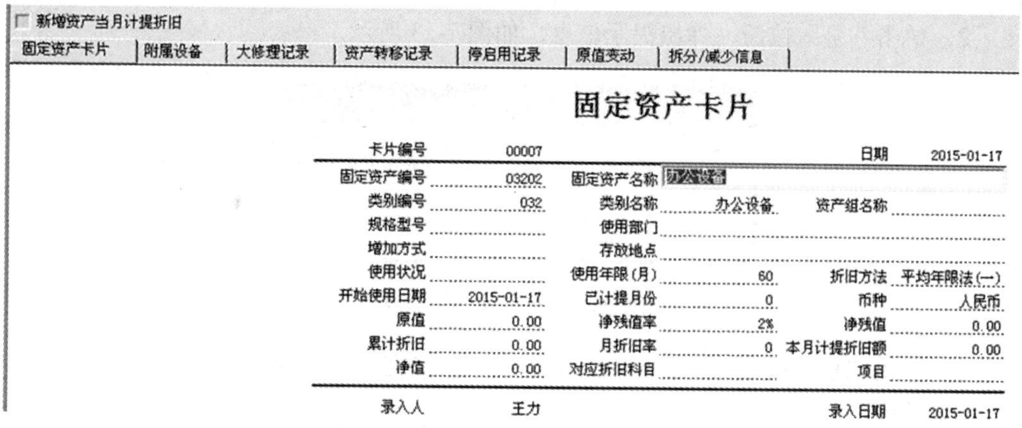

图 7-21　资产增加

说明

卡片中“开始使用日期”栏的年份和月份不能修改。

新卡片录入的第一个月不提折旧，折旧额为空或零。

原值录入的必须是卡片录入月月初的价值，否则将会出现计算错误。

如果录入的累计折旧、累计工作量不是零，说明是旧资产，该累计折旧或累计工作量是在进入本企业前的值。

对于新增加的固定资产，已计提月份必须严格按照该资产在其他单位已经计提或估计已计提的月份数，不包括使用期间停用等不计提折旧的月份，否则不能正确计算折旧。

任务六　固定资产系统期末处理

以操作员“002 王力”重新注册进入企业应用平台，操作日期为“2015 年 1 月 31 日”。

操作步骤

一、计提本月折旧

1. 在固定资产系统中，双击“处理”|“计提本月折旧”，弹出提示信息，如图 7-22 所示。

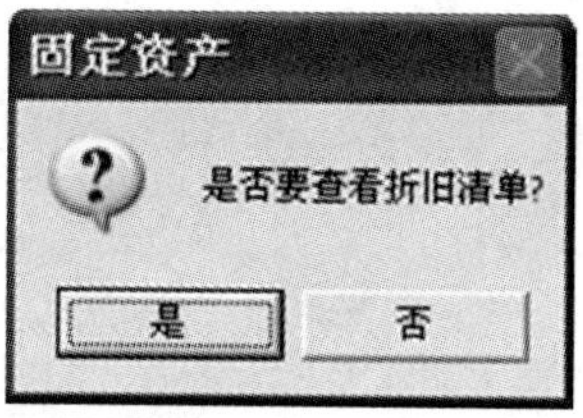

图 7-22　计提折旧提示信息-1

2．单击“是”按钮，弹出提示信息，如图 7-23 所示。

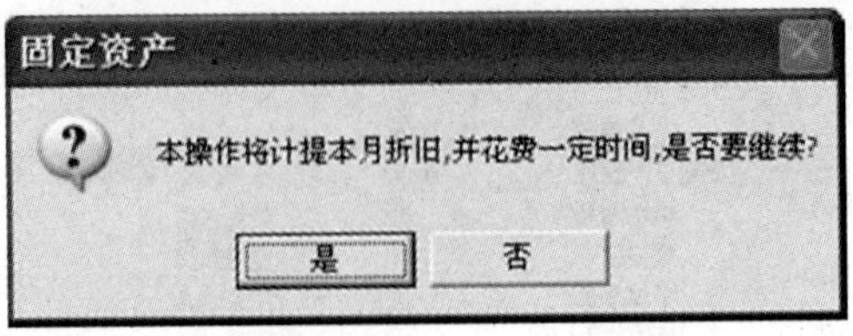

图 7-23　计提折旧提示信息-2

3．单击“是”按钮，系统开始计提折旧，计提完毕，打开“折旧清单”窗口，如图 7-24 所示。

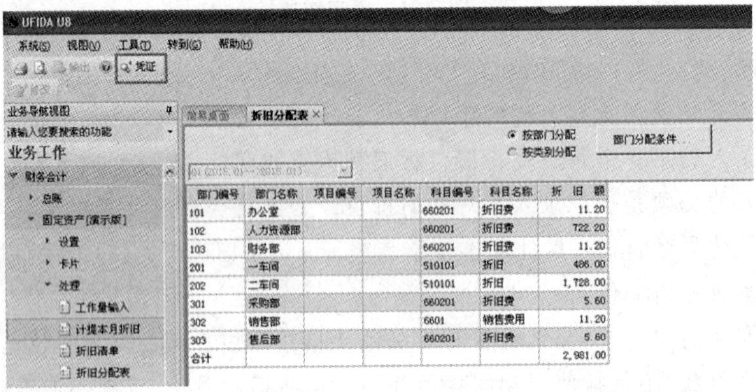

图 7-24　折旧分配表

4．单击“退出”按钮，打开“折旧分配表”进入“折旧清单”窗口，如图 7-25 所示。

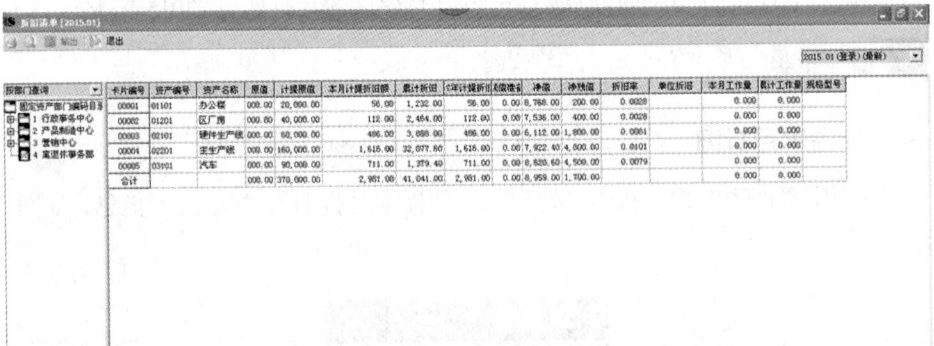

图 7-25　折旧清单

5．单击“凭证”按钮，生成一张凭证。

6．选择凭证类别字为“转账凭证”。

7．单击“保存”按钮，该凭证传递到总账系统中，如图 7-26 所示。

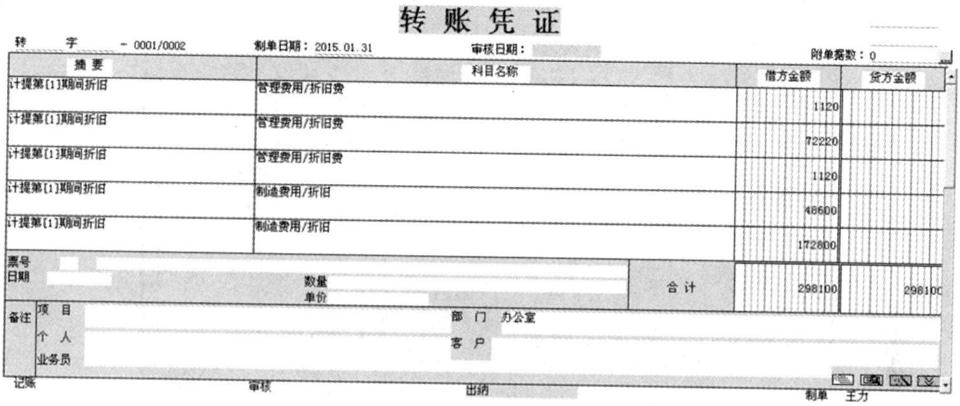

图 7-26 计提折旧生成的转账凭证

8．单击“退出”按钮。

说明

当开始计提折旧时，系统将自动计提所有资产当期折旧额，并将当期的折旧额自动累加到累计折旧项目中。计提工作完成后，需要进行折旧分配，形成折旧费用，系统除了自动生成折旧清单外，同时还生成折旧分配表，从而完成本期折旧费用登账工作。

计提折旧功能对各项资产每期计提一次折旧，在一个期间内可以多次操作计提折旧，每次计提折旧后，只是将计提的折旧累加到月初的累计折旧上，不会重复累计。

若上次计提折旧已制单并已传递到总账系统，必须删除该凭证才能重新计提折旧。

计提折旧后又对账套进行了影响折旧计算或分配的操作，必须重新计提折旧，否则系统不允许结账。

二、批量制单

1．在固定资产系统中，双击“处理”|“批量制单”，打开“查询条件选择——批量制单窗口”，如图 7-27 所示，单击“确定”按钮，打开“批量制单”窗口。

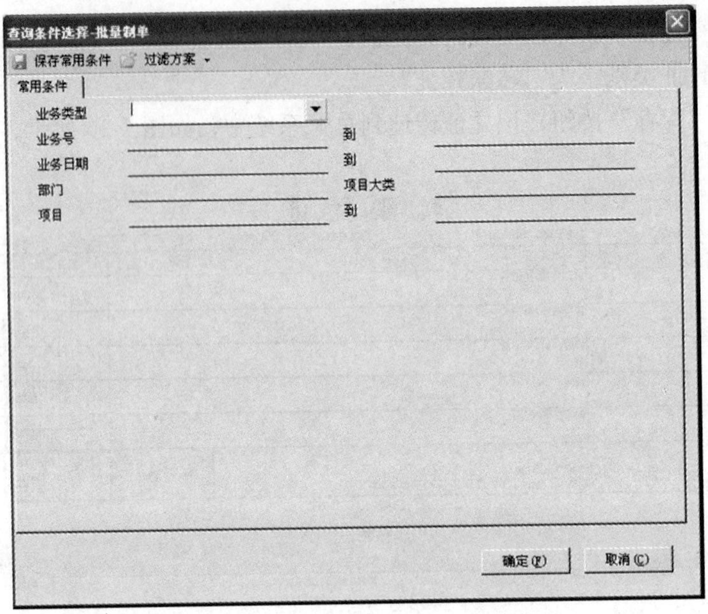

图 7-27　查询条件选择——批量制单

2．在“批量制单”选项卡中，双击第“00006～00009”号业务的“选择”栏，或单击“全选”按钮，如图 7-28 所示。

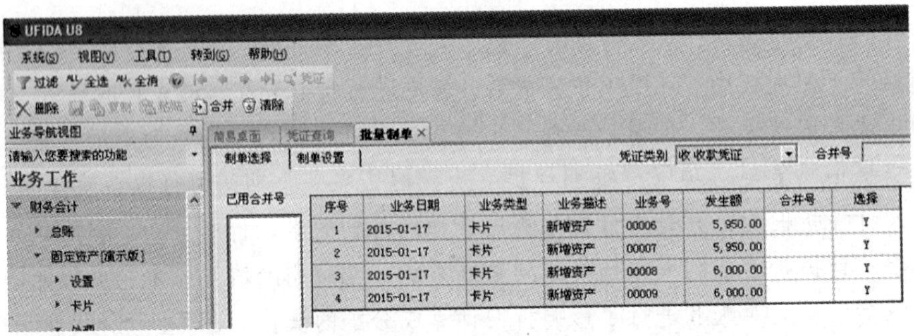

图 7-28　批量制单——制单选择

3．单击“制单设置”选项卡，如图 7-29 所示。

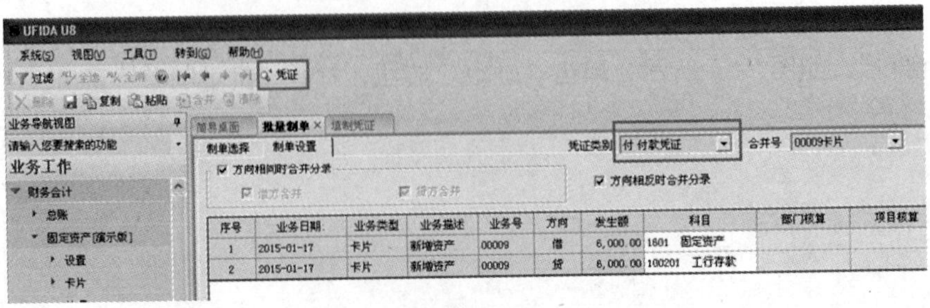

图 7-29　批量制单——制单设置

4．单击“凭证”按钮，弹出“填制凭证”窗口，选择凭证类别为“付款凭证”，修改摘要内容为“直接购入电脑”。

5．单击“保存”按钮。

6．单击“下张凭证”按钮，依照上面的方法，保存其他生成的凭证。

7．单击“退出”按钮。

说明

固定资产系统需要制作记账凭证的情况包括：资产增加、资产减少、卡片修改（涉及原值和累计折旧时）、资产评估（涉及原值和累计折旧时）、原值变动、累计折旧调整及折旧分配等。

制作记账凭证有两种方法：立即制单和批量制单。当在“选项”设置中选择了“业务发生后立即制单”，则相关业务发生后，系统自动弹出不完整凭证供修改；如果未选择“业务发生后立即制单”，则通过“批量制单”完成制单工作。批量制单功能可同时将一批需要制单的业务连续制作凭证并传输到总账系统，避免多次制单的烦琐，凡是业务发生时没有制单的，该业务将自动排列在批量制单表中。

三、删除凭证

（一）删除计提折旧的凭证

（1）在固定资产系统中，双击“处理”|“凭证查询”，打开“凭证查询”窗口，如图 7-30 所示。

业务日期	业务类型	业务号	制单人	凭证日期	凭证号	标志
2015-01-17	卡片	00006	王力	2015-01-31	付--1	
2015-01-17	卡片	00007	王力	2015-01-31	付--2	
2015-01-17	卡片	00008	王力	2015-01-31	付--5	
2015-01-17	折旧计提	01	王力	2015-01-31	转--5	
2015-01-17	卡片	00009	王力	2015-01-31	付--6	

图 7-30　凭证查询

（2）选择“折旧计提”所在的行，单击“删除”按钮，弹出提示信息，如图 7-31 所示。

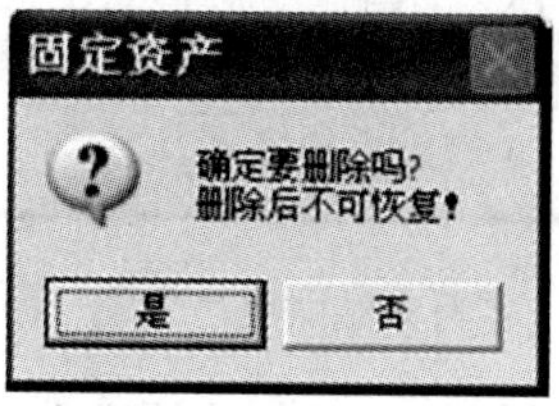

图 7-31　“删除凭证”的提示信息

(3) 单击“是”按钮，删除了所选凭证。

(4) 单击“退出”按钮。

（二）重新计提折旧

(1) 按照前面所讲的方法，重新计提折旧。

(2) 在“批量制单”功能中进行制单。

四、凭证审核、记账

1．由“003 李红”重新注册进入企业应用平台，在总账系统中进行出纳签字。

2．由“001 张新”重新注册进入企业应用平台，在总账系统中进行审核并记账。

五、对账

1．在固定资产系统中，双击“处理”|“对账”，弹出“与账务对账结果”窗口，如图 7-32 所示。

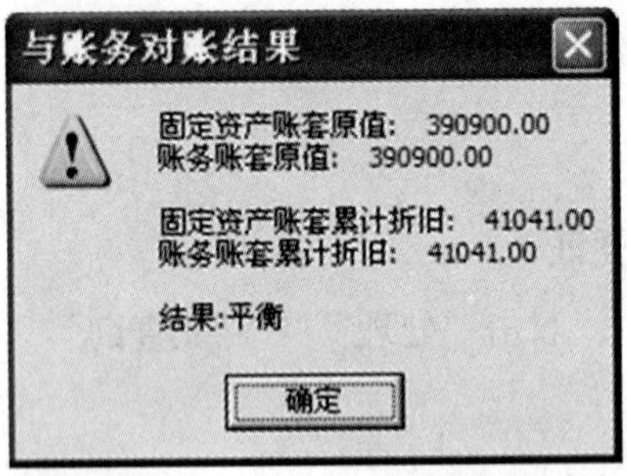

图 7-32　与账务对账结果

2．单击“确定”按钮。

六、结账

1．在固定资产系统中，双击“处理”|“月末结账”，弹出“月末结账”窗口。

2．单击“开始结账”按钮，同样会出现“与账务对账结果”窗口。

3．单击“确定”按钮，出现提示信息“月末结账成功完成”，如图 7-33 所示。

图 7-33　“月末结账成功完成”提示信息

4．单击“确定”按钮，弹出提示信息，如图 7-34 所示。

图 7-34　月末结账后的提示信息

5．单击“确定”按钮。

📖 说明

本期不结账，将不能处理下期的数据；结账前一定要进行数据备份，否则数据一旦丢失，将造成无法挽回的损失。

如果结账后发现有未处理的业务或者需要修改事项，可通过“恢复月末结账前状态”功能进行反结账。不能跨年度恢复数据，即本系统年末转账后，不能利用本功能恢复年末结转。恢复到某个月月末结账前状态后，本账套内对该结账后所做的所有工作都无痕迹删除。

七、查看“固定资产及累计折旧表（一）”

1．在固定资产系统中，双击“账表”|“我的账表”，打开“报表”窗口。

2．执行“折旧表”|“固定资产及累计折旧表（一）”，弹出“条件—固定资产及累计折旧表（一）”，如图 7-35 所示。

图 7-35　条件-固定资产及累计折旧表（一）

3．从“期间”后的下拉列表中选择“2015.01”。

4．单击“确定”按钮，打开“固定资产及累计折旧表（一）”窗口，如图 7-36 所示。

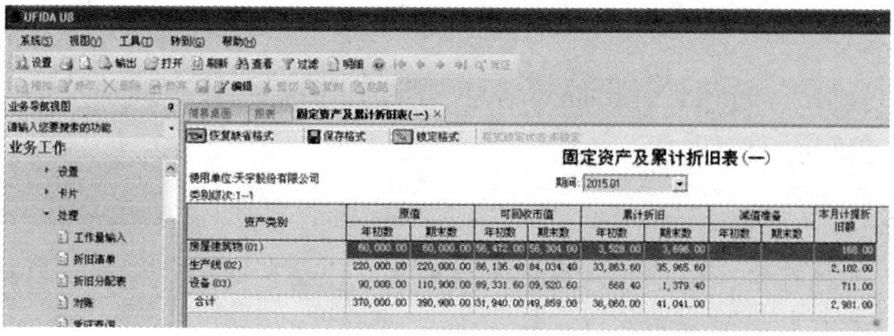

图 7-36　固定资产及累计折旧表（一）

5．查看完后，单击“固定资产及累计折旧表（一）”窗口的“关闭”按钮退出。

任务七　固定资产系统日常业务处理（次月）

操作提示

(1) 由操作员“002 王力”于操作日期“2015 年 1 月 31 日”重新注册进入企业应用平台，在总账系统中进行期末结转损益处理，将“销售费用”、“管理费用”等一级科目结转入“本年利润”科目。

(2) 由操作员“001 张新”于操作日期“2015 年 1 月 31 日”重新注册进入企业应用平台，在总账系统中对所有凭证进行主管签字、审核并记账。

(3) 修改系统日期为“2015 年 2 月 28 日”，以操作员“002 王力”身份重新注册进入企业应用平台，操作日期为“2015 年 2 月 28 日”。

操作步骤

一、计提 2 月的固定资产折旧

参照任务六中的第一部分内容的操作计提 2 月的固定资产折旧并生成凭证。

二、减少固定资产

1. 在固定资产系统中，双击“卡片”|“资产减少”，打开“资产减少”窗口。

2. 在“卡片编号”栏录入，或单击“参照”按钮选择“00005”卡片并单击“确定”按钮返回。

3. 单击“增加”按钮，窗口中出现“00005”号固定资产的相关信息。

4. 双击“减少方式”栏，再单击“减少方式”栏的参照按钮，打开“固定资产减少方式”窗口。

5. 选择“203 投资转出”，单击“确定”按钮返回，如图 7-37 所示。

图 7-37　资产减少

6. 单击“确定”按钮，弹出提示信息“所选卡片已经减少成功”。

7. 单击“确定”按钮。

说明

资产在使用过程中，由于各种原因（如毁损、出售、盘亏、投资、捐赠等）需要退出企业，此时需要做资产减少处理。

只有账套开始计提折旧后，才可以使用资产减少功能。

三、固定资产变动

（一）原值增加

（1）在固定资产系统中，选择“卡片”|“变动单”，双击“原值增加”，打开“固定资产变动单——原值增加”窗口。

（2）录入或选择卡片编号“00003”，自动带出相关信息。

（3）在“增加金额”栏录入“100000”，在“变动原因”栏录入“资产改良”，如图 7-38 所示。

固定资产变动单

— 原值增加 —

变动单编号	00001			变动日期	2015-02-28
卡片编号	00003	资产编号	02101	开始使用日期	2014-05-30
资产名称			硬件生产线	规格型号	
增加金额	100000.00	币种	人民币	汇率	1
变动的净残值率	3%	变动的净残值			3000.00
变动前原值	60000.00	变动后原值			160000.00
变动前净残值	1800.00	变动后净残值			4800.00
变动原因	资产改良				
				经手人	王力

图 7-38　固定资产变动单——原值增加

（4）单击“保存”按钮，弹出提示信息“数据保存成功！”。

（5）单击“确定”按钮。

（6）单击“关闭”按钮退出。

说明

原值变动包括原值增加和原值减少两部分。资产在使用的过程，原值变动的原因有 5 种：① 根据国家规定对固定资产重新估价；② 增加补充设备或改良设备；③ 将固定资产的一部分拆除；④ 根据实际价值调整原来的暂估价值；⑤ 发现原记录固定资产价格有误。

当月录入的原始卡片或新增卡片不允许做此种变动。

（二）部门转移

（1）在固定资产系统中，选择“卡片”|“变动单”，双击“部门转移”，打开“固定资产变动单——部门转移”窗口。

（2）录入或选择卡片编号“00009”，自动带出相关信息。

（3）选择“变动后部门”为“销售二部”，在“变动原因”栏录入“内部调配”，如图 7-39 所示。

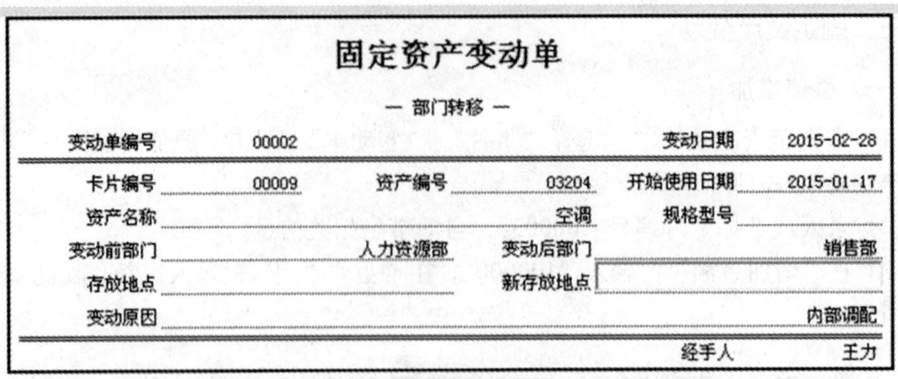

图 7-39　固定资产变动单——部门转移

（4）单击“保存”按钮，弹出提示信息，如图 7-40 所示。

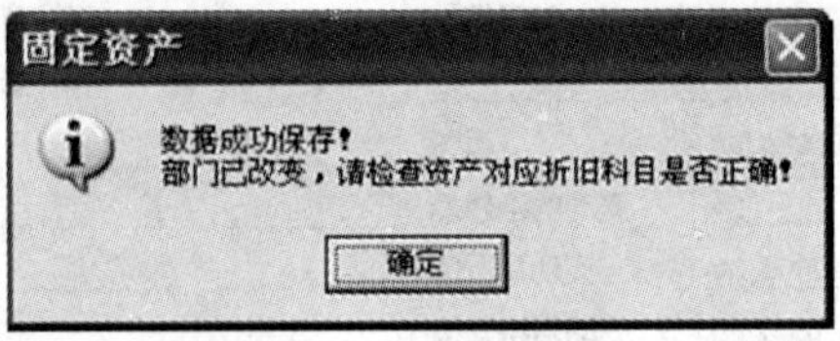

图 7-40　部门转移数据成功保存提示信息

（5）单击“确定”按钮。

说明

当月录入的原始卡片或新增卡片不允许做此种变动。

参考文献

[1] 庄胡蝶. 会计信息化[M]. 1 版. 北京：高等教育出版社，2014.

[2] 钟爱军，徐亚文. 会计信息化应用教程[M]. 3 版. 北京：科技出版社，2014.

[3] 李宏伟. ERP 软件操作实务[M]. 1 版. 大连：东北财经大学出版社，2012.

[4] 王新玲. 新编用友 ERP 财务管理系统实验教程[M]. 2 版. 北京：清华大学出版社，2013.

电子工业出版社世纪波公司相关好书

标准书号	书　　名	定价（元）	作（译）者
21 世纪本科物流管理专业规划教材			
978-7-121-20470-8	国际物流管理	36	王昭凤
978-7-121-17419-3	供应链管理（第 2 版）	35	王昭凤
978-7-121-15331-0	物流法理论与实务（第 2 版）	35	李玉峰
978-7-121-15114-9	物流工程	28	张潜
978-7-121-12362-7	仓储和配送管理（第 2 版）	35	刘彦平
978-7-121-11779-4	物流运输组织与管理（第 2 版）	35	王述英
978-7-121-11745-9	物流系统规划与设计（第 2 版）	29	董维忠
978-7-121-11742-8	物流管理信息系统（第 2 版）	26	王世文
978-7-121-11532-5	现代物流管理导论	32	曹海鸥
21 世纪本科应用型经管规划教材·物流供应链管理系列			
978-7-121-25375-1	物流市场营销学(第 3 版)	39	董千里
978-7-121-20686-3	物流工程（第 3 版）	38	伊俊敏等
978-7-121-17121-5	物流成本管理与控制（第 3 版）	32	鲍新中
978-7-121-09957-1	电子商务物流（第 2 版）	26	刘萍
978-7-121-10125-0	采购管理（第 2 版）	32	梁军
978-7-121-10188-5	现代物流基础（第 2 版）	27	甘卫华
978-7-121-10075-8	供应链与物流管理（第 2 版）	32	李荚
高等院校物流管理系列规划教材			
978-7-121-11039-9	企业物流管理	27	王海鹰
978-7-121-11040-5	第三方物流	28	周晓晔
高等院校国际经济与贸易系列规划教材			
978-7-121-24154-3	国际商法（第 2 版）	42	张孟才
978-7-121-19987-5	国际商务（第 2 版）	39	田明华
978-7-121-18879-4	国际电子商务教程（第 2 版）	39	杨坚争
978-7-121-18583-0	国际服务贸易（第 2 版）	35	李小牧
978-7-121-15297-9	国际结算（第 2 版）	36	华坚
978-7-121-13342-8	国际商务礼仪（第 2 版）	31	李嘉珊
978-7-121-12602-4	报关实务（第 2 版）	34	武晋军
978-7-121-11282-9	外贸英语函电	32	侯方淼
978-7-121-11275-1	国际贸易单证实务与实验	35	缪东玲
978-7-121-07088-4	国际物流	27	刘军
978-7-121-04447-2	跨国公司与跨国经营	28	杜奇华
978-7-121-04449-6	国际贸易实务	33	陈春燕

标准书号	书　　名	定价（元）	作（译）者
高等院校人力资源管理系列规划教材			
978-7-121-23435-4	工作分析与岗位评价（第2版）	38	杨明海
978-7-121-23277-0	人员招聘与甄选（第2版）	38	赵永乐
978-7-121-23144-5	人力资源规划（第2版）	39	赵永乐等
978-7-121-12196-8	绩效管理实务	32	杨新荣
978-7-121-09801-7	员工培训管理	32	陈丽芬
高等院校电子商务系列规划教材			
978-7-121-23849-9	电子商务系统分析与设计	39	踪程
978-7-121-17185-7	电子商务网站设计与开发	39	踪程
978-7-121-17072-0	电子商务英语（第3版）	33	王冰
978-7-121-12383-2	电子商务概论	35	杨风召
978-7-121-11233-1	电子商务安全与网上支付	35	刘英卓
978-7-121-07858-3	电子商务（第2版）	35	宋远方
978-7-121-13357-2	网络广告学（第3版）	32	杨坚争
21世纪本科应用型经管规划教材·经济管理专业基础课系列			
978-7-121-22168-2	营销策划（第3版）	35	张昊民
978-7-121-22005-0	广告学概论(第3版）	38	印富贵
978-7-121-17124-6	国际金融（第3版）	35	陈建忠
978-7-121-17652-4	新编进出口贸易实务（第3版）	33	韩常青
978-7-121-12618-5	管理学——理论与实践	36	王冰
978-7-121-10174-8	经济法概论（第3版）	29	钱晓英
978-7-121-10037-6	生产与运作管理（第2版）	33	任建标
978-7-121-09419-4	新编劳动定额定员学（第2版）	27	周占文
面向21世纪本科应用型经管规划教材·经济管理专业基础课系列			
978-7-121-26086-5	商法	46	杜忠连
978-7-121-23903-8	经济法（第2版）	38	郭海霞
978-7-121-24229-8	社会保障学	36	王彩霞
978-7-121-24255-7	财政学	35	邱晖
978-7-121-23278-7	市场营销学（第2版）	38	徐亿军
978-7-121-22047-0	货币银行学	32	房红
978-7-121-20875-1	西方经济学	38	王奇
978-7-121-20953-6	商务谈判	32	赵莉
978-7-121-20661-0	税法	39	潘国宏
978-7-121-20029-8	电子商务概论	29	巩军全

反侵权盗版声明

举报电话：（010）88254396；（010）88258888

传　　真：（010）88254397

E-mail：　dbqq@phei.com.cn

通信地址：北京市万寿路 173 信箱

　　　　　电子工业出版社总编办公室

邮　　编：100036